ちくま学芸文庫

ハーバート・スペンサー コレクション

ハーバート・スペンサー
森村 進 編訳

筑摩書房

目次

政府の適正領域……9
第一の手紙 10
第二の手紙 16
第三の手紙 21
第四の手紙 30
第五の手紙 40
第六の手紙 47
第七の手紙 57
第八の手紙 64
第九の手紙 73
第十の手紙 83
第十一の手紙 87
第十二の手紙 91

社会静学（抄）

序文　98
第四章　第一原理の導出　100
第五章　第一原理の二次的導出　119
第六章　第一原理　136
第七章　第一原理の応用　145
第八章　生命と人身の自由の権利　148
第九章　土地を利用する権利　150
第十章　財産権　166
第十一章　観念への財産権［知的財産権］　179
第十八章　政治的権利　188
第十九章　国家を無視する権利　203
第三十一章　要約　218
第三十二章　結論　226

人間対国家

序文　248
新しいトーリー主義　250
迫りくる奴隷制　276
立法者たちの罪　316
巨大な政治的迷信　368
後記　415

訳者解説　なぜ今スペンサーを読むのか　427

参照文献　461
スペンサー年譜　463
注　470
人名索引／事項索引　475

ハーバート・スペンサー　コレクション

凡例

1　本書はハーバート・スペンサー（Herbert Spencer）の政治思想に属する著作から、『政府の適正領域』（*The Proper Sphere of Government*, 1843）、『社会静学』（*Social Statics*, 1851）、『人間対国家』（*The Man Versus The State*, 1884）の三冊より、「ちくま学芸文庫」のために新たに編まれた上、訳出されたものである。ただし『社会静学』は大著なので、特に重要と思われる章のみの抄訳（各章は全訳）にとどめた。詳しくは『社会静学』末尾の訳者解説を見よ。

2　テクストとして『政府の適正領域』と『人間対国家』は、Spencer, Herbert. *The Man Versus The State: with Six Essays on Government, Society, and Freedom*. Indianapolis, Liberty Classics, 1981. を用い、『社会静学』は Online Library of Liberty のウェブサイトで読める原書初版を用いた。

3　原文のイタリックによる強調は大部分ゴチック体で示し、大文字で始まる名詞の一部は〈〉に入れた。（例：Democratic Federation→〈民主主義連盟〉）

4　訳者による補足と注は［］に入れた。

5　『人間対国家』の各論文にはもともと節番号がないが、参照の便のため原文の一行空きごとに節番号を付した。

6　巻末の索引は訳者が作成した。

7　本書には、今日の人権意識に照らして不適切と思われる表現も見られるが、刊行時の時代背景を考慮し、そのままとした。

政府の適正領域

第一の手紙

一国の事業全体に影響する諸原理——諸国の興亡を左右する諸原理——という極めて重要な事柄は、ごく一般に、社会によって当然視されている。ある行動の仕方が——その政策がいくら疑わしく、その善悪の結果がいくら重大なものであっても——ひとたびわれわれの祖先の従うところとなると、大部分の民衆は〈それは正しいことか?〉と自問することさえなく、同じ行動を続ける。慣習というものは、極めて議論の余地がある論点について一瞬も考慮せずに結論に至り、ごく疑わしい命題を公理に変え、ほとんど自明の真理さえも考慮に値しないものとして排除するという、羨望すべき力を持っている。

このように無造作に取り扱われるすべての事柄の中でも、立法の基本原理はおそらく最も重要なものだろう。政治家——自分の同胞の福利を念頭に置く共同体のメンバー全員——は、自らの希望と意見と願望を政府の行為に集中させている。従って彼らは政府の性質と意図と適正な領域とを十分に理解していなければならない。立法府が採用すべき最善の方策に関する意見を形成する前に、その機関〔立法府〕の力について定見を形成すること、それが国制〔憲法〕に従ってどこまでのことができるかを理解すること、それが何をしてよくて何をしてはならないのかを決めること——これらは不可欠だ。それでもこの問題を真剣に考慮したことがある人がいかに少ないことか。社会問題に関心を持っている人々の間でさえ、〈政府による介入には限界があるのか？　またそうだとしたら、その限界は何か？〉という問題を考えてみた人々がいかに少ないことか。

ある人は、国内のすべての有料道路が国によって補修されれば利益が生ずると主張する。別の人は、国家に公的医療制度を取り入れ、立法によって民衆の健康を保全しようとする。第三の人は、政府はアイルランドに公費で鉄道を建設すべきだと提唱する。政府がこれらの事柄に介入することは不適切ではないかという可能性は決して考えられていない。政府は一方的な介入の自由を常に実際に行使してきたが、誰もその権利を問題にしない。われわれの祖先はお人よしで、行政府が無制限の権力を持つのは全くもっともなことだと考えていた。（あるいはおそらく、こんなことをわざわざ考えたりもしなかった。）そして彼らは何も反対しなかったから、われわれは賢明にも「古き良き時代」を崇拝して、すべてはあるべきように行われていたのだと考える。しかしながらもっと健康な探究心を持つ少数の人々は、そのような問題を単純に解決する方法には満足せず、自分の信念を慣習よりも理性にかけようとする。以下の考慮はそのような人々に向けられる。

自然の中のいかなる物もその法則を持っている。無機物は物理的・化学的性質という属性を持っているし、もっと複雑でもっと破壊されやすい有機物もまたそれを治める原理を持っている。集合的な形態を持つ物質も、純一な形態を持つ物質と同様だ。動物はそれを形作る物質だけでなく、それ自身の法則も持っている。人間は動物として、果たすべき機能とそれらの機能を遂行する器官、従うべき本能とそれらの本能に従う手段を持っている。そして人間がそれらの機能を果たす限り、それらの本能に従う限り、自らの本性の法則を守る限り、人間は健康だ。これらの命令へのすべての不服従、すべての違反は、それ自体の処罰を生み出す。人間は自然に従うのだ。

人間の身体だけでなく精神についても同様だ。物質と同じように精神もその法則を持つ。精神の諸能力は生命の大いなる営みの中で個別の領域を持っていて、個人の道徳的純一性と知的健康はそれらの義務の正しい遂行に基づいている。生理の法則と同様に、心理の法則にも従わなければならない。後者への不服従もまたそれ自体の処罰を確実にもたらす。

個々の人間だけでなく人間社会についても同様だ。人間と同じように、社会もその支配的原理を確かに持っている。こちらの諸原理の方は、それほどたやすく発見したり定義したりできないかもしれない。その働きはもっと込み入っているから、それに従うことはもっと難しいかもしれない。それでもやはりそれらの原理が存在するに違いないということは、アナロジーの示すところだ。われわれが見るすべてのものは〈全能者〉の不変の規則に従うのだから、社会がどうしてその例外だろうか？　さらに、存在者は意志を持っていて、それらの規則に従って行動する限りで健康かつ幸福だということをわれわれは知っている。それなら集団としての人間についても同じことが言えるはずだ。

この点を認めるならば、共同体の福利は社会原理の徹底した認識とそれらの原理への完全な服従に基づいている、という結論に至る。諸国民の繁栄に必要な制度は何かを知ること、それらの制度が負う義務が何であるかを発見すること、それらの制度の行為の範囲を跡づけること、それらの制度が自らの機能を適切に遂行するように配慮すること、そして特に、それらの制度が本来意図されていない、適合しない義務に向けられないようにすること――それが何よりも重要になる。

立法府はすべての国家制度の中で一番重要なものだから、われわれは社会法則を探求する中で最初にそれに注意すべきだ。現存の諸政府は複雑で不必要な制度をたくさん抱えているから、それらを分析することから社会の原理に到達しようとすることは、果てしなく面倒な仕事で、そこから何か満足のいく結果を引き出すことは不可能でないとしても極めて難しいだろう。明確な観念を得るためには、われわれは問題を抽象的に考慮し、社会をその原初的条件において想像し、そこからおのずと生ずるであろう状況と要請とを見なければならない。そうすれば、人民と政府との間に存在すべき関係を適切に判断することができよう。

それでは、人々がいかなる法律をも認めることなしに一緒に生きている――自分自身が帰結を恐れることから生ずる拘束を別にすると、自分の行為にいかなる拘束も課されることなく――自分自身の感情の衝動だけに従い――と想像してみよう。その結果はどうなるか？　弱い者――体力が弱い者か、影響力を持たない者か――はもっと強力な人々によって抑圧される。しかし後者の人々もまた、さらに高位にある人々による専制を経験する。そして最も有力な者といえども、彼らが傷つけた人々が力を合わせて果たそうとする復讐を受けるはめになる。それゆえ万人はすぐに次の結論に至る。――共同体全体の利益も自分個人の利益も、何らかの保護の共通の絆にはいることによって一番よく実現するだろう――。そこで万人は自分の仲間の決定と、ある一般的な制度に従うことに合意する。次第に人口が増え、紛争も多くなるので、彼らはこの仲裁権力を一人あるいは複数の人々に移譲するのが便利だろうと考えるようになる。公共の仕事に費やされる彼らの時間を考慮して、彼らは他の人々によって支えられることになるだろう。ここでわれわれは共同体の要請から自然に発生する政府を持つことになる。だがその要請とは何か？　政府は通商の規制――各人にどこで買いどこで売るかを命令すること――という目的から設立されたのか？　人々は自分が信じなければならない宗教、自分が行わねばならない儀式、各日曜日に何度教会に行かねばならないか、といったことを命じてほしいだろうか？[*1]　教育がその目的として考えられるだろうか？　人々はチャリティをどう行うか――誰に、どれだけ、どのような仕方で与えるか――を命令してくれるように頼むだろうか？　道路や鉄道といった交流の手段を自分たちのために設計し建設することを要求するだろうか？　家内の業務を指図する――一年のどの時期に自分の牛を殺して、食事の時にどれだけの肉を食べるべきかを命ずる――至高の権力を作り出すだろうか？[*2]　要するに、人々は〈全能者〉が社会のメカニズムの設計にあたって無神経だったため政府がいつも介入していなければ何もうまくいかないということがわかったという理由で、政府を欲するだろうか？　否。人々は以下のことを知っている、あるいは知っているべきだ。――社会の法則は、自然な悪が自らを矯正するような性質のものである。神による創造の他の部分と同様に、すべての要素を均衡状態に保つ美しい自己調整原理が社会の中にも存在する。さらに、外的性質への人為的干渉はしばしば正しいバランスを破壊して、矯正されるべき悪よりも大きな悪を産み出すから、共同体の行動のすべてを立法によって規制しようとする試みは、苦しみと混乱以外にはほとんど何ももたらさないだろう。

そうすると、人々は何のために政府を求めるのか？　通商の規制のためでも、人々の教育のためでも、宗教を教えるためでも、チャリティを管理するためでも、道路と鉄道の建設のためでもなく、単に人間の自然権を守るため――人身と財産の保護のため――強者が弱者を襲うのを妨げるため――要するに、正義の執行のためにすぎない。これが政府の自然な、元来の任務だ。政府はそれよりも少ないことも多くのことも行うことを許されるべきではない。

第二の手紙

哲学的な政治家は、政府を「一般の福祉(general good)」を与えることが任務である機関として定義するのが常だ。だがこれは実際には何の定義にもなっていない――もし定義というものが、記述される事物の境界を述べるものならば。定義を表現する言葉が何らかの確定した意義を持っているということが、定義の性質自体に欠かせないのだが、「一般の福祉」という表現は極めて不明確で、完全に人々の意見に依存したものなので、政府の義務の実現だと主張できないような政府の行為は何一つ残らないほどだ。立法の本当の理由が公共の利益のためであれ、政党の巨大化のためであれ、われわれの持っている法律のすべてが「一般の福祉」の促進という名目の下で採択されてきたのではないか? そしていかなる政府も、それがいかに利己的であれ専制的であれ、公然とそれ以外の目的で法律を通過させるほど厚顔だということはありそうもない。そうすると、もし「定義」という言葉自体が、被定義項の境界を示すように意図されたものを含意しているとしたら、政府がどんなことでも行うのを認めるような定義は、政府の義務の定義ではありえない。

前の手紙は、「正義の執行〔司法の運営〕(the administration of justice)」が国家の唯一の義務だと主張した。おそらくすぐにこう反論する人がいるだろう。――この定義も直前の定義と同じくらい漠然としている。「正義」という言葉は「一般の福祉」という表現とほとんど同じくらい意味が不確定だ。ある人は、地主が外国の穀物生産者との競争から保護されることが地主にとっての「正義」だと考える一方で、別の人は、「正義」が労働者の賃金の立法による決定を要求すると主張する。この言葉にはこうしたさまざまの解釈を与えられるから、この定義も失敗に終わる――。それに対する回答はとても単純だ。この言葉は正統な意味で用いられていない。「正義」が含んでいるのは人の自然権の保全だけだ。不正とはそれらの権利の侵害を意味する。誰もそれが侵害されたと証明する用意がなければ、「正義」を要求するとは考えられない。また誰一人として、ある立法がなければ自然権が侵害されるということを示せないならば、「正義」が立法を要請するなどと主張できない。これが「正義」という言葉の本来の意味だと認められるならば、上記の反論には効力がない。引き合いに出されたケースや類似のケースではすべて、「正義」はこの意味で用いられていないのだから。

新しい定義の厳密な意味をこのように検討し、そしてそれが社会の元来の必要と調和するということがわかったところで、すぐにその実践的適用に進むことにしよう。そして最初のいくつかのケースでは、この二つの原理の異なった結果を示すために、「一般の福祉」のドクトリンの結果も同時に見てみることにしよう。最初は、今日の大問題、穀物法だ。われわれの立法者はこう語る。――わが国は莫大な負債を負っている。われわれはその利子を支払わねばならない。そして自由貿易は貨幣の価値を変えてしまうだろうが、そうなると税金を増やすことができない。また、もしわれわれが外国と国内の間で穀物生産の競争を許してしまうと、土地は耕作されず、わが国の農業人口は雇用を失い、大変な災難が結果として生ずるだろう――。彼らはこれらやその他のもっともらしい理由を持ち出して、穀物輸入の制限が「一般の福祉」のために必要だと言う。だがわれわれが自由貿易制度をとっているとしてみよう。われわれの農民は、消費者がもっと安い値段をつける他の人々から自分の食料を買うことを許すのは自分の自然権の侵害だ、と苦情を言えるだろうか？彼は、自分が他の所でもっと有利な買い物ができるのに、工場生産者が高い製品を売ることを国家が強制しなければ、国家は自分に対して不正に行動していることになる、などと主張できるだろうか？　否。「正義」は決してそのような介入を要求するものではない。それゆえ、「正義の執行」が政府の唯一の義務だということが認められたら、われわれはいかなる穀物法も持つことがなかったはずだ。そしてこの基準が、同じような結果をもたらす貿易への制約の他のすべてのケースに適用されるならば、同じ前提から、常に自由貿易が帰結するということも同様に明らかだ。

また、われわれの聖職者や貴族階級は、国教会を持つことが「一般の福祉」のために明らかに必要だと主張する。彼らはわれわれにこう信じさせようとする。――キリスト教はそれ自体では無力だ。それは国家の純粋かつ有徳な手によって養われなければ決して拡大しない。真理は議会の立法の助けを借りなければ進んでいけないほど弱いものだ。人類は今もどこでもあまりにも利己的で世俗的だから、福音を説く人々に十分な報給を与えなければ、福音が伝えられる可能性はない――。彼らはこのようにして、報酬がなければ彼ら自身宗教活動をしなくなるだろうと事実上認め、同胞の精神的福利への彼らの関心は金銭的期待と範囲を等しくしているということを無意識のうちに告白しているのだ。だが「正義の執行」という定義は何と言うだろうか？　各個人が、聖典の最善の解釈だと考えるものを行うのを共同体が許すのは不正だ、と主張できるだろうか？　博学な聖職者の権威に反対してあえて自分自身で考える人を抑圧できるのか？　キリスト教自体さえ信じない人はその同胞の特権を侵害しているということができるのか？　否。すると次の結論が出てくる。国教会は人間の自然権の保全に不必要であるだけでなく、それが臣民の「良心の自由」を否定して、本人の認めない教義の普及のために寄付するよう強制する限りで、自然権に絶対的に敵対する。だから国家は国教を設立することにおいて自然権の侵害者という違法な立場に立つのだが、それらの権利を守るためにこそ国家は作り出されたのだ。それゆえ、制限的原理が国教会の設立を決して許可しないということは明らかだ。

さて今度は、救貧法という、大いに議論されている問題にこの基準を適用してみよう。自分の邪悪さあるいは不用意のために欠乏に至った個人は、正義の要求する行為としてその同胞に援助を求められるだろうか？　自分自身の愚行のせいでなしに窮乏に陥った勤勉な労働者さえも、立法府が自分を援助するように隣人たちに強制しなかったら自分の自然権は侵害されることになる、と不平を言えるだろうか？　明らかに否。不正というものは抑圧の積極的行為があることを含意するので、単に消極的な立場をとっているだけでは、いかなる人も不正とはされない。このことをもっとよく見るために、もう一度社会の未開状態を考えてみよう。そこでは万人が等しい利益から出発するのだった。共同体の一部は勤勉かつ賢明で、財産を蓄積し、別の部分は怠惰で不用意であるか、あるいはおそらく時には不運だったのだろう。ある階級の誰でも、他の階級からの援助を要求できるだろうか？　単なる不運のせいで貧乏である人々さえも、他の人々の勤勉の産物の一部を権利として要求できるだろうか？　否。彼らは憐憫を求めることができるし、援助を希望することもできるが、それを正義という根拠で主張することはできない。彼らについて真であることは、彼らの子孫についてもあてはまる。一つの階級の子どもたちと他の階級の子どもたちとの間の関係は彼らの親たちの間の関係と同じであり、第一世代の間でも第五・第六世代の間でも請求権は存在しない。

異なる階級は平等な関係にあるという前提に対して、次のように反論する人がいるかもしれない。——その前提は根拠がないだけでなく、事実に反する。誰でも知っているように、少数の人々が財産を握っている一方、多くの人々は自分が悪いわけでもないのに貧しいままだ。この状況においては問題の権利が生ずる——。それに対して私はこう答える。もし現在の二つの階級がそこでいう両階級の直接の子孫で、現在の貧しい人々が抑圧された人々の子孫であり、救貧税を支払うべき人々が抑圧者の子孫だということが立証できるなら、そのときはこの反論が有効だと認められるが、それが真実あるいは真実に近いものだと立証されるまでは、この反論を無視して構わない。そうすると、国家の義務に関して提案された定義は、救貧法の存在を決して許さないということになる。

第三の手紙

これまでの議論から、以下のことが推論された。――もしも正義の執行だけが政府の唯一の義務だと認められるならば、国教会は存在しない。通商への規制は決して規定されない。救貧法は認められない――。この最後の結論は前の二つほどには一般的な賛同を得られないだろうから、それを支持するための証拠にもっと立ち入ることが必要だと思われる。そして本誌『非国教徒［非順応主義者］（*Nonconformist*）』は、便宜ではなく原理によって行動し、健全なドクトリンに人気があろうがなかろうがそれに従おうという意図を公言する政治団体の機関紙であるからには、今提起した議論が個人的あるいは政治的バイアスから離れて虚心坦懐に検討されるだろうと期待したい。

救貧法が供給する基金は共同体の富裕層から困窮層を支援するための寄与だ、と普通見なされている。そして裕福な環境にある人々の財布から出るこの基金は、貧しい隣人にとって大きな福音だと考えられている。だがこれは正しい見方ではない。政治経済学者ならば次のように論ずるだろう。これは共同体を労働者と貧民という二つの大きな階級に事実上分断する制度だ。一方は食物と衣料の生産に何ら寄与しない階級で、他方は食物と衣料の消費のために提供しなければならない階級だ。だから生産階級の個々のメンバーが非生産階級による一般的財の一部の獲得によって害されていることは明らかだ。しかし生産階級の大部分を形成するのは誰か？　労働者だ。彼らの労働が一国の富の主たる要素だ。彼らがいなければ土地も資本も役に立たない。従って、貧困層のために取り分けられたこの供給物は主として人々の労働によって供給されているので、その負担は主として労働者が負うことになる。

この一般化した議論のスタイルが不満足なものにならないように、別の証明の仕方をするとよいだろう。われわれは次のことを知っている。——いかなる品物であれ、その平均的な価格はその生産に費やされる費用によって決定される。キャラコの製造業者がその製品を売る価格はそこに費やされた労働の量、機械の費用、原料の価値などの量に依存している。農民が自分の穀物を売ることができる価格は、彼の地代、耕作の費用などに支配されている。そしてこれらの支出のどれか一つでも上昇すれば、生産物の価格も必ず上昇する。もし地主が地代を二倍に引き上げるならば、農民は彼らの穀物にもっと高い値をつけなければならない――。さて救貧法が課す税率は、現行法の下の組合のいくつかにおいては賃貸料の四〇パーセントであり、［一八三四年までの］旧法では場合によっては七五パーセントあるいは一〇〇パーセントだった。これは賃借料の倍増に至るに違いない。両方の部分が地主に支払われるか、それとも半分が地主に、別の半分が教区に行くか、それは重要でない。産物の価格への影響は同じで、その産物の消費者はそのような義務が課せられない場合よりも高い値段を支払わねばならなくなる。しかし**誰**が消費者の大部分を占めるのか？　労働者だ。すると**彼ら**労働者こそがこの付加的税金の主たる出所になる。かくしてわれわれは同一の結論に達する。――勤勉な階級は救貧法のための税金のかなりの部分を直接支払うだけでない。より上流の人々から一見すると出てくる部分の大半も、元来は彼らから出ているのだ。

救貧法の提唱者の多くはその議論を穀物法の存在に基づかせている。彼らが言うには、もし外国の産物の輸入への制限がなく、従って自国の製造物への需要にも制限がないならば、労働者が自分の財産だけで暮らしていくことに彼らは反対しないが、実際には食料の価格は不自然に引き上げられており、労働への需要もこれほど不確実なのだから、公的なチャリティが必要だと考えざるをえない、というのだ。これに対しては二つの回答ができる。

第一に、この議論は間違った前提に基づいている。それは公的なチャリティが金持ちの財産から来ていると想定しているのだが、すでに示したように、チャリティの大部分は労働者階級の労働から来ている。その資金が集められるのは彼ら労働者のためなのだが、彼らはその勤勉な生産のために、その資金提供の主たる手段になる。それゆえ、勤勉な人々がすでに穀物法のために苦しんでいるという事実は、彼らの一部が他の一部のために食糧と衣類を供給するよう強いられることでさらに負担を負うべきだと考えるべき理由にならない。

第二に、政府の義務についてのこの新しい定義は、自由貿易は救貧法を排除する原理そのものの必然的帰結だということを示す議論とは全然関係がない。そしてもしそうだとしたら、商業への規制が存在するということに基づくそれらの反論はここに適用できない。

だが仮に救貧法が一国の災害時に労働者階級の状況を改善すると認めても、それが賢明な法律だということにはならないし、また最終的に善をもたらす法律だということにもならない。大地が生産をやめず、そして人類が働こうとすることをやめない限り、広範囲の災害は、社会制度の中に何か不自然なものが存在するということを示しているに違いない。イングランドの現状はまさにその通りだ。ヨーロッパとアメリカは消費できる以上の食糧を生産しているが、わが国の職人は労働意欲があるのに飢死しかねない。だからわれわれの政治制度の中に何か根本的に間違ったものがあるに違いない。病気を緩和させるのと治癒するのとでは、どちらがよいだろうか?　苦境を公的チャリティの分配で緩和することと、それが現われるがままにして、その原因の発見と除去を求めることとでは？　鎮痛剤を処方し続けて病気の苦痛を緩和させる医師と、症状を明らかにすることで少しだけ患者に苦痛を感じさせるが、それによって病気の原因を突き止めて速やかに治療する医師とでは、どちらが親切だろうか？　この選択はわざわざ考えるまでもない。

最近国家による徴収計画に着目して、正義の要求に応じてチャリティを勧めることのばかばかしさを指摘する著作者がいるが、彼らがそれは救貧法の一つのタイプにすぎないということに気づかないのは驚くべきことだ。両方とも悪を軽減しようとする試みにすぎず、それを除去しようとする試みではない。両方とも国民の不満を鎮静させようとする手段であって、人々が求めている権利の達成を遅らせるものだ。『タイムズ』紙は国民の請願に関する記事の中で、その文書の内容はとるに足らないものだが、それが提出されたという事実は不満を満足させるための「一層惜しみない救貧法」が必要であることを明らかに証明している、との趣旨を述べた。これは政策の明白な表明だ。——われわれはチャリティによって人々の口を閉ざさねばならない、と。われわれは彼らの権利という問題にはいる必要はないが、彼らに一層多額の救貧給付を支払わなければならないのだ！

しかし救貧法は実践において便宜に反するというだけでなく、原理においても欠陥を持っている。国教制度に反対する主要な議論が、国家的チャリティ制度に対しても同じ力をもってあてはまるだろう。非国教徒は言う。——いかなる人も、私が是認しないドクトリンを支持するために私に寄付を強制する権利を持っていない——。納税者も同じように合理的に論ずることができる。——誰に対しても、自分が救済に値すると考えない人々の生活のために寄付するように強制することは正当化できない——。宗教的自由の支持者は、いかなる会議にせよ司教にせよ、それが自分の信ずべきことや排斥すべきことを自分に代わって選ぶ権利を持つとは認めない。そのように救貧法の批判者は、いかなる政府にせよ理事長にせよ、それが自分のチャリティに値するかしないかを決める権利を認めない。非国教徒は、宗教への支援が強制されないときに信仰はいつでも一層広まり一層真摯になるだろうと主張する。救貧法に対する反対者は、チャリティが自発的であるときにそれはいつでも一層広範になり一層有益になるだろうと主張する。国教会に反対する者は、国家宗教の利益として意図されるものは、そのシステムが必ず生み出す腐敗のためにいつでも実現されないだろうと証明できる。同じように救貧法の批判者は、国家によるチャリティがもたらす利益として提案されているものは、その結果必ず生ずる貧困の害悪のためにいつでも打ち消されるだろうと証明できる。国教会に反対する者は、誰一人として自分と自分の信仰の間に立ち入る権利を持たないと抗議する。同じようにチャリティの公定に反対する者は、誰一人として自分と自分の信仰の**実践**(*exercise*)の間に立ち入る権利を持たないと抗議する。

自らを国の教会の支配から解放することにそれほど熱心な人々が——福音の適切な説明

について国に教えてもらう必要はないと公言する人々が――まさにその人々が、その福音の一番重要な教えの一つの実践に国家が介入することを安易に認め、それどころか提唱さえするのは、一体どういうわけだろうか? 彼らは立法府がその理論を解説する権利を否定しながらも、その実践における命令が必要だと論ずるのだ。非国教徒が**信仰**条項においては自分たちの独立を擁護しながらも、**実践**(*work*)の分野では外部からの援助を求めるほど自分自身の原理に自信を欠いているということは、実際彼らの首尾一貫性の乏しさを示すものだ。ある国の住民が精神的志操に欠けているということを見て、そのために国家的宗教が必要だと主張する人は、衣食の足りない人々を見て、それだから国家によるチャリティが必要だと推論する人と変わらない。

そしてまた、救貧法が共同体の中の納税者たちに及ぼす道徳的影響は、一番重大な特徴の一つであるにもかかわらずほとんど論じられていない。ここでも宗教の公定とチャリティの公定との間には明らかなアナロジーがある。次のように言われる。――わが国の国教会のようなシステムでは、聖体を拝領する者の明確な義務は主に公的礼拝に参加し、聖餐を受け、十分の一税〔教会維持のための税金〕と教会税を支払うことからなっていて、そこではいつでも形式が実質に、時々の儀式が日々の勤行に、物質的なものが精神的なものに、それぞれとって代わるだろう――。次のように言うことも同じように正しいだろう。――救貧法の公定からも同様の影響が生ずるだろう。人間性の同一の原理が働くからだ。救貧税の支払いが真の善意の発揮に、法的形式の満足が道徳的義務の実現に、それぞれとって代わるだろう――。強制的な寄付が親切な感情に訴えかけることはめったにない。税金を支払うよう命じられる人は、純粋な共感から自分のポケットに手を入れるわけではない。彼はこの要求をまた別の税金とみなして、その支払いに喜びでなく迷惑を感ずる。その影響はこれで終わるわけでもない。自分の自主独立を獲得しようと奮闘している貧しい労働者や職人は何ら同情をかきたてなくなる。救貧法がある限り彼らは飢え死にしないから、彼らが救いを求めに来てもその言い分を聞くまでには十分時間がある。ドアをノックする物乞いや、歩行者に呼びかける疲れきった旅人は自分の教区に行けと言われる。彼のためにはすでに公的な蓄えがあるのだから、彼の物語を聞いたり彼に私的な援助をしたりする必要はない。――このようなものが、国家的チャリティの奨励する精神状態だ。法的な要求を満たせば良心は満足する。本人は親切心のあらゆる実践を免除される。チャリティは代理によって行われる。高貴な感情が利己的傾向に打ち勝つことは決して要求されない。必然的にそれらの感情は休眠状態に陥り、国民の性格の低下が最終的な結果になる。救貧税の支払いと本物のチャリティとの関係は、形式と儀式への注意と本物の宗教との関係と同じだ。

しかしこう質問されるかもしれない。――もし国家による備えがないとしても、貧しい人々の日常的窮乏を助けるために随意的な善意だけで足りるということが、われわれにどうしてわかるだろうか？　これといささか似た質問が選挙権の拡大に対してもなされている。――選挙権を行使するのにふさわしくない人々にそれを与えたとき、彼らがそれにふさわしくなるだろうということが、われわれにどうしてわかるだろうか？　そしてこの場合に『非国教徒』の編集者が実に見事に述べたのと同じような回答がここでもあてはまるだろう。人間というものは自分が行うことを決して要求されないような義務を遂行する用意がないのが習慣だ。決して必要とされることがない美徳を示さないのが習慣だ。道徳的な力は道徳的不活動とは両立できない。また高尚な感情も状況によって促されるまでは活動しないままだろう。従って、貧困に対する公的な蓄えがあるとき、金持ちの方では善意を実現しようとするインセンティヴがないだろうし、貧しい人々の方では賢慮と節約への刺激がないだろう。前者は公的援助を示すことができる限り自分で与えることがないだろうし、後者は無尽蔵の基金に頼れる限り貯蓄しないだろう。それゆえ次のような結論を出すことができよう。――もし救貧法がなければ、金持ちはもっとチャリティを行い、貧しい人々はもっと将来に備えるだろう。前者が与えるものはもっと多く、後者が求めるものはもっと少ないだろう。

以上の議論の概要は次の通りだ。

一．救貧法の負担は主として勤勉な階級にかかる。

二．それゆえ、商業への規制が存在することは救貧法維持を支持する議論にならない。

三．救貧法が直接的には有益だと仮定しても、それは貧困の原因を長続きさせる限り間接的には有害である。

四．チャリティの公定は、宗教の公定に対して加えられうる最強の反論の多くを受ける。

五．救貧法は真の善意の発揮を妨げ、国民の性格を低下させる。

六．もし救貧法がなければ、自発的なチャリティと将来への備えがともに増大して、そのような法律は不必要になるだろう。


これらの理由から次の結論が導かれる。――政府の義務に関する提案された定義は、救貧法を排することにおいて、内在的に悪しきものを排するにすぎない。

第四の手紙

救貧法問題に少々深入りした直前の手紙は、私の提唱する原理の確立にとって必要不可欠のものだったが、一部の読者にはこの試論の名目上の目的からの脱線だと思われたかもしれない。しかしながら今や私はこれらの読者をさらにいらだたせることに、私に向けられた質問に回答しようと努めなければならない。それはこうだ。「誰もが大地から生計を維持する権利を持っているのではないか?」というのが、結局のところ寄せられた質問の核心だからだ。[*3] だが先に進む前に、挙証責任はその権利を否定する方ではなく断定する方にあると言っておいてもよかろう。ある命題を初めに提唱する者はそれが真理だということを証明するように要求されるのが普通だ——彼に反対する者がその誤りを示すのではなしに。

人間は大地から得られる生存手段への請求権を確かに持っている。それは彼の自然な生得権(natural birth-right)——彼が創造された時に与えられる権利——だ。そして誰にせよ、不正な法律や抑圧的な課税や何か他の手段によってその生存手段の獲得を困難にするような人は、その権利を侵害していることになる。しかしその権利は条件つきのものだ。——生産物が彼のものになるのは、大地に投下した労働への引き換えとしてにすぎない。そしてこの条件が満たされなければ、その権利は存在しない。ところが救貧法の原理はこの権利を条件抜きに認める。生産物への取り分の請求権を認めるが、等価の労働を要求しないのだ。「その通り」と答えられるかもしれない。「それにはとてもよい理由がある。その労働を有利に用いる方法がないのだから。」そうだとしてみよう。このことがある程度までは真実だということは否定できない。しかしだからどうだというのだ? これは自然な事態だろうか? この大きな悪は治癒できないだろうか? 労働のための領域がこのように足りないということは、世界の構成の避けられない結果だろうか? 否、否! これは人間の利己性の悪しき結果の一つだ――これは階級立法の悪しき結果の一つだ。もしわれわれを統治する仕方が正義にかなっていれば、雇用を求める声を聞くこともなかっただろうということをわれわれは知っている。誰もが自分の手でなすべきことを何か見つけて、その人の労働から、約束された富が豊かに流れ出るだろう。そのとき、われわれの義務は何か？　私は質問する――われわれの同胞のうちの誰かがその力を濫用して、自分の額に汗して自分の食べ物を稼ぐことを多くの人々にとって不可能にするような制度を作り出したという理由で、われわれは静かに服従して、労働なしの生存手段を与えるべきだろうか？　むしろわれわれはこの乱れた状態を作り出した法律を廃止すべきではないか？　社会の健康な活動を回復して、約束の自然な実現を許すべきではないか？　その約束に伴う命令に従えば、その約束は果たされるのだ。〈全能者〉は人間に特権を与えたが、それを享受できるのは特定の条件に従った後に限られる。人間の権力がはいりこみ、その条件に従うことをある程度まで不可能にすると、われわれはその条件に何ら注意を払わないでその特権を認めるべきだろうか？　それとも同胞がその条件に従うことを妨げている障害を取り除くべきだろうか？　答は自明だ。そうするとわれわれが到達した結論はこうなる。――大地からの生存手段への**無条件**の権利は、われわれの宗教の根本原理の一つと首尾一貫しない。

雇用が豊かで社会もごく繁栄しているとしても、やはり窮乏と貧困の実例はたくさんあるだろう、と反論されるかもしれない。その通り。だがそれだからどうだというのか？　そのために公的な蓄えが必要だという結論を出してはならない。九割方まで、そのような貧困は本人あるいはその親の不始末から来ている。われわれはそのような不始末への正当な罰を取り除くべきだろうか？　悪人の罪への罰は三代目あるいは四代目の子孫に下されると言われる。その罰は精神的障害や身体的疾患や一時的貧困という形で現われるかもしれない。親は子孫に悪しき道徳的傾向や体質上の欠点を与えるかもしれないし、困窮の中に残すかもしれない。罰はこれらのうちのいずれかあるいはすべてを含みうる。だが救貧法はここにはいりこんで、「私に可能な限り、私はこの法則を無効にする。あなたあるいはあなたの親の非行がいくら重大だったとしても――あなたの窮状がひとえにその非行に起因しているとしても――あなたが苦しんでいるからには、あなたはあなたの同胞の財産に対する正当な請求権を持っている。だから私はあなたを助けよう」と言うのだ。*4 そうすることにおいて、救貧法は罰を取り去るだけでなく、更生への最も強力なインセンティヴを破壊もする。逆境というものは、多くの場合において悪人のための唯一有効な学校だ。おそらくこう質問されるだろう。――子どもがその親の罪に起因する一時的な困窮に苦しむのを放っておくことのどこが正しいのか、また利点があるのか？　それには利点がある、それも大きな利点がある。親の特徴をなしていたのと同じ不道徳性が子孫に相続される――その道徳的疾患が治癒を必要とする――のが、罪の結果生ずる貧困の中に治癒が見出されるという健全な社会的条件の下で生ずる、というのがその利点だ。病がそれ自身の治療法を与える——救貧法の権利はその治療法の実施を妨げる。

誤解しないでほしいが、これは人々の現在の窮状について言っているのではなくて、よい統治がなされている国の中でも起きる少数の個人的困窮だけにあてはまることだ。

自然権というものはたいていたやすく定義できる。その境界はおのずと存在している。だが救貧法の原理はそうでない。それは誰もが大地からの生活維持(maintenance)への権利を持つと言う。しかし生活維持とは何か? ある人は、単なる生存だけを意味すると言う。別の人は、申請者は彼の位置にある人々が通常享受しているような安楽さをすべて要求できると言う。そして極端な人は、財産の共有という社会主義の原理まで行かなければ満足しないだろう。これらのうちどれがその権利の真の表現なのかを誰が語れるだろうか? その間の段階は無限にある。その請求権がどこに始まりどこで終わるのかをどうやって決められるのか? その同胞は納税者の財産のうちどれだけを正当に要求できるのかを誰が語れるだろうか? 貧民がもっと多くの支払いを求めるとき、誰が彼は自分の権利だけのものを受け取っていると言えるだろうか? あるいは彼に対して、彼はすでに受け取ったものへの権利を持っているがそれ以外のものへの権利は何も持っていないのはなぜかを説明できるだろうか? それでももしこれが本当に権利だとしても、それはそのような定義ができるようなものだろうか?

財産というものは一つの慣習（conventionalism）にすぎない——少数の人が財産を蓄積することは多くの人々にとって有害だ——その存在自体が、それを享受できない人々にとって不利益になる——従って後者の人々は財産を占有している人々に対する請求権を持つ——と言われる。しかし財産は慣習にすぎないのか？　この問題を考えてみよう。

ペイリー［William Paley. 一七四三—一八〇五年。イングランドの神学者・道徳哲学者］は言う。「便宜に資する（expedient）ものは正しい。」これは驚くべき断定だが、「便宜に資する」という言葉は通常の意味で用いられているのではないということを思い出さなければならない。ここでそれが意味しているのは、現在の目的に一番役立つであろうものではなくて、現在と将来、直接的なものと間接的なもの、すべてを含めた影響が最も有益であるものだ。彼が擁護する便宜（expediency）とは、現在の利益のために一国の将来の福利を犠牲にするものではない。彼が便宜に資すると呼んだのは、直接的なものも予期されるものも含めて、よき結果の総計が悪しき結果の総計よりも大きくなるものだ。その表現がこの拡大された意味で解釈されて、遠い将来に生ずるであろう害悪と利益が今日の影響と同じように考慮されるなら、ペイリーの断定はもはや異常だとは思われない。この断言を根拠に、ペイリーはキリスト教が与える基準から外れた善悪の基準を提起したと言って非難する道徳学者がいる。彼らの言うところでは、最初ペイリーは福音の教えがわれわれにとって唯一の安全な導きになると認めるが、それから反対の原理を提唱するということだ。彼らはペイリーの立場を誤解している。ペイリーは福音に対立する原理ではなく、それに調和する原理を提唱したのだ。彼が明らかにしたのは、われわれの宗教の命令のすべてが基づいている根本的な法則であり、キリスト教のたくさんのドクトリンはその偉大な命題から導き出される。神は人間の幸福を意志する。その幸福はある条件が満たされることに依存している。神は人間に法を与える。それに従うことによって、人間はそれらの条件を満たすのだ。神は言う。「汝盗むなかれ。」それはなぜか？　なぜなら、盗人は盗んだ財産の獲得によって一時的な満足を経験するかもしれないが、それは対応する被害者の不利益によって帳消しにされるだけでなく、共同体の他の成員すべてと同様に盗人自身も、同じような損失を常に恐れるからだ。だから被害者の悲しみに盗みへの一般的な恐れが加わって、財産獲得の個別の快楽をはるかにしのぐことになる。そこで「汝盗むなかれ」という命令への服従は一般的な幸福に明らかに資することになる。つまり、それは「便宜に資する」のだ。人はまた、自分と同じように自分の隣人を愛するように命じられるが、それはなぜか？そうすることによって、人は自分の同胞の安楽を増大させるだけでなく、真性の善意の行使から生ずる快楽という形で自分自身豊かな報酬を得るからだ。そして他のどの場合でも、分析してみれば同じように次のことがわかる。――一般的な幸福が大切な目的で、全能者の命令はその幸福を一番よく確保するようなものであり、従って、「便宜」が人間統治の原初的な法則である――。この結論が真理であることを認めてから、神意の直接的な表現を見出さないいくつかの場合に出会うならば、われわれがとるべき道はその神意の精神に適合する原理に訴えかけることだ。それではこの基準を、当該の問題に適用してみよう。

第一に――私有財産制度は便宜に資するだろうか？　その通り。人間の幸福はその時々の欲求の実現に大いに依存している。大地の果実はそれらの欲求を実現させるために必要な手段だ。それらの果実は耕作なしには決して十分に生産できない。その耕作は、何らかの占有を刺激することなしには決して普及しない。他の人が収穫を刈り取るかもしれなかったら、誰一人として種をまかないだろうから。われわれはあらゆる野蛮な民族の歴史の中にこのことの豊かな例証を有する。そしてまた、人間は身体的欲求が満たされなければ社会的進歩をとげないということをわれわれは見る。食物と衣服が潤沢になければ、人は文明化されない。そして文明化されないということは、道徳的にも知的にも進歩しないというのと同じことだ。そして精神の闇の中にとどまっているということは、〈造物主〉が人間にとって可能にしてくれた最高の快楽を全く感じられないということを含む。だから財産は人類の精神的な幸福も身体的な幸福も促進する。つまり便宜に資する。また注意しなければならないが、われわれは〈全能者〉からの直接の命令がないため便宜という基準に訴えかけているのだが、聖書はこの点で神意の間接的な証拠をたくさん含んでいる。聖書は多くの個所において私有財産制度を事実上認める義務を命ずるだけでなく、明らかに決定的な一つの命令を述べている。「汝盗むなかれ」という命令一つが、占有による権利〔rights of possession だが、民法でいう「占有権」とは違うのでこう訳す〕の完全な憲章を伴っている。最後に――もしこれらの議論が決定的でないとしても、誰も心の中に占有への欲求が埋め込まれていて、この欲求は自分の同胞を害することなしに、財産の貯蓄によって満足させることができる、という事実があるのだが、この事実それ自体が、個人的所有は〈造物主〉の意志に合致しているということの十分な証拠だ。それだから、便宜の法則から直接に、また人間性から直接に、そして神意が示すことから暗黙のうちに、財産は慣習的ではなく自然な制度だという結論が出てくる。

さてわれわれは占有による権利を認めるか、完全に否定するかしなければならない。われわれは「あなたがあなたの労働によって獲得した物質のうち、これだけがあなたのもので、これだけがあなたの同胞のものだ」と言うことができない。その権利は分割できない。それは権利であるか、権利でないかのいずれかで、その中間はない。イエスかノーかである。さて、議論を検討したあとで財産は文明化された人間にとって自然な制度だということを認めるならば、そしてここから必然的に出てくること――個人的占有による権利――を認めるなら、また当然ながら完全に認めるなら、救貧法による権利は完全に消滅する。両者は全く両立できない。

便宜という判断基準に戻ろう。救貧法をこの原理で調べてみると、欠陥があるということがわかった。それを認めることから生じてきた害悪、また生ずるに違いない害悪は数多く重大で、それは利益を帳消しにして余りがある。それを自発的なチャリティに代えることから生ずるのはよいことばかりで、悪い影響はない。もしこの推論が決定的なものならば、前の議論のいずれかに訴える必要もなく、その権利は斥けられる。

それゆえ次のように言える。

一．貧しい人が自分の労働によってその生存手段を稼ぐことを妨げられている現状では、われわれの義務は労働なしの生存を与えることではなくて、利己的な立法者が作り上げた生産的勤勉への障壁をなくして、社会をその自然な状態に戻すことで労働者を本来の位置に置くことだ。

二．悪人が救貧法の提供する権利を利用するのを許すことによって、われわれは彼らに与えられるべき正しい罰を無効にするだけでなく、回心と改善への、最も有効な促しを取り去ることになる。

三．本物の権利はたいてい明確な定義ができるものだが、想定されている救貧法はそうでない。

四．財産制度は、便宜の法則によって、暗黙裡の神意によって、人間の性質によって、正当化される。そしてわれわれが財産の権利を認めるならば、救貧法が設立しようとする権利は否定しなければならない。
五．大地が生み出す生活維持への請求権を認めることは、財産権と衝突するだけでなく、それ自体において善よりも悪をたくさん生み出すことになる。つまりそれは便宜に資することがない。それが便宜に資することがないならば、それは権利ではありえない。

第五の手紙

私が提唱する統治の理論に対して、おそらく次のような反論がなされるだろう。――もし司法の執行だけが国家の唯一の義務ならば、それは明らかにわが国の外国との関係を規制したり、国際的な取り決めを結んだり、絶対に必要かもしれない戦争を起こしたりする権能を持たないことになってしまう。

この反論のうち、条約締結の権能の欠如に関する部分は無視してもよかろう。通商にせよ戦争にせよ、ほとんどいつでも、直接あるいは間接に政府間の交渉の対象だ。そして自由貿易が定義上前提されているのだから、貿易協定が決して要求されないことは明らかだ。それゆえ反論のすべてはその最後の条項にまとめられる。――すなわち戦争を行う権能の欠如だ。われわれはこのような帰結を害悪とみなすべきでない。むしろその代わりに、この原理の承認から生じうる最大の利益の一つとして歓迎すべきだ。戦争はイングランドの負担の最大のものの原因だった。一見すると戦争から生ずる繁栄に人々が酔いしれることがなかったら、わが国の地主たちはあえて穀物法を制定しなかっただろう。わが国の支配者が戦争を行うという栄光を奪われていたら、悲惨な帰結をもたらす国債も存在しなかっただろう。貴族階級の際限ない野心がわれわれを戦争に引き込まなかったら、わが国は勤勉な国民が稼ぎだす堅固な収入に欠けることがなかっただろう。わが国の鉄道を何倍も建設したであろう資本――あらゆる便宜を通商に与えたであろう資本――通商を名前だけの資金ではなく現物に基づかせたであろう資本――何世代にもわたって蓄積された労働力、必要なときのための国家の大量の備蓄――それが消え去ってしまったのだ。イングランドは国債が求める資源に対する毎年の欠乏に苦しんでいるだけではない。それはまた財産の喪失も経験している。その代表例は国債だ。国は利息を支払わねばならないだけでなく、元本も失ったのだ。

戦争は共同体にとって本質的に有益だという意見を持っている人が多い。戦争は社会という有機体を活気づけるというのだ。彼らはその断言を立証するために近時の大陸の戦闘の際に示された商業の活力にも言及する。しかし国家に及ぼすそのような意図されない影響を念頭に置き、また商業階級の儲けよりも戦争間に下層階級が経験する苦しみに注意を向けるならば、彼らはおそらく別の結論に至るだろう。そして、たとえ戦争が一時的に利益をもたらすということを認めるとしても、それは必ずや一層大きな損害をもたらす。それはワインが人間に働くように国に対して働く。それは同一の不自然な活動——同一の見かけ上の力の増大——を作り出す。それは同じような仕方で、将来のために蓄えられた生命とエネルギーの供給を求める。この興奮は同じようにして、対応する沈滞にとって代わられ、そのようにして段階的に体質の力がむしばまれていくところも似ている。そして戦争が生み出す一見した繁栄から判断して、戦争が一国にとって利益になると言う近視眼的な政治家は誤りに陥るのだが、それはアルコールの影響下で気分がよくなった人がその刺激は長期的に力を強めるという結論を出すようなものだ。

戦争はあれほど長きにわたってあらゆる国々の災いだった、封建精神の乳母である。その精神から利己的で専制的な立法が生まれ、われわれはその下で長い間苦しんできた。もしこの四世紀か五世紀の間、文明世界が侵略や征服に従事する代わりに富の本当の源泉——産業と通商、学問と芸術——に注意を集中していたら、ずっと前からわが国の貴族階級は自分たちが蜂の巣の中の働かない雄蜂だということを知り、不名誉なことを誇るのをやめただろう。

戦争は政治的にも商業的にも悪であるだけでなく、道徳的にも悪だということをつけ加えて言おう。戦争はキリスト教の精神と調和しない。動物的激情を不当にかきたてる。蛮勇を人間の美徳の中で最高のものにかつぎあげる。世界の文明化を大いに遅らせる傾向がある。人類の真の繁栄のために欠かせない、あらゆる国々との普遍的同胞精神の拡張への重大な障害でもある。これらの附随的な悪に加えて、戦争の直接の悪も考えよう。それは戦場における恐怖と親類縁者の悲嘆の声だ。これらのことを考えれば、これらの諸悪を必然的に排除する原理はそれだけでわれわれの注意を受けるに値するとわれわれは感ずるだろう。

諸国が「その剣を打ちかえて鋤とし、その槍を打ちかえて鎌とする」〔『イザヤ書』二・四〕時が来るだろうと言われている。その時はまだ遠いかもしれないが、われわれはそれに近づきつつある――われわれは最後にはそれに到達するだろう、それも突然の革命によってではなく、ひき続いた道徳的・知的進歩によって。われわれは〈全能者〉の直接の介入によって変化が生ずるのを待っていてはならない。適切な手段を用い、われわれの全力を傾注して、命令へのわれわれの順守の結果として約束が果たされるのを期待しなければならない。だがその手段は何か？　そのうちの一つは目前にある。われわれの支配者の注意を彼らの唯一の任務、つまり司法の執行に向けよ。われわれがそれに関心を向ける限り、預言は果たされるだろう。「われわれが戦争を放棄しても、他の国々も同じようにしてくれなかったら、それが何の役に立つのか？」と質問する人が多いだろう。この同じ人々は、社会的不正の改善に助力しない言い訳としてしばしば同じような質問をする。――たった一人に何ができるのか？　だが彼らに対してこう言ってやるまでもないだろう。――人々は決して心を一つにして同じ結論に至るわけではない。またそれは不可能だ。すべての大きな変化は諸個人から発してきた。各人が他の人々に任せることは、誰によってもなされない――。誰もがそんな幼稚な言い訳をやめて、敢然として自分の任務につけばよいのに。そうすれば国にとっての悪はすぐに矯正されるだろう。ここで個々人としての人間に当てはまることは、民衆としての人間にもあてはまる。すべての国々が同時に戦争を放棄することを期待する必要は全くない。どこかが先に立たなければならない。イングランドが最初になるがよい。ブリテンが第一に平和の旗を掲げるがよい。わが国がその宗教の精神に従って最初に行動するがよい――他の国々が同じことをするのを待たずに。教訓と実例のため隣国もそれに従うだろうというだけでなく、新たな影響も生まれるだろう。国際的仲裁という長く語られてきたシステムも急速に実現に向かうだろう。人類は国家紛争の平和的解決の長所に目を開くだろう。戦争に訴えかけることは次第に少なくなるだろう。そしてすぐにわれわれは、すでに諸個人にあっては軽蔑するようになった、あの喧嘩好きの非キリスト教的精神や「名誉」という野蛮な観念を、国々の中で賞賛することをやめるようになるだろう。

「しかし、必要な戦争というものもあるのではないか？」おそらくそれは理論上あるかもしれないが、実際にはごく稀にしか見られない。わが国の中国との戦争は必要か？　アフガニスタンとの戦争は必要か？　シリアとの戦争は必要だったか？　フランスとの戦争は必要だったか？　アメリカとの戦争は必要だったか？　否。侵略に対して自衛するならば、必要な戦争を行っているとおそらく言えるだろうが、それ以外の場合はそうでない。そしてイングランドはこの点では恐れることがほとんどない。しかしながら議論の都合上、ありそうもないことだがそのような出来事が起きて、ある外国がわが国に攻撃を仕掛けてきて紛争に巻き込まれたとしてみよう。すると二つの事柄のうちの一つが起きるに違いない。わが国が攻撃を斥けるか、そうしないかのいずれかだ。そのような状況下では、神意の介入を待つ人々も多いだろう。消極的抵抗の原理に頼る人々もいるだろう。しかしいずれに頼ることもなく、積極的な防衛が必要だとしてみよう。その防衛は二つの仕方で行われうる。国家と独立に、国民一般がそれを提供し、戦争委員会を招集し、進んで資材を提供し、その他の必要な仕事をすべて行うか、そうでなければ、政府自身がこれまでのように事態をすべて掌握するかのいずれかだ。前者は実行不可能のように見えるかもしれない。だがそのような印象は合理的な確信から来ているというよりも、われわれの先入観との不一致から生ずるのではないかと疑われる。未開民族の戦争は確定した執行権力による指導が何らなしに行われることが極めて多い。また文明化された諸国においても、政府に対する反乱が戦争で成功したという例がある。そうすると、われわれの社会のような高度に組織された社会の状態の中ならば、効果的な抵抗をどれだけ多く期待できるだろうか？　だがこの原理が実行不可能だと認めても——そのような場合には国家による介入が必要だと認めても――いかなる結論に至るだろうか？　元来の定義が不十分だから、提唱されたドクトリンを犠牲にしなければならないというのか？　そんなことはない。奇妙に見えるかもしれないが、そのような必要があると認めることはわれわれの理論の廃棄につながらない。この問題は国内政策に関連して提起されただけだから、ここまでイングランドへの適用についてしか考察されていない。しかし国際問題が関係しているこの例では、われわれはもはやそのような限定された領域だけを考えているわけにいかない。道徳法則の中には、普遍的に認められなければ完全な発展を見ないものがある。それらの法則は現状とは一致しないから、明らかにそれらと一致しない恣意的な基準によって測ることができない。人類の一部がある原理に従って行動すると想像し――彼らが別の導きに従う残りの人々との相互関係においてその原理を破らざるをえないということを知り――それゆえ、その原理は間違っているという結論を出すこと、それは決して論理的でない。われわれはそのシステムを公正に取り扱い、それが一般的に適用されていると想定して、それ自体の条件に従って検討しなければならない。さて、あらゆる国がその政府の関心を司法の執行だけにとどめるならば侵略戦争はなくなるだろうが、侵略戦争がなくなれば自衛戦争も不必要になる。それゆえ、侵略の場合には国家が登場することが必要かもしれないと認めるからといって、あの定義に誤りがあったということにはならない。例外が生ずるのは、原理に内在する不完全さのゆえではなくて、その適用される範囲が限られているからだ。

本論の立場は以下の通り。

一．戦争は大きな悪である。戦争が提案された定義から除外されているという事実は、その定義を支持する有力な議論である。

二．われわれの支配者から戦争を行う権能を奪うことは、「国が他の国に剣を振りあげない」〔『イザヤ書』二・四〕時期を早く来させるためにわれわれができる最も効果的な手段の一つである。

三．侵略に対する抵抗だけが、必要だと主張しうる唯一の戦争だが、それが必要だとわれわれが恐れる必要はほとんどない。

四．仮にわが国の国土への襲撃があって、その場合に国家の登場が必要だと認めるとしても、この例外はわれわれの原理に欠陥があることを示すものではなく、その実践における拡張の限界を示すものでしかない。

第六の手紙

一部の人にとっては、司法の執行だけが国家の唯一の任務だという望ましい結論にとって、植民地が躓きの石であるように見えるかもしれない。われわれの統治と保護がなかったら植民地はどうなるのか？　われわれはこの疑問を予想できる。事実は私がこう答えるのを支持するだろう。――植民地はそれがない方がずっとうまくいく。

この問題はおのずと三つに分けられる。――本国の利益、移民［植民者］の利益、先住民の利益だ。では第一に、本国の利益を考えよう。

古代の国々の歴史は、共同体の富は新しい領土の獲得に依存していないということを示してきた。わが国の歴史も同じ性質のことを十分に例証しており、われわれの現在の経験もあらゆる点でその証拠を確証している。合衆国の周知の例があげられよう。この国が植民地だったころ、それはわが国にとって負担だった。その統治のための支出はそれとの通商から来る利益よりもはるかに大きかった。しかしそれが独立国になって以来、合衆国は大きな利益の源泉になっている。カナダはわが国にとってかつての合衆国と同じ立場にある。カナダとわが国との間の距離は合衆国との距離と同一であり、そこから得られる商業的利益はもっと大きく、それは文明化が一層進んでいるという利点を持っているが、それでもやはりかつての合衆国と同様、その管理費用に見合うものではない。インドももう一つの例証としてあげられよう。東インド会社の損益報告書が示すところでは、この場合もまたわが国にとっての帳尻は赤字で、わが国が東洋に持っている膨大な財産は利益よりもむしろ損失をもたらしてきた。ところがこれらやその他の同様の例にもかかわらず、広大な領土は富と同義だと暗黙のうちに想定されている。

人は言う。植民地の通商の独占によって、われわれはそれがない場合よりもわが国の生産物への大きな市場を獲得しているのであり、これは大きな利益に違いない、と。この立場はとてももっともらしいが、それでも間違っている。われわれが植民地の通商を独占するのは二つの原因のいずれかによる。彼らの消費する品物をわれわれが他のいかなる国よりも安く生産するからか、あるいはわれわれがそれらの商品を買うように彼らに強いている――さもなければ彼らは別の所からもっと安く買えるだろう――からだ。もしわれわれが他の生産者よりも安く売ることができるならば、かりに植民地が独立しているとしても、明らかにわれわれはやはり独占的に供給できるはずだ。もしそうではなくわれわれが安く売ることができないならば、これも同じくらい明らかに、われわれは独占によって利益を得る以上に間接的に自らに損害を及ぼしていることになるだろう。というのは、もし植民者たちがわれわれの生産物を受け取るとすると、われわれは彼らの生産物を受け取らなければならないからだ。――彼らはわれわれに金銭で支払うことができない。さて、植民者がわれわれの生産物（その需要は一定としなければならない）の代償として支払う品物の値段は、その生産費によって決められる。そしてそれらの生産費は他の事柄が同一ならば、彼らが購入しなければならない商品の値段に依存する。もし両当事者が互いに排他的に取引することに合意するならば、そして片方が自分の方の値段を二倍にするならば、明らかに相手は取引を続けられない――前もって同一の割合で取引すると約定していない限り。

だからわれわれは植民者に供給する商品について余分の値段を彼らに支払わせることによって、彼らがその代価として輸出する生産物の費用を同じだけ引き上げることにならざるをえない。想定された利益はかくして完全に無に帰するのだ。それだけではない。マカロク［John Ramsay McCulloch. 一七八九―一八六四年。リカードの強い影響を受けたスコットランド出身の古典派経済学者。自由貿易論者として有名］は言っている。「それぞれの国には何らかの自然な能力あるいは獲得された能力があって、そのおかげで各国は他のいかなる国よりも有利に産業の特定の領域に従事することができる。しかしある国の産物をその植民地で他の国よりも高く売りつけるという事実は、その優越性を示す代わりに、その国が他国に比べて、需要されている特定の品物の生産において不利な立場に立っているということの決定的な証拠である。従って、本来ならわれわれが売ることができないような品物について植民地の中に強制的な市場を提供することにおいて、われわれは実際には、自然に生ずる場合よりも不利益な分野にわが国の資本と労働の一部を流出させているのである。」あらゆる商品が最小の時間と労働の支出において得られるシステムだけが、世界全体にとっても個々の国についても有益なのだ。もしそうでなかったら、われわれはこのイングランドで砂糖と綿花を温室栽培して、輸入品の代わりに国産を奨励することから利益を得ていると自慢できるだろう！

するとわれわれが到達した結論は、他のあらゆる場合と同じくこの場合も、本国はこの排他的取引によって損をするというものだ。しかし誰が得するのか？　独占者だ。そして独占者とは誰か？　貴族階級だ。彼らのポケットに、文官や武官の給料や利益配当金などの形をとって、東インド会社の膨大な収入の多くがはいっていった。[*5]彼らのポケットに、われわれがジャマイカの砂糖のために支払う年間四〇〇万ポンドが余計に吸い込まれる。彼らのポケットに、コーヒーやその他の植民地の商品のために国民が毎年支払う巨額の金銭がはいっていった——西インドの産業に与えられた保護を別にしても。そうすると植民地は別の販路に頼るしかないが、それを通じて勤勉の収入が怠け者の金庫に流れ込むことになる。植民地の財産の豊かな所有者たちは、彼らの兄弟であるイングランドの地主たちと同じように保護を必ず得ている——前者は禁止的関税という形で、後者は穀物法という形で。そして飢えてたくさんの重荷を負った貧民は、自分たちの支配者のあり余る富を増大させるために、さらに絞りとられなければならないのだ。

次に、移住していく人々の福利を考えてみよう。問題のこの部分を考察する際に、次の問題が生ずるかもしれない。あらゆる植民者は母国から保護を受ける請求権を持っているのではないか？　慣習は「そうだ」と答え、理性は「否」と言う。哲学的に見れば、共同体は相互の防衛のために一緒に結びついた人々の共同体だ。その共同体のメンバーはある地域を占めるものと考えられる。だから彼らに与えられる特権は、その地域の住民だけが享受できると考えてよかろう。国がそのメンバーのたまたまうろついている場所ならばどこでも保護を差し伸べるとは期待できない。市民が自分で選んで居を定める所なら、国はそれが地上のどこであっても彼の権利を守らなければならない、などということはありえない。ここから自然に推論されるのは、ある人がそのような共同体を立ち去るならば、彼はそのメンバーシップと特権を失い、国家による支援を要求する権利をすべて放棄する、ということだ。彼は一方において、期待している移住によって得られるであろう利益、他方において、市民権の喪失に伴う不利益、この両者を十分に考慮して、変化から期待される利益の方が大きいのでそうする、と想定される。

しかし権利の問題はさておき、この主張を認めることが過去において移民にとってどれだけ役に立ったのかを検討してみよう。わが国の植民地の歴史は、保護が提供されたという証拠をどれだけ与えているだろうか？　アメリカ独立宣言の中にはこの点について移住者たちの経験の率直な表現が見られる。この文書は母国による統治の影響の公正な要約として読めるだろう。国王——母国の人格化——について、それは言う——

「彼は、司法制度設立のための法律への裁可を拒み、司法権の執行を妨げた。

彼は、数多くの官職を新しく作り、多数の新任官吏を送り込み、われわれ植民地人を困却させ、その財産を消耗させた。

彼は、平時に、植民地議会の同意を得ることなく、われわれの間に常備軍を駐屯させた。

彼は他の人々［イギリス議会］と結託して、われわれの憲法とは無縁であり、われわれの諸法律も認めていない立法権の下にわれわれを従属させ、以下のような越権の立法に裁可を与えた。その立法とは——

われわれの間に多数の軍隊を宿営させ、

その軍隊が諸邦の住民を殺害した犯罪に対しても、偽装の裁判をもって、その刑罰を免れさせ、

われわれが世界各地と通商することを制限し、

われわれの同意なしにわれわれに税を課し、

多くの裁判において、われわれから陪審制度の特権を剝奪する」等々。［「アメリカ独立宣言」から。『史料で読むアメリカ文化史2』東京大学出版会、二〇〇五年収録の斉藤眞訳を少し変えた。］

実にこれこそ、本国の保護の恩恵のすばらしい実例だ！　現代にもこれに似た例がある。カナダにおける最近の暴動は、かつてアメリカ人が経験したのと似た状態が存在するということの明らかな一例だ。そしてわれわれがカナダ人に、われわれは彼らの世話をし続けるべきかどうかと尋ねたら、彼らは、われわれにとって同じことならむしろ自分らが自分の世話をしたいと答えるだろう！　別の例としてオーストラリアの植民もあげられるだろう。ここにはわが国の立法府のおせっかいな干渉から生ずる害悪の生きた実例がある。政府が送り出した何千人もの貧しい移民が、現在職もなく、慈善機関の寄付でようやく生きていて、ほとんど飢死しかかっている。この窮乏は多数の労働者の送り出しから生じたの

だが、資本家の数はそれに対応して増加してこなかった。もしこの国が放っておかれたならば、それまでのように、また将来も常にそうであるように、労働と資本とは歩調を合わせていただろう。しかしおせっかいな国家は社会の自然法則を規制しようとせずにはおかない。その結果として災いが生じた。保護という名目で移民に加えられた害悪の同じような例はまだたくさんあげることができよう[*6]――もしすでにあげた例だけで十分決定的でなかったら。

第三に――先住民の利益だ。この問題の結果を一瞥しただけでも、植民地の先住民が入植者たちから受ける取り扱いは、その移民が段階的であって本国に保護されていない場合の方が、強力な政府の援助と軍事力の裏付けを持っていた場合よりもずっとよいだろう、ということが十分に示される。前者の場合、植民者たちの方が弱いので、彼らは行動を慎まざるをえず、恐怖を通じて、その地の所有者たちと正しい取引をするように仕向けられた。ところが後者の場合、何であれ征服できる領土に対して人は合法的な権利を持つという野蛮な格率に従って、新しい国の暴力的占領が行われる――その後は抑圧と流血の光景が続き、最後は多くの場合、被害を受けた民族の絶滅に至る。これは想像ではない。言うのも恥ずかしいことだが、わが国の植民の歴史は、その地の元来の占有者に加えた不正と残酷行為に満ちている。北米インディアンの諸部族の絶滅はその実例だ。オーストラリア先住民の段階的後退もあげられるし、東インド諸島の住民の悲惨な状態は国家による植民に伴う非人道性を雄弁に物語っている。インドのライオトすなわち農民は、その収穫のほとんど半分を税金に取られる。[*7] それも彼らが何ら参加できない外国の政府によってだ──その政府といえば、彼らをあらゆる方面で抑圧し、明らかに彼らを歳入の生産者というだけの目的で生み出された存在としてしか見ていないのだが。その人口の別の部分は、この専制政府を助けるわが国の軍隊を支援するように命じられ、彼らの多くはその抑圧者たちの専制的命令にあえて従わなかったために殺されてきた。アフガニスタンの最近の事件もさらなる例となる。わが国の東洋の政府はすでに支配している広大な帝国だけで満足できず、寓話の中の狼のように、隣国と紛争を起こす口実を探さずにはいられないが、その究極の意図は彼らの国の獲得だ。[*8] そしてその戦争においても、その士官の中には、多くの野蛮人も恥ずるような欺瞞を犯した人たちがいた。われわれはこのようにしてキリスト教の崇高な原理を実現するのだ。

植民という人為的システムを非難する理由をあげてきたから、その後は、自然なシステムをどうしたら実行できるかを調べることだけが残っている。議論に立ち入る機会はないだろう。われわれは直ちに経験に訴えかけることができる。その経験は決定的だ。ペンシルヴァニアは、もっぱら私的な計画によって創設され遂行された植民地の立派な実例を提供する。そこではあらゆる当事者の権利が正当に尊重され、先住民が名誉ある取り扱いを受け、友人も異邦人も正義を得られた。この植民地は長いことその繁栄で名高く、今でさえその創設者たちの自由主義的行動の恩恵を感じていると言えよう。

以上の議論は次のことを示す。

一．一国の富は大きな植民による獲得によって増大することはない。

二．生産階級は、植民地でも本国でも、必ずいかなる商業的独占によっても損害をこうむる。

三．貴族階級だけが唯一利益を得る。

四．移民は本国から保護を受ける権利を持たない。

五．いわゆる保護が与えられる際には、それは常に彼らを抑圧するための手段に変えられてきた。

六．もし移民が私的な計画によって遂行されたならば、先住民が不正な取り扱いを受ける確率は明らかにより少なかった――不正な取り扱いは、文明化された入植者が先住民に対してとってきた行動の特徴をなすのだが。

七．ペンシルヴァニアの例は植民の自然なシステムの方がすぐれているということを十二分に保証する。

それだから、この場合も、これまで述べてきた場合と同様、立法府による介入を斥けることが何よりも望ましい。

第七の手紙

これまでのところ、国家による干渉という問題を、その現在の影響が目に見えるような適用分野においてのみ検討してきた。――すなわち、通商、宗教、チャリティ、戦争、植民だ。これらのすべてにおいて、国家による介入が批判されてきた。ここで残っているのは、今はまだ元来の拘束されない状態で繁栄しているものの、立法による監督の計画に脅かされている社会制度を考察することだ。その中でも一番重要なものは――教育だ。

われわれの定義が国家による教育のシステムを排除するということは明らかだ。それを司法の実行に含めることはできない。人が共同体に対して自分の子どもたちを教育せよと要求することは、子どもたちに食物と衣服を提供せよと要求するのと同様に不可能だ。そして彼が子どもたちの精神的必要を満たすために知的な食物の継続的供給を要求できるとしたら、彼はまた子どもたちの身体的必要を満たすために物質的な食物の供給も同じように正当に要求できるということにもなりかねない。これがこの排除の利点を示す以下の議論の目的となろう。

人々は目的達成のために用いられる手段を、その適切さについて十分に検討することなしに決定しがちだ。それを確保する一番見えやすい仕方が考慮の重大な対象になって、その仕方が最善であるかどうかを見極めるのが極めて重要だということを考えることなしに――その究極的な効果が近接の効果と同じくらいよいものかどうかを問うことなしに——その設立のための機構がいかなる腐敗に至りうるかを問うことなしに——「目標に到達するために何か別の方法はないのか？」という質問を全然行わずに――そして同様のたくさんの考慮を無視して――選ばれてしまう。これが今検討している問題の取り扱われ方だ。民衆の教育が目指されている目的であり、その結果はこの上なく重大だ――これから数百年、おそらくは数千年の人類の進歩を促進するかもしれないし、妨害するかもしれない。しかしこの目的を達成する方法に対してとても重大な異論があるのだが、その方法の提唱者はこれを完全に無視してきた。この反論はそれが依拠している原理の根本にかかわるので、もしこの反論を妥当なものとして受け入れるならば、それは計画全体を完全に覆さざるをえない。［その反論は次のようなものだ。］

第一に、国家教育は、画一的教授システムが望ましいものだと想定している。教えられる知識の種類とそれを教える仕方が一般的に似ているということが、国家による教育機関が持つに違いない特徴だ。それゆえ次の問題が生ずる。――知的文化に関して制定された普遍的計画は有益だろうか？　熟考後、私は一般的な回答は「否」だろうと考える。啓蒙された見解を持つ人々のほとんど全員が、人間は本質的に進歩する存在だ――〈創造主〉

は人間がそうであることを意図した――という点で意見が一致する。人間の中には、究極的には世界の状態を道徳的にも知的にも高めたいという、向上への欲求と完全性への願望が埋め込まれていると考えているのだ。聖俗の歴史の大規模な事実――啓示宗教の偉大な原理と約束――抽象的推論からの演繹――これらはすべて、しばしば繰り返される失敗と、前途に立ちふさがる困難と、一見したところの逆境のすべてにもかかわらず、やはり人間存在の偉大な抵抗不可能な法則は進歩だということを証明している。障害それ自体が、最終的には高次の状態への踏み石として役に立つ――貴族階級の専制は人民の自由を作り出し――国教会の腐敗は信仰の純粋さを向上させるのに役立ち――司祭たちが人々に目隠しをする教義はキリスト教の偉大な原理の一層完全な発見と一層深い理解を生じさせ――そして昔も今も変わらないことだが、真理への反対は真理の最終的な勝利を加速させることになる。そうすると、この試論の最初に述べた信念――生物の創造を支配する法則や個々の精神の発展の法則のような有機体の世界を導く法則があるように、人間の社会統治についての法則も存在するという信念――が受け入れられるならば、人間の進歩の偉大な計画と軌を一にして〈全能者〉は一般的精神に法則を与え、それが精神の進歩のために力を合わせている、と想定できるだろう。もっとわかりやすいケースと同様、このケースでも、一見したところの逆境も実際には目標の達成に資することになっている。偏見、精神的な奇癖、つむじ曲がり、特異な見解への偏愛、その他の特徴も、それらの無限に多様な比率と組み合わせにおいて、すべて人類の知的・道徳的・社会的完成に至るように力を合わせているのだ。人間が進歩する存在として作られたということが認められれば、〈創造主〉が人間に与えた体質がその進歩を確保するために一番適しているということもまた認められるに違いない。もし精神を均一に構成することがこの目的の達成のために最適だとしたら、それが採用されただろうが、実際には反対の法則が与えられたので――それだからわれわれは二つとして類似した精神を見出さず、均一性でなしに無限の多様性こそが現状だということを見出すので――これが完成を最大限に産み出すような制度だと推論しなければならない。この結論は抽象的な推論だけでなく経験によっても支持される。多様な精神構造は多様な意見を産み出し、多様な精神は同一の対象について多様な見解をとる。だからあらゆる問題があらゆる関係で検討を受ける。そしてたくさんの議論の中から、対立する当事者によって押し出された健全な原理が選ばれるだろう。真理はいつも精神と精神の衝突から生まれてきた。それは対立する諸観念の衝突から発する火花だ。道徳的美の化身である精神的なヴィーナスのように、真理は世論の波の砕け散る泡から生まれる。討論と騒擾は真理発見のために必要だ。そして社会の中の諸精神がどこでも似ていたら、討論と騒擾は決して存在できないだろう。

では諸個人の精神的構造が無限に多様であることが人類精神全体の進歩にとって必須だということが認められるならば、一国全体の感じ方と知性を一つのパターンに向けて訓練しようとするシステムについてわれわれはどう言えるだろうか？　それは〈創造主〉によって埋め込まれた不規則性をすべて矯正しようとして、わが国の若者の可塑的な性質をできる限り一つの共通の鋳型にはめ込もうと提案する。それでもこれが、教育の画一的ルーティンの明確な傾向に違いない。それぞれ違うように構成された諸性質は、そのルーティンの行為によって、よく似た状態の中に次第に押し込められるに違いない。同一の影響が何世代も繰り返されると、今では国家的モデルに近いものを生み出すだろう。すべての人々が同じ方向で考え始め——あらゆる題材について似た意見を持つようになるだろう。一つの普遍的なバイアスが社会精神に影響を及ぼし、真理への継続的な接近の代わりに、真理からの段階的な逸脱が起きるだろう。わが国の現状では、ある教育が引き起こした特異性と偏見は、他の人々が植え付ける対立する傾向によって打ち消される。そして国民精神のうちで真理を愛する偉大な諸特徴だけが成長するようになる。だがその逆に、公定された体系が採用されるならば、その制度がいくら賢明な制度だとしても——それが思想の寛容と独立を推進しようと努力しても、最終的には一般に性格が一面的で似たものになり、そうなる限りで、騒擾と探求の精神の偉大な源泉が枯れてしまうだろう。その精神こそが、人間の道徳的・知的向上にとって本質的な刺激なのだが。重要なのは、この害悪に対抗していかなる備えがなされうるか——教育方法においていかなる種類のものが制定されるか——ではない。画一性へのあこがれがあまりに広範で、その害悪に関する無知があまりに大きいので、いかなる国家的教育システムも長い間その害悪に染まらずにすむことはない、とわれわれは確信できよう。

教育の画一性から生ずる不利益はこれだけにとどまらない。人間の心は違った仕方で構成されていて、各人は各自の完全性と欠陥を持っているのだから、同一の涵養方法をあらゆる場合に採用することは不適切だ。どの性格もその特有の環境に合致していくらか修正された取り扱いを必要とするが、そのような修正は国家的システムの下ではなされそうもない。教師が自分の教育を生徒一人一人の特性に合わせる際に英知を働かせる時代、またあらゆる生徒の精神を、可能な限り完全なものにして世界に送り出せるように、この感じ方を矯正し他の能力を発展させ精神を純化することが教師の目的となる時代――そのような時が来ることが望まれる。わが国の自然な現状の下ならば、いつかはその日が来ることを期待できよう。教師が世論に従う限り――教師が最も効率的な教育方法を採用することが彼の利益になる限り、教師は自らの教育方法を改善するよういつも熱心に努力するだろうと想定できよう。教師は自らの職業の原理を探求し、その検討の結果を日々実践に適用するだろう。しかし国家から給料を受け取っている教師は、何らかの上位の公務員にしか説明責任を負わず、世論による刺激も受けないので、誰一人としてそんな人が、自分の生徒一人一人の性格を研究して各人に適するように自分の日常的ルーティンを変えるとは期待しないだろう。彼がいつも向上を欠かさず、自分の道徳性を完璧にしようと努力していようとは誰も期待しないだろう。他のあらゆる事柄と同様教育においても、名誉ある競争の原理だけが、現在の満足を与え将来の完成を約束する唯一の原理だとわれわれは確信できよう。

おそらく、この議論が誤っているという証拠としてプロシアとドイツの現在の教育制度を引き合いに出す人がいるだろう。そこでは国家教育の計画がずっと前から実行に移されているが、そのような害悪は生じていない。かの地の人々は相対的に啓蒙された状態にある。これらの結果をわが国の状態と比べれば、われわれは人工的システムの下でなく自然なシステムの下にいるためにそのような大躍進をとげていないということがわかる――。そう主張されるかもしれない。[*9] この議論は一見強力だが、よく検討してみると全く表面的であることがわかる。宮殿の土台がまだほとんど建てられていない時に普通の家屋がほぼ完成したからといって、われわれはそれだから宮殿が最終的に一番立派な建物になることがないだろうとは推論しない。温室植物が同時期の野外の植物よりも早く成長するからといって、それゆえ前者が一番完全な木になるだろうとは言われない。経験が教えるのはその逆のことだ。われわれは早熟な子どもがそれほど早熟でない仲間よりも立派な人になるだろうという結論を出さない。われわれはその逆の方が普通であることを知っている。同様にして、公定された教育はしばらくの間は国民精神を急速に発展させるかもしれないが、それだからといって、その結果が自然な教育システムの結果を最終的にしのぐと想定してはならない。ある存在者が完成されていればいるほどその発展には長い時間がかかるということは、創造に関する大法則の一つだ。アナロジーはわれわれに次のように考えさせるだろう。——同じことが人間精神一般についても言えそうだ。それが目指すべき基準が高くなればなるほど、その進歩は一層段階的になるに違いない——その頂点に達成する日が一層遠くなるに違いない。完成の最高峰に導くべき力は、広く深い基盤を持たなければならない——人間性の不変の根本的な性質に根ざしていなければならない。その結果が偉大であるほど、その行為は時間がかかるに違いない。

第八の手紙

古来と現行の習慣を支持する圧倒的な偏見は、人間性の最も顕著な特徴の一つだったし、おそらく長い間続くだろう。そのような制度や慣習がどれほど現在の社会の状態と調和していないにせよ——原理においても実践においてもどれほど全く不合理であっても——あらゆる点でどれほどばかげていても、それらが流行か古さかによって支持さえ受ければ——われわれの先祖の愛顧を受けてわれわれに引き渡されたならば、その明々白々たる矛盾や欠陥や幼稚さも盲目的崇拝が与える後光によって完全に覆い隠される。その後光に目のくらんだ世人の目を、偏見のない見解に向けて開かせることはほとんど不可能だ。それらの慣習や制度はいわゆる「古き良き時代」の遺物として崇拝され――理性と哲学はその前に屈服を強いられ――修正を導入しようとする試みはほとんど神聖冒瀆とされる。古典教育がこの好例になる。ローマ・カトリック教が猛威をふるった時代の間、教会の支配が最高に達し、ヨーロッパ全土がその怖ろしい影の下で暗く卑しい無知の中にまどろんでいた時、啓蒙された人々の間では古代の言語を習得することが習いになったが、その目的は古代語で書かれていた知識に触れることだった。彼らは自分たち自身の言語で書かれた書物を持っていなかった――学問が閑却されてしまっていたので、彼らが一般大衆以上の状態に至る唯一の道はギリシア語とラテン語の学習を通じてでしかなかった。しかしながら時が経つにつれて大きな変化が生じた。人間はいつまでも精神的隷属状態にとどまる運命ではなかった――社会精神は長い眠りから目覚めて新しい力を得た――無知と頑迷は知性の満ち潮によって流された――科学と哲学はこれまで達したことがない高さに舞い上がった――そして古代人の知識は現代人の知識と比べると取るに足らないものになってしまった。このような状況下で、死語は段々と使われなくなるだろうと思われたかもしれない。しかし、そうではなかった！　先例への崇拝があまりに極端だったので――われわれの祖先の慣行の墨守があまりにも徹底していたので、当該の条件が完全に変わってしまったにもかかわらず――元来の必要性がもはや存在しないにもかかわらず、同一の慣習が保存されている。彼らに対して、言葉は観念の記号にすぎず観念それ自体ではない――言語は知識伝達のための媒介、目的のための手段にすぎない――それが価値を持つのはその目的に役立つ限りにおいてだ――と語ることは無益だ。ある言語をそれ自体のために学ぶ人は、莫大な時間と労力をつぎ込んで道具を作ってもその後で道具を使わない職人のようなものだ。あるいは高い木の上になっているつまらない少量の果実を収集するために長年かけて梯子を作る人――その隣ではもっと上等の果実が手に取れる高さでたわわに実っているのに――のようなものだ。だがこのことをいくら明快に指摘しても、彼らには馬耳東風だ。古代の処方箋の影響がとても大きく、「人々がするようにしよう」という欲求がとても強いので、この啓蒙された時代においてさえ、人々は自分の手が届く所にある真の知識の豊かな蓄えを無視して、文法と辞典の不毛な荒地の上で流行を追っている。

ここにあるのは、多くの明白な不条理にもかかわらず何世紀にもわたって改善の流れに抵抗してきたシステムの一例だ。現在の進歩しつつある社会制度の中でも、そのシステムの主要な特徴は最初の状態から変わらずに続いている。ここから何を推論できるだろうか？　どんな教育計画であれ、それを永続的なものとして設立することから生じうる危険な帰結をわれわれは警戒すべきだ。もしあるシステムが国家によって設立されたのではなく、社会の偏見に根ざし、社会のバイアスによって守られているだけで、このように理性と常識の攻撃に長い間抵抗できたとしたら、ましてこれらの社会的支持に加えて法的保護も受けているシステムを改革することは、どれほど一層難しいことか？　そのような公的制度を改革する権限を民衆の手に委ねるような規定がなされるかもしれないが、実際上それは何にもならないだろう。民衆が理論的には改革の手段を持っているとしても、現存の制度の改革に伴う、ほとんど克服できないほどの困難の証拠をわれわれはたくさん持っている。これらの困難が将来かなりの程度まで存在しなくなると想定することはできない。たとえば教会の例をとってみよう。全国の非国教徒は、教会の儀式や礼拝の多くは改訂を必要とすると信じている。教会自体の伝道者の大部分も同じように考えている。その創設者自身もそのような改訂を考慮に入れていた。ここには何の階級的利害も働いていない。今あげた改訂は教会に何の損失ももたらさないだろう。それでも、改革を支持するこれらの状況すべてにもかかわらず、事態は変わらない。そうだとしたら、大規模な変化がおそらく多くの公務員の権利を奪うであろう組織変革を行う際の障害は一体どれほど大きいことだろうか？

国家的教育システムを改良する際に大きな困難がないととりあえず仮定するとしても、重要な問題がまだ残っている。民衆はそれらの改善の必要性を理解するだろうか？　アナロジーはわれわれを導いて「否」と答えさせる。現在の教育方法を支持する偏見の不合理な影響はすでに指摘したが、この影響の例をわれわれは毎日見ている。古典学者に数学についての彼の意見を尋ねてみよ。あるいは数学者に地質学や化学や生理学についての意見を尋ねてみよ。いずれの意見も、自分自身の教育を支持するバイアスを持っているだろう。それゆえ次のように主張できる。――人々は自分が育てられてきた教育方法の欠点を決して理解しないだろう。また仮に理解するとしても、彼らが改善を行うことは極端に難しいだろう――。これらの結論が正しいと認められるならば、国家教育を擁護できる論拠は一つしか残っていない。それはつまり、国家教育は何の改革も必要としないだろう、というものだ。それは以下のように言うことと同じだ。――現在のわれわれは道徳的向上の頂点に達している。われわれはさまざまな情報の相対的メリットを正しく決定したし、知的訓練の最も完璧な制度を指摘することもできる。われわれは自分たち自身のためだけでなく将来の世代のためにも、何が知識の最も価値ある領域で、何がそれを教授する方法であるかを決める能力を十分に持っている。そしてわれわれは精神の哲学の完全な教師なので、自分たちの子孫に命令することが正当化される――。実に合理的な想定だ！

他のすべての考慮が国家教育を支持すると仮定しても、真剣に次の質問をしなければならない。――意図されている有益な結果が将来も実現されるという保証があるだろうか？人間の最も完全な制度でさえも社会組織から決して取り除けなかったような害悪と堕落がここにも忍び込んできて、提案された利点を最終的に破壊してしまうことはないと、どうして知ることができるだろうか？これらの質問に満足すべき回答を与えることはできない。腐敗と濫用を排除するために最も入念に規制された手段をもってしても――よき管理を確保するためのあらゆる努力にもかかわらず――腐敗と濫用が次第に生ずるだろうとわれわれは確信できよう。ここでもまた教会の例に訴えかけることができる。わが国のプロテスタント改革者たちは、彼らが自らの信仰を支えるために用いようとした機関〔国教会〕が政治的党派の道具――苛斂誅求《かれんちゅうきゅう》の手段――安楽な生活を与えてくれる上品な方法――外面は純粋だが内面は堕落したもの――世俗性の塊――になる定めだったということにほとんど気づいていなかった。確かに、彼らは自分たちが覆した〔カトリック〕教会の恐るべき蛮行を目の当たりにして、そのような災厄の再来を妨げようと意図した。だが彼らはそれに成功しただろうか？　彼らも今のわれわれと同じだ。確信をもって言えることだが、もしわれわれが国家教育計画を実行に移したならば、一世紀も経たないうちに、教育者の閑職や、兼職や、不在教員や、高給取りの校長や、半ば飢えかかった教員や、富裕な視学官や、素人のパトロンや、売買できる教職や、その他わが国の国教会に似た無数の堕落を持つことになろう。その一方で組織全体はその代表者と同じく、貴族の恩顧を得るための狩場と化すだろう。確かに、あらゆる道徳の防腐剤の中で最も強力なキリスト教さえそれ自体の布教の手段を純粋なままにとどめられないとしたら、同一の誘惑が存在するのに同じような腐敗防止の影響が存在しない領域では、さらに大きな腐敗を予期せざるをえない。そんな不正が行われることを民衆は決してまた許さないだろう、と言っても無益だ。おそらくわが国の国教会の創設者たちもそう考えていたのだろう。しかし民衆はそれらの不正を実際に許した――民衆は濫用を防止する力を持っていながら、それを決して行使しなかったのだ。だからわれわれは民衆が将来も同じように不注意ではないと想定すべき権利を持たない。

これまでのどの反論よりも強力かもしれない別の反論がまだ残っている。国家教育の提唱者たちは、もし彼らが良心の自由を奉ずる人々ならば——他の人々だけが持つ特権を支援するために誰かが金銭を支払うことを望まないならば——要するに、市民的・宗教的自由の友ならば、共同体のあらゆるメンバーは、国教会徒であれ非国教会徒であれ、カトリックであれユダヤ人であれ、トーリーであれウィッグであれ、急進派であれ共和主義者であれ、誰もが最終的に自分が採用するシステムを支援することに同意するだろう、と想定しているに違いない。というのは、もし教育が真に国家的ならば、それは国家によって管理され公金によって維持されるに違いないからだ。それらの資金は歳入の一部をなすに違いないが、歳入は税金によっており、その税金はどの個人にも課される——子どもを持つ人だけでなく持たない人にも。そしてその結果、あらゆる人がそのような制度を必要とするか否かを問わず——それに賛成するか否かを問わず——その制度の維持のために金を払うことになる。多くの人々は原理上、国教会に反対するように国家教育に反対している。一部の人々は教育の内容に反対し、別の人々は教育の仕方に反対する。この人は道徳教育を嫌い、あの人は知的教育を嫌う。ここには細部に反する意見の相違があり、かしこにはシステム全体に対する抗議がある。ではこれらの人々が何の利益も引き出せない制度の負担を彼らに負わせることは正当だろうか、合理的だろうか？　確かに否。非国教徒に対して彼らが認められないドクトリンを奉じたり彼らが出席しない宗教活動への寄付を求めたりすることは不公正だ、ということを示すために用いられるあらゆる議論が、同じようにここでも効果を持つ——人々の持つ原理と衝突する教育計画の維持を助けるように彼らに強制したり、彼らもその子どもたちも何ら利益を引き出せない教育のために、彼らに金銭の支払いを強いたりすることは不正だ、と証明する際に。前者の場合には宗教的知識の普及が目的であり、後者の場合には世俗的知識の普及が目的だが、この相違が反対者の権利にどう影響しうるか、それを見つけることは難しい。

この問題を片付ける前に次のことを述べておくのもよかろう。——疑いもなくわが国の政府は、自分たちが支配できない手段によって民衆が教育されるのを見るよりも、教育という任務を自らの手に握ろうとするだろう。そのような教育がどんな傾向を持つかはかなり正確に予想できる。大胆で独立した推論、思考の独自性、志操堅固さ、その他そのたぐいの特徴が奨励されるとはほとんど期待できない。権威の崇拝、上位者への高い尊敬、有力者と学識者の意見への暗黙の信頼が、疑いもなく熱心に教え込まれるだろう。宗教教育について言うと、柔和さとか謙虚さといった徳が注意を集め、それ以外の徳を教える時間はほとんど残らないだろう。また教師は生徒の心の中に、「誰もが高次の権威に従え」、

「召使は主人に従順であれ」、「神が汝に命じた生涯の位置に満足することを習え」といった、わが国の宗教の重要かつ根本的な原理のすべてを注入しようと特別の注意を払うに違いない。[*10] わが国の支配者が後援しようとする精神的訓練の好例は、最近の議会による歌唱教育補助金だ。貴族階級にとっては、民衆がその知性よりも歌唱力を涵養するように説得できた方が幸せに違いない。国民は安いパンを求めている。彼らの支配者は答えて言う。——否。われわれは君たちに安いパンを与えられない。なぜならそうするとわれわれは地代の一部を失ってしまうからだ。だが心配無用、われわれは君たちのお金の一部を使って君たちに音楽の授業を与えよう！　われわれは君たちに君たちの食べ物を返すことはしないが、君たちに歌を教えよう！　なんと気前のよい立法者ではないか！

国家教育への反論は次の通り。

一．それは必然的に道徳的・知的教育の画一的システムを含む。そこから必ず生ずるのは、民族の精神活動にとって必須の、生活の多様性の破壊だ。

二．それは教師の側における努力と改善への大きな刺激を取り去るが、これは自然な制度下ならば存在するに違いない。〔以上第七の手紙〕

三．将来改善が導入される蓋然性がないことを考えると、それは、いかなる知識に一番価値があり、その獲得のためにいかなる方法が最善であるかについてわれわれは子孫に対して指図することができる、と事実上想定していることになるが、これは決して真実ではない想定だ。

四．それは国家宗教と同じような堕落に陥り、きっと終局的には同じくらい腐敗してしまうだろう。

五．それが公正な制度として意図されているならば、それは万人が採用に同意するだろうと必然的に想定されているに違いないが、この想定は決して実現されない。

六．それは政府によって、民衆を盲目にする――よりよいものへの熱望をすべて抑圧する――民衆を従属状態に保つ――ための手段として用いられるだろう。

それゆえ、抽象的推論からも、現存の制度との明確なアナロジーからも、国家教育は最終的に恵みでなく呪いだという結論が出てくる。［以上第八の手紙］

第九の手紙

「臣民の財産だけでなくその健康も保護するための手段をとることは国家の義務である。」これが〈スコットランド東部医療協会〉の根本原理だ。医療従事者の過半数は同じ意見を持っている。公衆一般のかなりの部分もそれに賛同しているようだ。そしてしばしばなされる立法から判断する限り、国家自身もこのドクトリンが真理だと認めている。この立場はとてももっともらしい。それを支持する議論の中には、一見決定的なものもある。そして国民の衛生状態に関係する事柄について立法によるコントロールを排斥することから生ずる害悪は大きいように思われる。それゆえこの問題は入念な考慮を必要とする。

国教会の支持者がこの命題を支持するのはもっともなことだろう。彼の意見は以下のようなものだ。——政府の義務の一つは共同体の精神的福利に配慮することだ。政府は無認可の人々がその同胞市民の宗教的必要に応えることを許してはならない。そんなことを許したら、彼らは偽りのドクトリンを注入してしまう。立法による監督がなければ、社会の道徳的環境は邪悪な息吹によって汚染されてしまうだろう。要するに、国家による監督が国民の精神的健康には不可欠なのだ——。これらの意見を持つ彼が、国家の身体的条件についても同じような議論をするのはもっともなことだろう。彼は言うだろう。——無免許の人々が民衆の身体的健康の世話をすることを許すのは不適切だ。そんなことを許したら、彼らは有害な薬を処方したり、危険な助言をしたりするだろう。法的規制が存在しないために、わが国の都市の空気は換気の欠乏のゆえに汚れるか、あるいは不潔な下水やその他の腐敗の源泉から生ずるマラリアによって汚染されるだろう。要するに、国家による干渉が公衆の健康のために必要なのだ——。両者の議論の間のアナロジーは明白だ。だが非国教徒はそれに対していかなる態度をとるのか？　彼は片方においてその議論の力を否定するのだから、他方においてそれを認めたら首尾一貫していない。前者においては民衆の精神的健康が目的で、後者においては身体的健康がそうだった。そして片方において立法が不要だということを示す議論は、他方においてもその不要さを示すことになろう。

利己的な立法から生ずる災厄が公衆に警戒をさせている反独占時代にあっては、人々は排他的独占に近いようなものを許可したり、それを政治の場に持ち出したりしないように注意して、そんなことがあれば強力な抗議の声をあげるだろう、と思われるかもしれない。だがその期待は実現されていない。公衆の健康を守ることは国家の義務だというドクトリンは、別の巨大な独占の種子を含んでいる。何年も前にこの種子は、薬剤師が行う処方を規制する立法という形をとって現われた。再びこの有害な寄生者は力を結集して、同一の目的のための一層厳しい法律という形をとって、一層強力な一撃を加えようとしている。その目的を達成したら、権力の一層の拡張がその目標になるだろう。すでに今日の専門誌は、医療管理官、医療監察官、その他さまざまの役職の公務員が公衆の健康の監督者として任命されているという噂を報道している。貴族階級はこれほど有望なプロジェクトに進んで手を差し伸べるだろう――かくして彼らの子息にもっと多くの地位を提供するであろうプロジェクトに。彼らはその制度を喜んで利用するだろう。かくしてそれは国民の富を吸い上げる別の方法になる。このようにして、もし民衆がそのシステムを認めるならば、それは発展して、何世代か後には国教会のような仕方で公衆の負担になることだろう。

しかしながら、医療従事者が独占を築こうと努力しているということを示すためにわざわざ議論する必要はない。彼らが公然とそう認めているからだ。彼らは自分たちが保護を求めているということを明らかに自任し、それに対する権利を持っていると大胆に主張する。だがそれもすべて、公衆を偽医者から守ろうという友情からの欲求によるものなのだ！　そして国民がこの医療独占から得られる利益を証明しようとして、この無私の精神のパターンは、無学な人々が無許可の医者に騙されてしまうことを許すという危険をあげる。ワクリー氏［Thomas Wakley. 一七九五―一八六二年。外科医で、イギリス最初の週刊医学雑誌『ランセット』の創刊者］の言うことを聞こう。薬剤師に関する最近再生された法律について彼は言う。「これは無資格の人々が行う、反対治療（counter practice）と呼ばれる驚くべき害悪を広範に予防するという効果を持つに違いない。その害悪はわが国の医事法の運営にとって長い間恥辱であり、疑いもなく、人命の恐るべき犠牲を伴ってきた」（『ランセット』一八四一年九月十一日号）。そしてまた――「医療のケースにおいて自分の店の中で処方をするのを拒み、あるいは子どもの病気に単純な治療薬を処方することを繰り返し躊躇するような薬剤師は、この帝国の中に一人もいない。……われわれは以前から、このことの害悪は巨大なものだと考えてきた。しかし公衆がさらされている危険をわれわれが過小評価していたということは全く明らかだ」（同上一八四一年十月十六日号）。社会一般が完全に見逃してきた、この「巨大な害悪」を発見した洞察力には恐れ入るしかない。この「驚くべき害悪」から生ずる「人命の恐るべき犠牲」が、世人に自分たちの状況の「危険」を感じさせることが全くなかったというのは、本当に不思議なことだ。しかしこの大発見が明らかにされて、非専門家が動揺したならば、それは賢明なことではなかっただろうか？ワクリー氏は思い出すべきだ――われわれはこの害悪を避けるように言われているのだが、ワクリー氏にとって残念かもしれないことに、世人は大変疑り深くて、この愛国的感情の結実らしきものを、それほど高貴でない何らかの動機に結びつけている。それになぜワクリー氏はその原理を徹底しないのか？　もし公衆の健康の世話をすることが本当に国家の義務ならば、国家はその義務を果たすための最も効率的な手段を確かに採用すべきだ。それなら「予防は治療に勝る」という昔からの諺に従って、民衆を常に健康であるように保とうとしないのか？　国民食を制定せよ――各人に一日何度かの食事を処方せよ――男性と女性の双方に、食事の質と量、どれだけの肉とどれだけの野菜をとるべきかを定めよ――流体物の比率、そしていついかなる物を飲むべきかを述べよ。運動量を特定し、その性質を定義せよ――どんな衣服を着るべきかを述べよ――睡眠時間を決定せよ。そして国民を毎日指導するための完全な便覧となるために、これらすべては、年齢と性別、そしてその他の特有性のすべてによる相違を考慮に入れるものでなければならない。確かにこれは前記の中途半端な手段よりもずっと有効だろうし、原理上も同じくらい合理的だろう。もしあなたが、人は法に従って病気を治療されるべきだと主張するならば、それと同じように、人を法によって健康に保つようにも努力すべきだということになろう。

だが真剣に言って、ワクリー氏とその同僚の望むような種類の立法のすべては、人々は自分の世話をするのに適していないという前提に事実上依存している。それは人々を子ども扱いして、彼らに幼児用ハーネスを結びつけるのだ。かわいそうな人たち！　もしわれわれが彼らの世話をしてやらなかったら、彼らは無知な偽医師に助言を求め、そしておそらく毒殺されてしまうだろう！　事実上これこそが、臣民に対して国家が言うことであって、臣民がこのような仕方で取り扱われる時間が長ければ長いほど、彼らは無力になるだろう。もし誰かが愚かにも、少々お金を節約しようとして教育を受けていない偽医者にあえてかかるならば、彼はその結果を受け取ることにならざるをえない――それが何になろうと。彼は自分の自由意志の指導のもと行動したので、もし彼が苦しむとしても、彼は自分自身を責めるしかない。次のように想像してみよう。ある人が時計を修理することになった。彼は経済的考慮からそれを鍛冶屋に持っていき、鍛冶屋はそれを修理できると言った――鍛冶屋はそれを壊した――男は腹を立て――自分はだまされたと文句を言い――お人よしの善意の人々を自分の味方につけて、どんな鍛冶屋も将来時計修理をしてはならないという請願を議会に対して行わせた。そんなばかげた請願を笑わずにいられるだろうか？　この男はそんな人に自分の時計を委ねたことが間違っていたので、その愚かさの報いを十分に受けた。それでもこのケースはわれわれの検討しているものと完全に並行している。人は自分の時計の代わりに自分自身（はるかに複雑な機械）を直してもらう――彼は鍛冶屋が時計について知っている程度にしか人体について知らない人に相談する――無知なのに知っているふりをする者が処方する――患者は全然快方に向かわない――次第次第にその体調が恒常的に悪くなり、生涯病人になるかもしれない――つまり彼は自分の時計を壊される代わりに、自分自身を損なってしまうのだ。しかしだからどうなのか？　その結果は、片方の場合の方が他方の場合よりも深刻だろうが、本人はそれだからといって苦情を言うべき権利を持っているわけではない。もし彼が自分の理性を働かせたならば、自らの体をそのメカニズムに無知な人の世話に委ねるのは、懐中時計を鍛冶屋の手に委ねるのと同じくらい愚かなことだ、ということがわかったことだろう。そしてそのような無思慮に警戒して立法が介入することは、理論的にはいずれの場合においても同じように理由がない。

おせっかいな善人の多くは、何の社会的な害悪も見つからないのに、その将来の発生を妨げるための法律を提案する。彼らの念頭には次のことが決して浮かばない。――一人の不運は千人にとっての教訓になる――世人は成功よりも失敗から多くを学ぶ――誤りと困難と危険を避けようとする恒常的努力のおかげで社会はいっそう賢明になっていく――。確かに多くの人々が薬屋の処方薬と偽医者の治療によって害を受けてきた――ある人々は一時的に体調が悪くなるだけだが、別の人々は生涯にわたって能力を失い、一部の人はそれどころか死亡した——ということは否定できない。しかしこのことを認めても、事態を自然に任せておくのは結局のところ最善の策ではないという結論は出てこない。そのような行動は一見すると不親切に見えるかもしれないが、将来世代への影響を考慮すれば、その反対だということがわかるだろう。生物の創造における多くの仕組みはたくさんの苦しみと死をもたらすが、だからといってわれわれは〈全能者〉が無慈悲だという推論を下したりしない。探求がこの奇妙さを説明し、これらの一見したところの害悪は、最終的に最大の変更と幸福をもたらす傾向を有する諸法則の附随的結果だということを示す。またわれわれは入念な考慮から、人間が自分自身の無思慮のために受ける苦痛はこのような性質のものだということを確信できよう。

この問題を考察するためにはもう一つの立場があって、おそらくそこから一番明確で広範な観点を得ることができるだろう。人々の自然な欲求の満足を助ける法律——病気の時も老齢時も生計維持のための資金を提供し、その子どもたちを教育し、宗教の訓育をし、身体的健康の面倒を見て、他に人々が子どもたちのために行うと期待されうることをすべて彼らのために行う法律——は、すべて人間存在に関する根本的に誤った理解に基づいている。それは地上における人間存在の条件を無視し、創造の偉大な普遍的法則の一つを全く見逃している。

あらゆる動物はそれが生きている外界と特定の関係に立っている。植物に近い動物から、脊椎動物の中でも一番高度に組織されたものに至るまで、ありとあらゆる動物は特定の生存原理を持っている。それぞれの動物は満足させるべきさまざまの身体的欲求――その適切な栄養を得るための食物――寒さや外敵から身を守るための住み家となる場所――ある時は育てるべき雛たちのための巣――またある時は冬のための食糧の蓄え――等々を持っているし、他にもさまざまの自然的欲求を持っている。これらの作業のすべてを行うために、あらゆる生物はそれに特有の器官と本能、つまり外部的装置と内部的能力を持っている。そして個々の個体の健康と幸福はこれらの能力の完成と活動に結びついている。そしてそれら自体は、その動物が置かれた場所に依存している。それらの能力のうちの一つでも必要としないような環境に置かれれば、その能力は次第に衰えるだろう。自然は何一つ無益に与えない。本能と器官が保持されるのは、それらが必要な間に限られる。ある動物の群れを、その属性の一つが不必要な状況に置いてみよう――その自然な訓練を取り去ろう――その活動を減少させよう――そうすればその能力を次第に滅ぼすことになるだろう。その能力にせよ本能にせよ何にせよ、それは世代ごとに次第に弱くなり、その種族は最終的に退化せざるをえないだろう。これはすべて人間にも当てはまる。人間も他の動物と同じように、たくさんの多様な必要を持つ――外界との関係の複雑性に相応した道徳的・知的能力を備えている――その幸福は本質的にそれらの能力の活動に依存する。そして他の動物と同様人間においても、その活動は主として自らの状態の必要性によって影響されている。その日々の必要性——困難を克服し危険を回避するための努力や老齢時のために満足できる蓄えを確保しようとする欲求——がその精神的能力に課する要求は、それらの能力の行使のための、自然で健康的な数多い刺激になる。抵抗できない必然性が人間の身体的・精神的能力にとって大きな刺激であり、それがなければ人間は望みのない無活動の状態に沈む。救貧法を制定して人間の長期計画と自己否定を不必要にすれば——国家教育の制度を導入して子どもの世話を親の支配から離せば——自らの宗教的必要の面倒を見させるために国教会を設立すれば——自分の健康について自分自身で面倒を見る必要を少なくするように健康維持のための法律を立法すれば——人間はかなりの程度、〈創造主〉が与えてくれた能力なしですむだろう。このようにして行動のあらゆる力強い源泉が破壊され——知性の鋭さは必要なくなり——道徳感情の力は決して要求されず——人間精神の高次の能力は自然に発揮されることがなくなり、品性の段階的低下が必ず起きる。奮闘努力の必要を取り去れば、人は無気力に至る。無気力からはすぐに退化が生ずるだろう。

それゆえ読者には次のことがわかるだろう。

一．非国教徒は、国家が民衆の精神的健康のためにすべきことがあるということを否定するならば、国家が民衆の身体的健康に配慮すべきだということを首尾一貫して認めることができない。

二．政府による監視のこの理論の熱烈な支持者たちは、また別の独占を支持する口実を設けているにすぎない。

三．誰一人として、自分自身が配慮しない自分の健康を配慮するよう立法府に要求する権利を持たない。

四．他のあらゆる場合と同様この場合も、本人が自分自身のために行うのが一番適していることをその人々のために行うことは、国民の品性を下落させる最も効果的な方法の一つだ。

第十の手紙

もしわが国の統治者たちがその元来の最重要の機能を正当に果たすようにいつも注意していたならば——彼らの見解において正義〔司法〕の執行が特別に重要だったら——それがいつでも必要不可欠のものとみなされていたら——そしてそれ以外の問題がそれを犠牲にすることがなかったら、その場合は、統治者たちが彼らの知ったことでない事柄に干渉するのに弁明の余地がもっとあったかもしれない。しかしそうではない。彼らの作為犯の長いリストに、不作為犯の罪も加えなければならない。国民は彼らの干渉からだけでなく、彼らによる無視からも極めて多くの不利益を受けてきた。

民衆と政府との間の関係をバイアスのない仲裁人に話してみよう。仲裁者にこう言おう。――立法府は秩序を守り人身と財産を保護することを委任された団体で、これがその唯一ではないとしても最大の義務だ。あらゆる人は事実上それに忠誠を捧げている――その維持のために自分の稼ぎの中からかなりの部分を支払っている――自分の人格的独立を犠牲にしている――そしてそうするのも、見返りとして立法府がその損失の代わりに与えると推定されている保護の利益を期待しているからだ。仲裁人にこれらすべてを説明して、彼は政府がこの契約の自らの義務をどのような仕方で実行すると期待するか、それを尋ねてみよう。仲裁人は言うだろう。――臣民がその税金を支払い、そして当局に服従したならば、臣民は自分たちに要求されうることをすべて行い――後に残るのは、その当局が国家秩序の恩沢を万人にもたらすことだけになり――この保護機関の代金を支払うという明示的な目的のために人々が歳入を支払い――人々がこのようにして政府を用意した後は、政府が人々に対するその義務を果たすよう要求されるごとに追加料金を支払わせるのは不正極まる手続だ。これらの考察から仲裁人は次のような結論を出すだろう。――国家は裁判所を設立すべきだ。それはアクセスしやすく、迅速に決定を行い、万人が費用負担なしで法の保護を受けられるものでなければならない。これこそ良心的な審判が到達するであろう、明らかに公正な結論だ。だがそれは何と現実と異なることか！　わが国の立法者たちは民衆に過酷な税金を課する。勤勉な職人からそのようにしてもぎ取った金を金持ちの利益になる組織を援助するために浪費する。民衆の服従を確保するために常備軍を維持する。そして虐待された臣民が政府に対して自分の権利と特権の保護を要求すると――政府がそのために組織された義務を果たすように求めると――彼がすでにあれほど膨大に支払った金銭のために自分にしてくれるように要求すると――政府の行動はどうだろうか？　それは彼の要求に進んで効率的に応えるだろうか？　それ以上の報酬なしに法律を十分にかつ公正に執行するだろうか？　その公務員を差し向けて、万人があれほどたくさんの犠牲を支払って得ようとしてきたその保護を、誰にでも勤勉に確保しようとするだろうか？　それは貧乏人の権利主張を取り上げて、彼を金持ちの隣人による侵害から保護するだろうか？　否！　そんなことは何もしない。政府は不満を言う人を事務弁護士や下位弁護士や法廷弁護士その他大勢の法律家たちの優しい慈悲にゆだねる。彼の財布を令状や準備書面や宣誓供述書や罰則付き召喚状の料金やその他あらゆる料金で空にする。彼をコモンロー裁判所や大法官裁判所や本訴や反訴や上訴の込み入った迷路の中に巻き込む。そして自分自身の人身と財産を守らなければならない男を、回復できない破滅によって何千回も圧倒してきた。そしてこれがわが国の「名誉ある国制」なのだ！

　われわれは東洋の専制政治下の哀れな臣民を憐れみ、彼らの絶対主義的統治形態を軽蔑するとともに見る。われわれはそこから目を転じて、われわれが「自由の制度」と呼ぶわが国の制度を誇りをもって見て、優越感にひたる。しかし専制君主に支配されているこの人々は、わが国の一見したところの「自由の制度」の結果を世界の嘲笑にさらすことができるのではないか。彼らはこの「自由の地」の中にいかに多くの実例を挙げることができるだろう——金持ちの専制が作り出した貧困と飢餓を——救済を買い取るための金銭が欠けているために耐え忍ばれている不正行為を——有力な簒奪者との闘争が無益であるために回復されない権利を。——いや、イングランドの司法の欺瞞性の証拠となるような、頬のこけたぼろ着の人々はいくらでも見出せるだろう。そしてまた対照のために、彼らは多くの絶対君主の積極的で公正な立法について語ることもできよう。彼らは東洋のサルタンが気前良く公平に行う司法の例を無数にあげることができるだろう——貧しく非力な者が専制の物語を君主自身の耳に入れてその助けを得られた例を——利権を持った金持ちが保護を得られず、コネも富も支配者に対する盾にならなかった例を。イングランド人が今でも単なる幻影にすぎないものを称賛し崇拝し続けているとは——空虚な猿芝居にすぎないと日々証明されているものを持っていることを自慢し続けているとは——驚いたことだ！人々はどれだけ長い間空虚な名前にだまされ続けるのだろう？　わが国の政府は「なすべからざることをなす」だけでなく、「なすべきこと」をなさないままにしている。だからまさに「全きところあるなし」と言えよう。［最後の部分はイギリス国教会の祈禱書の文句のパロディ。］

それゆえ、わが国の統治者が彼らの支配すべきでない事柄の管理監督に彼らの時間とわれわれの金銭を費やすのを許すことによって、われわれは彼らの有害な立法から生ずる害悪だけでなく、彼らの真の義務の無視から生ずる害悪をもわが身に引き受けているのだ。

第十一の手紙

今の問題の解決と関係する限りで、一つの重要な関連トピックに触れるのもここでは場違いでないだろう。ここで言っているトピックとは、労働者階級への参政権付与（enfranchisement）だ。

正義の命令よりも便宜の命令によって結論を下すたくさんの人々にとって、民衆の手に権力を委ねることに対する反論の一つはこうだ。——「社会は複雑な機械だ。そのメンバーの利益は数多く多様で、相互に大変神秘的に結びつきからみあっているので、それらのさまざまの関係を十分に把握し理解するためには深遠な洞察力と明敏な知性が必要だ。立法の目的の一つは、これらの衝突する利益の適切な規制だ。そしてあらゆるものを均衡させておくことは大変難しいので、わが国の最も深遠な政治家にとってさえ手に余るほどだ。それでは、それほど理解困難だが公共の福祉にとってそれほど重要な事柄について立法府に命令を与える権力を、教育を受けていない階級に与えることは賢明だろうか？」

さて、もしこれらの複雑で多様な利益が何の規制も必要とせず、元来それら自体で規制されるようにできているということがわかれば——社会的利害の管理の中で直面する大きな諸困難は自然法則の攪乱から生ずるのであって、政府は愚かにも不安定な均衡の状態の中に事態をとどめておこうと努力しているが、それは放っておかれればおのずから安定した均衡の状態に落ち着くだろうということがもし発見されれば、その時その反論の力は大いに減殺されるに違いない。国の現状が恐るべき混乱の中にあり、それを正常な状態に戻すには何らかの手腕が必要だろう、ということは否定できない。しかしこの破壊的な影響が、立法の欠如からではなく過剰な立法から——わが国の立法者たちの知的欠陥からではなく彼らのいつも変わらぬ利己的な干渉から——生じたとはいえ、その事実は普通選挙権への反論にはならない。一つ例をあげてみよう。ある貧しい不運な男が、自分の医師からこう聞かされたとしてみよう。——彼は医師の管理を受けなければ、完全な健康を決して享受できないだろう。彼の消化力は何らかの刺激薬がなければ適切に機能しないだろう。肺のためには肺病用の薬を飲まねばならず、皮膚機能の維持のためには定期的に発汗剤を飲まなければならない、など——。そしてこう想像してみよう。——この患者はこの博学な医師の言うことを信頼して彼の命令に従い、毎日いくつもの薬剤を飲み続けた——最初は消化器の矯正のために通じ薬を、次はその強化のために強壮剤を——それから発汗増大のために蒸し風呂を、次は汗を少なくするために利尿剤を――今週はエネルギー増大のために栄養のある食物をたっぷり取り、来週は多血症対策として何オンスかの血を取られ――そうやって長い医療を受けている間に、嘔吐剤、鎮痛剤、下剤、阿片剤、解熱剤、体質改善剤を次々に飲み、加えてその時々に膏薬、発泡剤、塗布剤、皮膚軟化剤などを使ってしかるべき治療を受けた。そしてこの治療をすべて受けた後でも、この哀れな男は何らかの点で体調が悪いままで、この苦痛を鎮めあの不快をなくすために、いつも彼の医師による治療を必要としていた――彼はある病気から治るとすぐに別の病気にかかるという状態になった――その時、この医学教授が患者のベッドの周りに地方の無知な人々を集めて、彼らを相手にして人体の多様で複雑な諸機能について講義を始め、そのたくさんの器官や、それらの個々の役割や、それらが陥りうる多様な機能不全や、その治療の難しさを述べたとする。そして自分の講義を理解させるために、医師がこの患者の方を向いて、「一人の人を生かしておくことが何と難しいかを見てみなさい！」と言ったと想像してみよ。いくらだまされやすいジョン・ブル［典型的イギリス人］でもこれには笑ってしまうだろう。それでも、これと同じことが社会について言える――その患者を人から国に代えれば、患者はそれを信ずるのだ。わが国の医師たちは記憶に残らないほどの昔から民衆を説得して、社会の出来事は彼らの介入がなければ決してうまく行かないと信じ込ませてきた。国の機能すべてが健康に実現されるためには注意深い監督が欠かせないというのだ。そしてこれらの考え方すべてに合わせて、彼らは常に国の状態を治療してきた――ある時は「財政緊縮課税」の名の下に低栄養のダイエットを処方し、別の時は過去の欠乏を補うために過食させ――一時は「国内産業奨励」という名で運動への刺激を与え、別の時は過剰生産に対する対策を提唱し――ここでは「国教会」という名の国民道徳強壮剤を与え、かしこではその道徳心が強くなりすぎないように戦争を作り出し――社会の一部分には「救貧法」という名の痛み止めの軟膏を塗り、別の部分には「所得税」という形で大量の瀉血をほどこして。そしてこれらのこの上なく巧妙な手術の後、国はほとんど解体寸前の状態に至った――その無能力は極めて驚くべき形で現われており――その体質は、一つの病気を治療すれば何か一つもっと悪い病気を生み出さずにはいないほどに弱まっており――要するに、われわれが今見るような現状にある。その今、これらの賢明で自己満足した立法者たちは「一国を統治することが何と難しいかを見てみなさい！」と叫んでいる。では、わが国の不幸は統治に内在する諸困難からでなく、立法が不要な時に立法しようという決意から生じてきたということが認められるならば、つまり、司法の執行だけが国家の唯一の義務だということが認められるならば、すぐにわれわれは労働者階級への選挙権付与に対する最大の反論の一つから逃れることになる。

第十二の手紙

これまでの手紙で述べてきた議論を簡単に振り返ることが、問題全体をもっとよく見てみるために役立つかもしれない。

国家の義務について提案した定義は、社会の基本的要請と厳密に軌を一にする――実際、それらの要請から導き出される――、そしてその導出は、現在許容されている普遍的な介入を認めない、ということを証明した後で、私はわれわれのさまざまの社会制度が立法からの元来の自由を取り戻せば生ずるであろう主要な長所のいくつかを示そうと試みた。その過程で私は次のように論じた。

一．通商へのあらゆる制限は社会の繁栄にとって極めて有害だということが、過去と現在の経験の両方によって証明されてきた。必要性がわれわれを急速に自由貿易に向けて進めている。そしてわれわれは自然が命ずる完全な商業の自由に究極的に戻らなければならない。もし国家権力に対する適切な制約があれば、われわれはそこから決して逸脱しないだろう。［第一・第二の手紙］

二．国教会は単に宗教の普及のために不必要だというだけでなく、その世俗性と腐敗と不寛容のゆえに宗教の進歩を妨げるものだから、批判されるべきだ。その聖職者自体を見ると、彼らは国家が金を支払う聖職に極めて重大な意義を認めているので、その利益がなければ自分の仕事を務める気がないほどキリスト教精神をわずかしか吸収していない、ということを事実上認めている。だから国教会は国民をキリスト教化することが全くできない。従って前記の定義は教会と宗教の分離を含む限りで有益だ。[第二の手紙]

三．救貧法は、一見すると労働者階級への福音であるように見えるが、実際は彼らの負担になる。それは社会的不正の矯正を妨げ、真正な善意の行使をくじく。強制的救済はそれを与える者にとっても受ける者にとっても同様に品位を損なう。自由意志主義（voluntaryism）は宗教の礼拝においても実践においても同じようにあてはまる。チャリティの恩沢は、立法府による介入を防止すれば、自発的貧困という害悪を伴わずに確保できる。[第三・第四の手紙]

四．戦争は巨大な害悪だと普遍的に認められている。それを終わらせるためのあらゆる実行可能な手段をとるのが、キリスト教徒としてのわれわれの義務だ。政府をその元来の機能の実現に制限し、かくして政府から侵略の権能を奪うならば、それは戦争防止の最も効果的な手段だろう。[第五の手紙]

五．人為的な植民地化は、そのいくつかの影響のいずれにおいても有害だ。植民地貿易は常に貴族階級の利益のための独占に転じてきた。入植者たちに与えられると称される保護は、一般に彼らにとって大いなる災いだった。植民地の元来の占有者たちは、国家が設立する植民地において残酷に迫害されてきた。ペンシルヴァニアの例は、本論文が提案する原理の承認から生ずる、自発的で保護されない移民の方がよいということの十分な証拠を与える。〔第六の手紙〕

六．国家教育は社会の進歩に不可欠の多様性と独創性を破壊する傾向がある。それは現在の教育方法を支持する自然な偏見から生ずる障害に加えて、健康な競争を廃止し改革に対する制度的困難を持ちこむことによって、改善をくじくことになる。われわれは国家教育が将来効率的だという保証を何も持たず、それが最終的に国家宗教のように腐敗するだろうと信ずべきあらゆる理由を持っている。国家教育を支える方法は、賛成者も反対者も含む共同体全体からの課税にならざるをえないが、それは明らかに不正だ。従って、それを必然的に排除する国制こそわれわれが採用すべきものだ。〔第七・第八の手紙〕

七．公衆の健康維持のための立法を一部の医療従事者が熱心に提唱することは、利害の伴った動機から出ている。民衆の健康は、彼らの宗教と同じように立法の対象ではない。誰一人として、自分自身が世話をしない自分の身体の世話を国家がするように合理的に要求できない。すべての他の場合と同じくこの場合も、人々自身が自分のために行うよう〈全能者〉によって意図されていることを、彼らのために行うことは確実に彼らを下等な動物におとしめることだ。〔第九の手紙〕

八．政府の注意を秩序の維持と人身と財産の保護に限定することによって、われわれはおせっかいな干渉がわれわれに押しつける多くの損失を避けるだけでなく、政府の最重要の――しかし今は無視されている――義務の適正な実施を確保するだろう。

こういったものが、司法の実施が国家の唯一の義務だという定理を支持するために持ちだされてきた証拠だ。他の証拠を加えることもできただろう――それが望ましければ。だがすでにあげた証拠だけでも、虚心坦懐な精神の中に、その命題が真理だという確信を生み出すには至らなくても、少なくともそれがありそうなことだということを示して、それを真剣に考慮させるには役立つだろう。

結論として、読者は次のことを思い出してほしい。――この重大な問題に関する読者の考慮の結果がどうであるにせよ――提出された議論に賛成するにせよ反対するにせよ――推論の正統性を認めるにせよ認めないにせよ――一つのことは確かだ。それは国家の義務の定義が存在しなければならないということだ。それを越えると立法によるいかなるコントロールも及ばないような境界がある――いかなる人工的な規制よりも道徳の刺激と自発的な努力の方がよりよく実現できるような、個人的・社会的諸要請がある――政府に委ねることができる権力については、全てか無かという両極端の間に、原理も政策もその適切な限界として示すような何らかの点があるに違いない――といったことを証明するために議論は不必要だ。この点、この境界は各人が自分で決めればよい。そしてもし人が前記の定義に賛成しないならば、彼は首尾一貫性のために自分自身で定義をしてみるべきだ。もし彼が政治的経験主義という汚名を避けたいならば、彼は立法府と呼ばれる国家機関の行動について指図しようとする前に、その機関の性質と目的を確定しなければならない。彼は政府が何をなすべきかについて別の意見を形成する前に、まず自分で次の問題を片づけなければならない。——政府は何のためにあるのか？

社会静学（抄）

序文

本書は時として論調の点でも形式の点でも先例といささか異なっているので、おそらく批判を招くだろう。著者がこのようにして慣習を刷新したことが賢明だったのかどうかは結果が決めることだ。しかし著者が慣習に従わなかったことには十分な動機がある。それは、書物の目的は人々の行動に影響を与えることなのだから、本を書く際の最善の方法はこの目的達成に最も適した方法だ、という信念から来ている。

随所で見られる感情の発露は『社会静学』といった学問的な題名を持つ論文の中では場違いだと非難されるかもしれないが、それにはこう答えよう。——現時の進歩の状態においては、人々が純然たる知的考慮によって動かされる程度はごく少ない。——このような知的考慮が力を持つためには、感情への直接・間接の訴えかけによって力づけられねばならない。——そのような訴えかけが論理的推論にとって代わるのではなく、後者を補うものとなるならば、それに対する根拠ある反論はありえない。読者がこれから見るように、本書の提出するいくつもの結論は、一次的には全く非個人的な推論に基づくもので、それだけによって判断されなければならない。これらの結論を多数の人々に推奨するために、もし間接的に人々の共感に訴えかけたとしても、それによって一般的な議論が弱まることはありえない——かりに強化されないとしても。

いくつかのケースにおける文体の放縦は題材の重大さにふさわしくないとして批判されるかもしれない。その放縦を弁護して、哲学の著作の慣例となっている重苦しさは一般読者にとって極めていとわしい単調さを生み出す、と言うことができよう。もっとも著者は単調さの埋め合わせになる利点がそこにないと断言するものではない。だがともかく著者としては、慣習的な尊厳をいささか犠牲にしても、多くの人々に自分の論点への興味を持ってもらうことを望んだのである。

ロンドン　一八五〇年十二月

第四章　第一原理の導出

§1

前章で述べたアプリオリな考察は抽象的すぎてはっきりと理解できないという人たちがいるかもしれない。しかしそのような考察に頼らなくても、われわれがその帰結まで辿ろうとしている倫理学の第一原理に至る推論はたやすいので、今やそうしてみるのがよかろう。そこで人間の幸福は神の意志であるという、広く認められている真理から新しく出発して、その幸福の達成のための手段を見て、それがいかなる条件を前提としているかを観察してみよう。

幸福とはある意識の状態だ。その状態は意識にある影響を加える行為によって——意識へのある作用によって——作り出されねばならない。意識へのすべての作用をわれわれは感覚（sensations）と呼ぶ。幸福を作り出すそのような作用は感覚であるに違いない。

しかしわれわれはいかにして感覚を得るのか？　われわれが能力（faculties）と呼ぶものを通じてである。人は目がなければ見ることができないということは明らかだ。人が何らかの種類の印象を経験できるためにはその印象を取り入れる能力を備えていなければならないということも同様に明らかだ。われわれが感じ（feeling）とか観念と呼ぶすべての心的状態は、能力を通じて得られた意識への作用——能力が意識に与えた感覚——である。

次にこの問題が来る。能力はいかなる条件の下で、幸福の要素となる感覚をもたらすのか？　その答は、それらの能力が行使されたときだ、というものだ。すべての満足（gratification）が生ずるのは、何らかの能力の活動から来る。精神あるいは身体の各機能の健康な遂行には快い感じが結びついている。そしてこの快い感じが得られるのは、機能の遂行、つまり関係する能力の行使によってでしかない。またあらゆる能力はそれ独自の感情をもたらす。これらの総体が幸福を形成する。

あるいは簡単にこう言うこともできよう。欲求とはある種の感覚への必要だ。感覚は能力の行使によってしか作り出せない。従っていかなる欲求もある能力の行使を通じてしか充足させられない。だが幸福はすべての欲求の十分な充足だから、幸福はすべての能力の十分な行使にあるということになる。

§2

さてもし神が人間の幸福を望んでおり、そして人間の幸福はその能力の行使によってしか得られないとすると、神は人間がその能力を行使するのを望んでいるということになる。つまり、自分の能力を行使することは人間の**義務**なのだ。義務とは神意の実現を意味するのだから。自分の能力の行使が人間の義務だということは、われわれが**刑罰**と呼ぶものが能力の不行使に伴うという事実からも証明されている。個々の能力の通常の活動が快楽を生み出すだけでなく、その活動を中断したままにしておくことも苦痛をもたらす。胃腸が食物を消化しようとするだけでなく、身体と精神のすべての能力も、自らに与えられた行為を行おうと欲する。そして消化機能の渇望が苦しみを生み出すように、他のいかなる能力の渇望も、その充足を拒むとその能力の重要さに比例した苦しみを生み出す。だが神は人間の幸福を望んでいるのだから、不幸を生み出すような行動は神意に反する。するといずれにしても、諸能力の行使は神意であり人間の義務だ、ということがわかる。

しかしこの義務の実現は行為の自由を必然的に前提している。人間は何らかの行為領域(scope)なくしてその能力を行使することができない。人間は、行ったり、来たり、見たり、感じたり、話したり、働いたり、食物や衣服や住居を得たり、自らの自然の必要物のすべてをまかなったりするための自由を持たなければならない。あらゆる精神的・身体的必要を満たすために直接あるいは間接に不可欠のものをすべて行う自由がなければならない。それがなければ人間は自らの義務あるいは神意を果たすことができない。しかしもし人間がそれなくしては神意を実現できないとしたら、神は人間にそれを取るように命じているのだ。従って人間は、この行動の自由を主張するための、神からの権威を持っている。神は人間がそれを持つように意図したのであり、人間はその自由への**権利**を持っている。

この結論から逃れる可能性はないように思われる。この結論に至るステップを繰り返そう。神は人間の幸福を望んでいる。人間の幸福は人間の能力の行使によってしか生み出せない。すると神は人間がその能力を行使することを望んでいる。しかし人間が自らの能力を行使するためには、その能力が人間に生まれながらにするように強いている、すべてのことを行う自由を持っていなければならない。すると神は人間がその自由を持つことを意図していることになる。それゆえ人間はその自由への**権利**を持つのだ。

§3

しかしこれは一人の権利ではなく万人の権利だ。万人が能力を持っていて、その行使によって神意を実現しなければならない。それゆえ万人が、能力の行使になることを行う自由を持たなければならない。つまり万人が行動の自由への権利を持たなければならない。

そしてここから必ずある制限が生ずる。というのは、人間がその能力の行使のために必要な自由への請求権を持つならば、各人の自由は万人の同様な自由によって画されねばならないからだ。二人の個人が相互の目的の追求において衝突するとき、片方の運動は他者の運動に介入しない限りで自由だ。われわれが置かれているこの存在領域は、万人に無制約の活動のための空間を与えるものではないが、そのような無制約の活動への等しい請求権をその性質の中に含んでいる。だからそれは不可避の制約を等しく課するものにならざるをえない。それゆえ次の一般的命題に至る。——あらゆる人は、あらゆる他の人の同様の自由の保持と両立できる範囲での、自分の能力を行使する最大の自由を主張できる。

§4

部分的に考えると、道徳法則のこの言明は批判を免れないように思われるかもしれない。〈各人はいかなる他の人をも害しては(*hurt*)ならない——苦痛(*pain*)を加えてはならない〉という但し書きによって、各人がその能力を行使する権利を制限する方がよいと考えられるかもしれない。しかし法則をこう表現することは一見満足できるように見えるかもしれないが、誤った結論を導き出してしまう。人間が前章〔本書で割愛した第三章〕で述べた最大幸福の条件に応えるとき、互いに不利益を与えるように自らの能力を行使することはできない、ということは真だ。しかし各人はその能力の十分な行使を差し控えることによって苦痛を与えるのを避けられる、というわけではない。各人の能力とは、そもそもその十分な行使が誰をも害さないようなものだ。ここに相違がある。苦痛を与えることには二つの原因がある。異常な性質を持った人間が、その隣人たちの正常な感じ方にとって不快なことを何かするかもしれない。この場合、その人は不正に行動している。あるいは正常な性質を持った人の行動が、その隣人たちの異常な感じ方をいらだたせるかもしれない。この場合、不正なのは彼の行動ではなくて隣人たちの性格だ。そのような状況下では、彼の能力の十分な行使は苦痛を与えるが、正しい。そして害悪を取り除くのは、苦痛を感じたその異常な感じ方の変更だ。

この区別を説明するために例をいくつかあげてみよう。ある正直な人が、それまではよく思っていたある友人が実際には悪漢だということを発見したとする。彼は悪行をいとわしく感ずる高尚な本能を持っていて、それを自由に発揮したので、この悪友と絶交した。さて、彼はこう行動することで苦痛を生じさせたが、だからといって道徳法則を侵害したことにはならない。その害悪は、彼による能力の行使のせいではなく、苦しみを受ける人の不道徳さのせいだ。別の例。ローマ・カトリックの国のプロテスタント教徒が、聖餐式のパンの通過にあたって脱帽を拒んだとしてみよう。ある感情の要求をこうして拒んだことによって、彼は観察者たちを不愉快にさせた。もし道徳法則の前記の修正が正しいとしたら、彼は非難に値する。しかし悪いのは彼ではなくて、腹を立てた人々の方だ。彼が自らの信仰に従ってそのように行動したことが悪いのではない。人々は自分たちとは違う意見に対してそれほど専制的に不寛容であるべきではない。また別の例。ある息子が、それ以外のすべての点では立派だが持参金が全然ない娘と結婚することで、父親と家族を大いに不快にさせたとしてみよう。このようにして自分の自然の命令に従うことで、彼は自分の親族の心をかなり苦しめるかもしれない。しかしだからといって彼の行動が悪いということにはならない。むしろ彼の行動に傷つけられる感じ方の方が悪いのだ。

これらのよくありそうな例からわかることは、他人に害を加えないという要請によって能力の行使を制限すると、それは他の人々の能力の不当な行使を許すという目的によって、ある人物の能力の適切な行使を妨げる結果になってしまう、ということだ。それだけではない。そのようなルールを順守することは、一見したように苦痛を防止することにはならない。というのは、抑制された人は仲間たちに苦しみを与えることを避けたが、そのことで自分に苦しみを与えるからだ。苦しみは誰かが引き受けねばならない。問題はそれが誰かである。あのプロテスタント教徒は、カトリックの隣人たちの不寛容な精神を悩ますことを避けるために、自分が崇敬しないものへの崇敬の念を示し、事実上嘘をついて、自らの良心の感覚に暴力を働くだろうか？　それとも自らの独立と誠実さを優先させて、不健康に頑迷な彼らを怒らせるだろうか？　あの正直者は、率直な感情の表現が悪漢に苦痛を与えてはいけないと、その感情を抑えつけるだろうか？　それとも自分の高尚な感情を尊重して、相手の卑しい感情を害するだろうか？　これらの選択肢の間で迷うことはできない。そしてここにこそ問題の核心がある。思い出してほしいが、生命の普遍的な法則は、諸能力の行使あるいは充足はそれらを強め、逆に諸能力の抑圧はその力を弱める、というものだ。そしてここから、他の人々の異常な能力に苦痛を与えないように正常な能力の行為が抑止されるとき、それらの異常な能力は活動的なままだが、正常な能力は弱まるか異常なものになる、という帰結が出てくる。その一方、逆の状況では正常な能力が強力なままで、異常な能力が弱まるか、正常なものになる。前者の状況では苦痛は有害だ。なぜならそれは、万人の同様の能力を妨げることなく各人の能力を十分に行使できるような人間性の形態への接近を妨げるからだ。後者の状況では苦痛は有益だ。なぜならそれは、その形態への接近を助けるからだ。かくして、社会的存在の条件から直接に生ずる法則の第一の表現が真のものだということがわかる。上記の変形のようないかなる変形も、多くの場合絶対有害な行動をひき起こす。

しかしそれでも、誰もがいかなる他人の同様な自由も侵害しない限り自分の能力を行使する十分な自由を持つ、と述べることでこの法則を表現しようとすると、反対の性質の不完全さに至ることになる。前記の変形された表現の方がよい回答を与える多くのケースが見出されるからだ。等しい自由という法則を侵害することなしに、他の人々に害を与えるような仕方で能力を行使する仕方がいくつもある。人は無愛想に行動したり、きつい言葉を使ったり、人をむかつかせる習慣によって不快感を与えたりするかもしれない。そしてこのようにして仲間の正常な感じ方に迷惑をかける人は、明らかに幸福を減少させている。もしわれわれが、誰もがいかなる他人にも苦痛を与えない限りにおいて自分の能力を行使する自由を持つ、と述べるならば、そのような行動をすべて禁ずることになる。われわれが各人の自由を万人の同様な自由によって制限するだけなら、そのような行動は禁じられない。そのようにして自分の能力を行使する人は、他の人々が同じことを同じように行うのを妨げているわけではないのだから。この困難からいかにして逃れられるだろうか？この法則のいずれの表現も完全にはわれわれの要求を満たさないが、われわれはどちらかを取るしかない。どちらを取るか、そしてそれはなぜか？

元来の表現の方を取るべきだ。それには十分な理由がある。各人の自由を万人の同様の自由で制限することは広い範囲の不当な行為を排除するが、他の一定の不当な行動を排除しない。他の人々に苦痛を与えないという要請によって各人の自由を制限することは、これらの不当な行為をすべて排除するが、それと一緒に他の適当な行為の多くも排除してしまう。前者は十分なだけを斥け、後者はあまりにも多くを斥ける。前者は消極的な仕方で誤り、後者は積極的な仕方でそうする。そうすると明らかに、消極的な仕方で誤っている方を採用しなければならない。その短所は補充的な法則で補うことができるだろうから。またわれわれはここで、**正義**と**消極的善行**との間にさっき引いた区別の必要性を見出す。この区別はわれわれが日常行っているものだ。正義は諸能力の行使に一次的な一連の制限を課する。それは厳格に正しい。消極的善行は二次的な一連の制限を課する。前者の制限が後者の制限を含まないということは何ら欠点でない。両者はおおむね別物であって、すでに見たように、両者を一つの表現の下に統一しようとすることは致命的な誤りに至る。

§5

だがまた別の反論があるだろう。諸能力を行使する完全な自由とは、諸能力が促すすべてのこと、あるいは個人が欲するすべてのことを行う十分な自由を意味する。そうすると、他の人々の特定された一定の請求権を侵害しない限り個人は自分が欲するすべてのことを行う自由があるとしたら、彼は自分にとって有害なことをする自由がある——酔っぱらったり、自殺したりする自由がある——ことになる、と言われるかもしれない。この反論に対しては前と同じように、まずこう答えなければならない。——今述べたこの法則はある種の行為を不道徳だとして禁ずるが、あらゆる種類の不道徳を禁ずるわけではない。この法則が諸能力の自由な行使に課する制約は、重要な制約ではあるが唯一の制約ではなく、それ以外に制約を課するかどうかとは別に受け入れられねばならない。そのようなさらなる制約の必要については、ここにあげられた困難が第二の例となる。

しかしながら、これらの補充的制約が持つ権威は元来の法則の権威にはるかに劣るということに注意したい。前者は後者と違って厳格に学問的に展開できるものではなく、(現在の状況下で) 便宜性という優越的形態の中でしか説明できない。すべての他の人の同様な自由が各人の自由に課する限界は、ほとんどいつでも厳密に確定できる限界である。というのは、状況がどうであれ、人々が持つそれぞれの自由の量は比較でき、その量が等しいか等しくないかは認定できるからだ。しかし人は自分に有害なことを行う自由も、その隣人たちを不幸にするかもしれないことを行う自由も (さっき述べたようなケースを除くと) 持たないという命題から実践的な結論を引き出そうとしたら、われわれは快楽と苦痛の複雑な評価に巻き込まれてしまい、それは明らかにわれわれの結論を危険にさらすことになる。ある行為が自分あるいは別の人にもたらすであろう帰結をたどるのは、何らかの公共的手段が国家全体に及ぼす最終的影響を確定するよりもはるかに容易だから、私的な生活において便宜に導かれることも、それに応じて危険でない。——それは全く正しい。しかしここでさえ、信頼に値する推論ができるのは少数のケースに限られる。第一に、悪い結果が良い結果を超過するかどうかはわからないことが多い。そして第二に、苦しみの原因となる能力が正常な状態にあるか異常な状態にあるかどうかもわからないことが多い。たとえば、酒に酔うことは快楽よりも大きな苦痛を明らかに生み出すので諸能力の有害な行使だということは自明だが、どれだけの労働がわれわれにとって適切か、またいつ労働が有害になるのかは決して自明でない。適当な知的活動と過度の知的活動との間の境界も自明でないし、どれだけの利益があれば人が不適切な気候と生活様式の地で生活することが正当化されるかも自明でない。だがこれらのどのケースでも幸福が問題になっているのであり、酒に酔うことが間違っているのと同じ理由で、間違った行為は間違っている。個々の私的な行為について、その結果生ずる満足がその結果生ずる苦しみよりも大きいか小さいかが言えるとしても、この第二の困難があるだろう。それはつまり、われわれは有害である苦しみと有益である苦しみとを確実には区別できないということだ。われわれがまだ環境に完全に適合していないうちは、活動的すぎる諸能力の抑止からも、任務遂行に力不足な能力の酷使からも、苦痛が生ずることは避けられない。そしてそのような苦痛は人間の究極的発展に必要だから、それを生み出す行為を非難することはできない。かくして、今あげた例にまた戻ると、労働の能力が最大幸福の産出のために不可欠だということは自明だが、文明化されていない人間がこの能力を獲得するのは大変なので、その獲得のためには極めて厳しい規律が必要だろう。われわれの現在の生活様式が必要とする程度の知性に至るためには多年にわたる退屈な練習が欠かせないし、身体の健康を部分的・一次的に犠牲にせずにはその知性を集団内部で組織化できないだろう。神意の実現は、居住可能なあらゆる地方に人々が住んでいるという状態に至るが、これは多くの苦しみなしには起きないような環境適合である。するとこれは、人間の自由が自分を害さないという必要性によって制約されるべきではないというケースだ。そのように制約されてしまうと、われわれは最大幸福への接近を妨げられてしまうのだから。同様にして、同じ理由から、〈人間の自由は、他の人々に苦痛を与えてはならないという必要性によって制約されてはならない〉というケースがある、ということをわれわれは見た（§4）。そして今や気づくべき事実は、今例示した二種類のケースと、幸福を減少させる行為が本人あるいは他の人々にとって直接・究極的に有害なので不正だというケースとを区別する確実な方法をわれわれは持っていない、ということだ。われわれには理想的な人間の性質を**特定して**定義することができず、それを単に**一般的**に定義できるだけであり、その性質を構成するさまざまの能力の割合を確定することができず、単にその行為が従わなければならない一定の法則を定めることができるだけだから、個々のすべての行為についてそれがその性質と調和するか否かを知ることなどできない。あるいはこの困難を一番簡単な形で言えばこうなるだろう。補充的制約のこの両者とも幸福という用語を含んでいて、幸福とは何かは今のところ類としてしか定義できず、その種差まで定義できないから（第一章）、その制約を学問的に展開することはできない。それらの制約は抽象的には正しい制約であって、理想的な人間は厳格に従うだろうが、理想的な人間が存在しないうちは具体的な形にまとめることができない。

§6

今やわれわれは問題の核心に触れる重要な真理の入口に達した。その真理とはこうだ。万人の同様な自由によってしか拘束されない各人のこの上記の自由の普遍的な行使によってこそ、自他にとって偶然的・一時的に有害だが間接的には有益である行為と、必然的・永久的に有害である行為とを区別することができる。というのも、明らかにあらゆる種類の悪の源は、諸能力がその機能に適合しないということだが、それは能力の過剰あるいは不足に存するからだ。また明らかに、ここで取り上げている広範囲にわたるケースにおいて、能力の行使が正常な状態を超えているために苦しみが生ずるのと、その行使が正常な状態に足りないために苦しみが生ずるのとを区別する方法は試行的なものにすぎない。そしてまた明らかに、この試行的な方法を正しく用いるためには、各人が万人の同様な自由と両立する最大限の自由を持っていることが必要だ。あるいは逆の方向からこうも言えるだろう。——最大幸福のこれらの二次的条件は実際には確定しているのだが、その実践上の解釈のためには心身両面にわたる究極的な人間の性質に関する詳しい知識が必要なのに、それは得られないから、われわれが取るべき道は、諸能力の行使への唯一認められるべき制約を設けるものとして、平等な自由という法則をとることである。他の制限は必ずやおのずと感じ取られて、適合の法則のおかげで結局は完全に順守されるに至るに違いない——。

このような道をたどって、有益だが苦痛を与える行為はひき続くうちに苦痛であることをやめる一方で、有害な苦痛を与える行為は段階的に消滅することになるだろう。そのことはいくつかの例からも明らかにできよう。たとえば、未開人の衝動的な性質が、現在の満足を将来のもっと大きな満足のため犠牲にできる文明人の性質に変化するためには、多くの苦しみが伴う。しかし社会生活の必要はそのような変化を要求するし、自制力の欠如を厳しく罰し続けるから、万人がこの能力を身につけることを苦しい努力——緩やかだが、確実に成功するに違いない努力——を通じて確保する。逆に、人々の中にはいくらか行き過ぎた食欲があって、常に多くの身体的苦痛といくらかの心理的苦痛を与えるのだが、人はそのために節制に努め、いつも食欲を抑制することによって、最後には食欲を正常な強さにとどめるようになるに違いない。そしてこれらの単純なケースにあてはまることは、同じように確実に、善い結果と悪い結果の差し引きの結果がもっと小さい、前記の複雑なケースにもあてはまるだろう。というのも、そのようなケースでは、各選択肢の結果として生ずる快楽と苦痛のそれぞれの量を知性が測定することはできないかもしれないが、経験のおかげで**性格それ自体**を測定できるようになり、さらには本能的に、全体として最大の苦しみを生み出す道——別の言い方をすれば、生存の必要性に反する大部分の罪——を避けて反対の道を選ぶようになるだろう。また他の人々との直接の関係にかかわる行為に移っても、同じようなことが起きるに違いない。つまり誰にも必ず不愉快を与えるわけではない行為は継続し、それに対応する能力は発展するが、その一方、隣人にとって必ず不愉快な行為は、それが通常もたらす不愉快な反応のためにある程度の抑圧——それらの行為の源である欲求に最終的に働きかける抑圧——を受けるのが普通だ。さてここで今の議論の固有の目的を見てもらいたい。それは次のことを示すことにあった。つまりこの過程において、他の人々にとって**必然的**に苦痛である行動への影響と、単に**偶然的**にのみ苦痛である行動への影響とは常に異なるのだ。他の人々の感じ方を**必然的**に害する行動は、今説明したように、必ず抑制されてその結果減少する。だが他の人々の身分感情や偏見のような**偶然的**な感じ方だけを傷つける行動は、必ずそうなるわけではなく、その行動が必然的な感じ方から出る場合は、むしろ逆にそういった偶然的な感じ方に反してでも継続し、それらの感じ方を最後は抑圧するだろう。人々が各人の本性上本質的な要素に反するような仕方で相互に行動し、誰もがその結果として生ずる苦しみを受けなければならないときは、その行動をひき起こす欲求を抑制しようとする傾向が生ずるだろう。その反対に、人々が一時的状況に特有の非本質的要素に反するような仕方で相互に行動し、それが永久に必要な衝動によってそうしているときは、これらの非本質的要素の方が除去されるだろう。このようにして、必然的感覚と慣習的感覚、必然的状況と慣習的状況、また部分的に必然的で部分的に慣習的な感覚や状況の間の現在の混乱は、最終的にはおのずと解決されるだろう。慣習的な感じ方は必然的状況に、そして慣習的状況は必然的な感じ方に、それぞれ道を譲るだろう。そしてこの経過の結果として性格と状況との間の完全な適合が達成されたとき、本質的に有害な行為と本質的に有益な行為の完璧な分類もまた可能になるだろう。

正しい行動へのこれらの二次的制約に最終的に従うために必要なのは、われわれが自由にそれらの条件に触れる機会を持つことだ。つまりわれわれは、もはや行動の余地がなくなって真の限界がおのずと感じられるようになるまで、あらゆる方向にわれわれの本性を拡張する自由が認められるべきなのだ。もしこのことがわかるならば――そのような場合になってはじめて、義務の実践的法典の中にこれらの二次的制約が含められるならば――、万人の同様な自由によってしか制約されない各人の自由という、われわれの第一法則の至上の権威が一層明白になる。その法則が断定する、諸能力を行使する権利が、この補充的道徳の展開に先立たなければならないということがわかるからだ。実際この観点から見れば、第一法則こそ唯一の法則だと言っても過言ではないだろう。というのも、最大幸福へのさまざまの条件の中でこれだけが現在体系的に展開できるもので、それに従うことが他の条件に究極的に従うことになるからだ。

§7

それにもかかわらずやはり認めなければならないが、諸能力の行使に対するこれらの二次的制約が疑問の余地なく侵害された場合に、平等な自由というこの法則を断言することはわれわれをディレンマに陥れるように見える。酒に酔ったり無礼な行動をしたりすることによって、われわれ自身と他の人々の幸福は減少する。それも偶然にそうなのではなく、必然的に減少する。そして、他のすべての人の同様の自由を尊重する限り人は自分が欲することを何でも行う自由を持っている、とわれわれが断言し、その含意として、人は酒に酔ったり無礼な行動をしたりする自由があると考えるならば、人は幸福を本質的に破壊する何事かを行う自由があると断言することになるが、その態度は首尾一貫しない。

この難問については、それは部分的には、完全な法則に不完全な状態を認めさせることは不可能だという事情によるもので、また部分的には、別のところで述べた（「補助定理二」の章）われわれの表現能力の欠陥によるものだ、としか言えない。しかしながらこういう事情がある以上、われわれとしては最善を尽くすしかない。人は自分の諸能力を行使する自由を持っている、と宣言する以外の選択肢はない。この自由がなければ神意の実現は不可能になるのだから。最大幸福の達成のために必要なその自由へのいくつかの制約を宣言する以外の選択肢もない。そしてこれらの制約のうち第一の主要な制約を展開する以外の選択肢もない。他の制約を展開することは今のところ不可能だということがわかっているのだから。これらの二次的制約を無視してしまうことの帰結に対して、われわれはできるだけ注意を払わねばならない――それらの制約からの科学的演繹と、観察と経験から可能になる推論とによって。

§8

しかしながら最終的には、このような不完全さも、われわれが出そうとしている諸結論をいささかも傷つけないと考えることに満足できる。行動の自由は諸能力の行使の第一の必要条件であり、それゆえ幸福の第一の必要条件である。そして万人の同様な自由によってしか制約されない各人の自由は、一人だけではなくたくさんの人々に適用されたときにこの第一の必要条件がとる形式だ（§3）。従って、万人に同様な自由によって制約される各人のこの自由は、社会が組織されるときに従わなければならないルールだ。自由は個人における通常の生活の中で必須のものだから、等しい自由は社会における通常の生活の中で必須のものになる。そしてこの平等な自由の法則が人間間の正しい関係の一次的法則になるならば、二次的法則を実現しようとするいかなる欲求も、それを破ることを許すことはありえない。

さて、能力行使へのこの一次的制約を一連の実際的規制に具体化する際に、何らかの二次的制約を認めることは必ず一次的制約を侵害することになる、ということがわかるだろう。というのは、何らかの二次的制約を認めるということは、われわれの社会組織の中に、平等な自由という法則が諸能力の行使に課する制約以上のさらなる制約を作り出すことに他ならないからだ。そしてそれらのさらなる制約はどのように強制されるのか？　明らかに、人間によってだ。さてそれらの制約を強制する人々は、そうする際に強制の相手である人々よりも大きな量の自由を必然的に持つに違いない。——つまり彼らは、他の人々による二次的法則の侵害を予防するために、一次的法則を必ず侵害するのだ。

だからここから社会の公正な制度を演繹するにあたって、万人の同様な自由によってしか制約されない個々人のこの自由を完全に断定して構わない——いや、断定しなければならない。それ以外の制約を無視するからといって、われわれの結論の正確さが損なわれることは全然ない——この根本的法則から人間相互間の正しい関係を演繹することに集中している限りは。だがわれわれがそういった他の制約をわれわれの前提の中に含めるならば、それらの結論は損なわれざるをえない。それゆえわれわれには、しばらくの間そのような他の制約を無視する以外の選択肢はない。それらの制約の部分的な解釈であって現在われわれにとって可能なものは、以下で述べることにしよう。

第五章　第一原理の二次的導出

§1

われわれは最大幸福という〈神意〉(Divine Idea) がいかにして実現されるべきかを探求し、それは諸能力の行使によって実現されるべきで、そのためには諸能力のそのような行使がある制約の中に限定されねばならない、ということを知った。今度は検討を一歩進めて、人間自身の中にその行使を要求する衝動とそれらの制約を尊重する衝動があるかどうかを見てみよう。その制約のような但し書きは、創造的な制度を完成させるために明らかに必要だ。われわれが諸能力を過度に行使しないようにさせるものとして、前章で述べたような抽象的な考慮以外は何もないなどということは、われわれの組織構造の一般法則と全く符合しないだろう。別のところで指摘したように(「道徳感覚のドクトリン」の章)、人間は知性とは全く違ったものによって支配されている。人間行動の規制は哲学的探求の偶然に委ねられない。それゆえわれわれは、諸能力の正しい行使と不正な行使との間の区別を認識しそれに応えるような、何らかの特定の力を見出せると期待してよかろう。

§2

読者はすでに理解したところから、その力が〈道徳感覚〉(Moral Sense)だということを推論するに違いない。その存在を信ずべき十分な理由があるということをわれわれはすでに見たのだった［序論］。そして読者は次のさらなる推論も予期するだろう。――〈万人の同様の自由によってしか制約されない各人の自由〉という第一の基本的な法則は、道徳感覚がそれについての直観を与えるとともに、知性が科学的道徳へと発展させるところの、根本的な真理である。

この推論の正しさについてはいくつもの証拠がある。われわれはこれからそれらを検討しなければならない。そのリストの最初に来るのは、人間の心のどこかから、この真理を多かれ少なかれ完全に表現するような発言がいつも止まずに出てくるという事実だ。さっき結論として述べたような分析的検討とは独立に、人々は人間の権利の平等を断定する傾向を永遠に示している。あらゆる時代において、しかし特に最近、この傾向を見出すことができる。わが国の歴史の中では、早くもエドワード一世［在位一二七二―一三〇七年］の時代にその存在の印を見出せる。その呼出令状の中で「万人に関することは万人によって是認されるべきだということは、最も公正な規則だ」と言われている。それがいかにわれわれの制度に影響を与えているかは、「万人は法の下で平等である」という法原理の中に見ることができる。「万人は生まれながらに平等である」（むろんその権利に関する限りだが）というドクトリンは、グランヴィル・シャープ［Granville Sharp. 一七三五―一八一三年。奴隷制廃止運動家］のような博愛主義者が主張しただけでなく、絶対王政の有名な主張者だったサー・ロバート・フィルマーも言うように、「ヘイワード、ブラックウッド、バークレイ、その他は、君主の権利を勇敢に擁護してきたが、人類の生まれながらの自由と平等に一致して同意した」［『パトリアーカ』冒頭近く］。またアメリカ独立宣言は「すべての人は生命、自由、幸福の追求への等しい権利を持つ」と断言したし、「いかなる人もいかなる他の人と同じく、万人に服従が要求される法律の制定において発言する等しい権利を持つ」というよく似た断言も〈完全選挙権〉（Complete Suffrage）運動の格言だった。ロックも『統治論』の中で、「同じ種、同じ等級に属する被造物は、すべて生まれながら無差別に同じ自然の便益を享受し、同じ権力を行使するのだから、すべての者が相互に平等で、従属や服従の関係を持たないということは何よりも明白だ」［第二論第四節］という意見を述べた。そして同じ確信を表明した権威者をもっとたくさん欲する人は、ブラックストン判事［William Blackstone. 一七二三―八〇年。イギリス法を総合的に記述した『イングランド法釈義』で有名］や「賢明なフッカー」［Richard Hooker. 一五五四―一六〇〇年。『教会政治の法』を書いた神学者。鍵かっこ内はロック『統治論』第二論第十五節の表現〕の名前を加えられる。

日常生活の中で言ったりしたりすることも、この種の直観的な信念をいつも含んでいる。われわれは人々の正義観に訴えかけるとき、その信念が普遍的だということを当然視している。いらいらした時、それは「あなたならそれでいいのか?」とか「それがあなたにとって何なのか?」とか「私にもあなたと同じ権利がある」といった表現の中に現われる。この信念は自由へのわれわれの称賛の中に満ちており、われわれが自由の抑圧者に浴びせる批判に辛辣さを与える。それどころか実際のところ、人権の平等へのこの信仰はおのずから生ずるものなので、われわれの言語自体がそれを体現しているほどだ。**衡平**(*equity*)と**等しい**(*equal*)は語根が等しい。衡平は文字通り**等しさ**(*equalness*)を意味する。

それだけではない。そのような信仰が強さを増し続けていることは明らかだ。正しく理解すれば、野蛮な状態から文明状態への進歩は、その信仰の領域の進歩だ。文明社会と野蛮な社会はどこで区別されるかというと、両者の社会の法律と世論と風習が、前者にあってはその信仰と一層調和しているというところにある。過去の出来事においてそれがいかなる役割を果たしてきたかは別の所で述べた(「道徳感覚のドクトリン」の章)。この数年間成功を収めてきた政治的運動を思い出し、また同じように現在起きている運動を考えてみれば、そのほとんどがこの信仰に染まっていることがわかるだろう。また最近のヨーロッパ諸国の革命のことを考え、そこから生じたいくつもの新しい憲法の序文を読めば、人権の平等の確信が今や一層強く、一層一般的になりつつあることに気づかないわけにはいかない。

この確信の継続する生命と成長には意味がある。それが法律や書物や運動や革命の中でますます頻繁に再登場していることには何の意味もないと信ずるような人は、社会現象を正しく解釈していない。もしそれらを分析するならば、すべての信念は心理的適応に何らかの仕方で依存しているということがわかるだろう——一時的な信念はわれわれの性質の一時的な特徴に依存し、恒久的な信念は恒久的な特徴に依存している。そして万人の平等な自由へのこのような信念は、単に恒久的なだけでなく勢いを増してもいるのだから、それはわれわれの道徳的性質の何らかの本質的要素に対応していると考えるべき十分な理由がある。特に、その存在は既述の最大幸福の主たる前提条件と調和し、その成長はこの最大幸福を作り出す適応法則と調和するものだから。

少なくとも、これが本書の採用する仮説だ。これらの証拠の蓄積から推測されるのは、人間の中には**個人権の本能**（*instinct of personal rights*）とでも呼べるものがあるということだ。人はこの感覚のおかげで、他の人々が主張するのと同じだけの大きさの自然の利益の取り分を主張し、自分の本来の自由の領域だと考えるものへの侵入のようなものを何でも斥けることになる。この衝動があればこそ、社会の大衆の単位としての諸個人は、物質の原子と同じような相互関係を持つ傾向がある。両方ともそれぞれの斥力と引力からなる環境に取りまかれているのだ。そしておそらく、社会の安定はこの二つの力の適正なバランスに依存しているということが最後にわかるかもしれない。

§3

しかしながら、人間は政府が与える権利に先行する権利を持っているというこの信念を軽蔑的に取り扱う、いわゆる哲学的政治家の支配的党派が存在する。ベンサムの弟子として、彼らがそうすることは首尾一貫している。彼らは自分たちの秘められた知覚には反するが、大胆にも「権利」の存在自体を否定する。それでも彼らは自分が斥けていると自称するドクトリンを内心では信じているということを常に表わしている。彼らは不注意にも彼らの論敵と同じ仕方で**正義**について語る——特に自分たちに関係するときは。彼らは他の人々と同様に**法**と**衡平**を区別する。彼らは**公正**と**名誉**が単なる言葉以上のものだと考えているかのように語る。そして彼らは財産を盗まれたり暴行を受けたり不当に投獄されたりすれば、人権の確固たる主張者と同じように、義憤と抑圧者への対抗心を示し、専制政治を非難し、償いを声高に求める。こういった不一致を説明するため、そのように表明される感情は、ある種の行為からは利益が生じ別の種の行為からは不利益が生ずるという段階的に得られた確信の結果にすぎない、と実際に主張されている。それらの行為それぞれに向けられる同感と反感が正義への愛と不正への憎悪として現われる、というのだ。この想定に対して別の所で暗黙のうちに返答されたことだが、その伝で言えば、飢えは食べることが利益だという確信から生まれ、子孫への愛情は種族を維持したいという欲求の結果だという結論も同じように出てくるだろう！

しかし結局のところ、これらの哲学者たちが陣取ってそこから自慢げに皮肉を投げかけるその陣地には敵の地雷が埋まっていて、その地雷は彼らがそこに築いた結論の大建築をこっぱみじんに破壊することになる、ということがわかるのは愉快なことだ。「最大多数の最大幸福」という、このあれほど堅固に見える原理に火を近づけるだけで、ほら！それは爆発して、「万人は幸福への平等な権利を持つという驚くべき断定（「道徳原理のドクトリン」の章）――それほど嘲笑される断定のいずれよりもさらに大胆で革命的な断定――に姿を変える。

個人権の本能が世論と制度の中に表れないことはなく、そしてこの本能の勧告の源を経験に求めることはばかげている、ということがわかり、またそのような本能の存在を一番頑固に否定する人々のドグマもこの本能の別の現われにすぎないということになれば、われわれはその存在の証拠の考えられる限り最強のもの――すべての当事者の証言――を手にしたことになる。従って個人権の本能の存在が十分に証明されたと考えることは正当化される。

§4

しかし諸能力の適切な発揮のために、人をして諸能力の適正な発揮のために必要な行動の自由を主張させ、そしてその自由の侵害に反抗させるような感情がどうしても必要だろうか？――そう質問されるかもしれない。いくつかの能力自体が、その自由なしには実現できない欲求のゆえに、その役割を果たすのではないだろうか？　自分の持つ衝動のすべてが一緒になって行わせようとすることを人が行うために、特別の衝動は必要でないはずだ。

以上の反論は一見して思われるほど深刻なものではない。その理由はこうだ。――もしこのような想定される感情がないとしても、それぞれの能力が行為者をしてその能力固有の活動範囲の縮小に反対させるかもしれない。しかしそれでも、その能力が眠っている間には、その将来の行使のために必要な自由への介入を妨げるものが何もなくなってしまうだろう。――おそらくこれに対しては、そのような自由を行使する機会がまた起きるに違いないと意識してさえいれば、それが自由を擁護する十分なインセンティヴになる、と再反論されるかもしれない。しかしこの想定はもっともらしく思われるが事実に合致しない。われわれが観察してみると、それぞれの能力が特別の予見を行うわけではない――将来の満足のために配慮するわけではない――ということがわかる。その逆に、諸能力全体を将来満足させることは、その目的に特化した能力の任務だ、ということがわかる。もう一度獲得の本能を例にあげれば、もしこの能力が欠けていれば、仮に食物や衣服や住居への欲求が、財産によって助けられるその他の多くの欲求と一緒になっても、それだけでは財産の蓄積を促すことはない。それらの欲求を満たし続けるためにはその財産が必要なのだが。それらの欲求のそれぞれは、活動的なときには、人をしてその現在の実現のための手段をとらせるが、将来の実現のための手段を蓄えさせることはない。そのためにはこの獲得の本能が、ある程度まで必要だ。この本能はそれ自身を満足させることにおいて、他の本能を満足させる手段をもたまたま確保することになる。行動の自由についても同様にこう言える。――それぞれの能力は、それに固有の必要物について配慮しないように、それに固有の行動の範囲についても配慮しない。必要物を一般的に供給するという任務を持つ特別の能力が存在するように、一般的な行動の領域を維持するという任務を持つ特別の能力も存在する――。この両者の能力の相互関係については明確にこう表現することもできる。――片方の機能は諸能力一般が行使される対象である**材料**を蓄積することだが、他方の機能はその材料を獲得し利用する**運動**の自由を守ることだ、と。

§5

しかしながら、この人格的権利の本能は純粋に利己的な本能で、各人をして自分自身の行為の自由を主張し擁護させるものだ、ということがわかると、次の問題が残る。――他の人々の権利をわれわれはどこから認識するのか?

この難問の解決への道はアダム・スミスが『道徳感情論』の中で開いた。その本の目的は、われわれの相互の行動を適切に規制する手段は、周囲の人々が示す感情を各人の心の中に呼び起こす機能を持つ能力だ、と示すことだった。この能力は類似の感情の状態、あるいはスミスの言い方では「他の人々の情念との同胞感覚」を目覚めさせるもので、要するに、われわれが普通〈共感〉(Sympathy)と呼ぶものだ。この能力が働く仕方の例として、スミスは次のような例をあげている。

「神経の細い人や体質的にあまり丈夫でない人は、乞食が路上で見せつける傷や腫れ物を目にすると、自分の体の同じ個所が疼いたりかゆくなったりするとこぼす。」「すこぶる頑健にできている人でも、目の爛《ただ》れた人を見ると自分の目に強い痛みを感ずる。」「悲劇や小説の主人公に惹きつけられると、その人物が救われたときには、彼らの苦難を嘆くのと同じく心から喜びを感じるのであって、彼らの不幸を思いやる気持ちの方が、幸福に対する気持ちより真剣だということはない。」「他人が厚かましい行為や無作法な行為をしたとき、当の本人は自分の振舞いが不適切とはほとんど感じていないように見えるのに、こちらが赤面してしまうことがある。」[すべて第一部第一編から。村井章子・北川知子訳]。

アダム・スミスがあげるこれらの事実に、他の同じような多くの事実を加えることもできよう。――人々、特に女性は他人に事故が降りかかるのを見ると、驚いて叫び声をあげる。外科手術の際、経験のない助手はしばしば卒倒する。鞭打ち刑を見るために引き出された兵隊の中で、たいてい数人は気を失って倒れる。死刑執行を見たある少年が死んだことが知られている――。われわれがみな経験していることだが、神経質な話し手が間違えたり混乱したりするのを見ると、恥かしくていたたまれない気持ちになる。またほとんど誰でも、誰か別の人が絶壁の端に立っているのを見て恐怖に震えたことがあるだろう。この能力の反対の例も同じように観察される。たとえば、われわれは友人の喜びの原因を知らないときにはそれに加われない。子どもはくやしいことに、自分が泣いているときも周囲の人々の笑いを見て自分も笑うように強いられることがしばしばある。これらの証拠や多くの類似の証拠は、バークが言うように、「共感は、われわれが別の人の位置に置かれて多くの点でその人と同じように感ずる、一種の代替化として考慮されなければならない」〔『崇高と美の観念の起源』第一部第十三節〕ということを証明している。

われわれの善意の行為をこのような能力の影響に帰することにおいて――われわれは他の人々の幸福に参与するので、苦しみを見ることから生ずる苦痛をなくしたいという欲求から、われわれは彼らの苦しみを軽減して彼らを幸福にしようとする、という結論を出すことにおいて――アダム・スミスは大変満足すべき理論を提出するようだ。しかし彼はその一番重要な応用の一つを見逃していた。彼は人々をして自分の権利を主張させるような衝動を認めないので、人々が他人の権利を尊重することも同じ仕方で説明できるということがわからなかった。正義の感覚は個人権の本能の共感的感覚——その一種の反射作用——に他ならないということに気づかなかったのだ［実際にはスミスはこの点にも気づいていた。『道徳感情論』第二部、特にその第二編第二章を見よ］。しかしながら、もしその本能が存在し、そしてアダム・スミスのこの仮説が正しいとしたら、それが事実に違いない。ここに不正直な行為を犯した人々が感ずる良心の苦しみと呼ばれるものの説明がある。われわれが別の人に借りていたものを返すときに満足を得るのもこれのおかげだ。そしてこの二つの能力とともに、政治的弾圧の話がわれわれの中にひき起こす義憤、そしてわれわれが奴隷商人の蛮行について読む時の歯ぎしりが生ずる。

§6

別の所（第三章）で述べたように、**正義**（*justice*）と**善行**（*beneficence*）とは区別しなければならないが、両者は共通の根を持っている。今では読者はこの共通の根が〈共感〉だということがすぐわかるだろう。片方に分類できるあらゆる行為、つまりわれわれが公正だとか公平だとか廉直だとか呼ぶ行為は、個人権の本能の共感的刺激に源を持つ。そして通常他方に分類される、慈悲とか慈善とか善良さとか厚意とか友愛とか思いやりといった行為は、〈共感〉が善行の感情に働いた行為だ。

以上述べた理論を支持するために、もっと詳細な証拠をあげることができる。もし正義についての人々の知覚が今述べた仕方で生ずるならば、その結果として、他の事情が等しければ、自分自身の権利を一番強く感ずる人こそ自らの隣人の権利を一番強く感ずる人でもある、ということになるだろう。そしてわれわれはこれが事実かどうかを見ることで、その理論を検証できよう。ではそうしてみよう。

最初に念頭に浮かぶ例は、〈フレンド協会〉(the Society of Friends)［クエーカー教徒］のものだ。チャールズ一世の時代に生まれて以来、この団体のメンバーは個人権の断固たる主張のために目だっている。教会権力への継続的抵抗、頑強に迫害を恐れない態度、いまだに続く教会税支払い拒否、そしてさらに司祭制度を認めない彼らの信仰条項――これらの中には個人権への信念がある。さてこれらの特異性が示す感情がいかに共感を伴って現われてきたかを見てみよう。ウィリアム・ペン［William Penn. 一六四四―一七一八年。ペンシルヴァニア植民地の創設者］と彼に従う人々は、当時自分たちが植民した土地の先住民に何らかの権利を認めた唯一の移民たちだった。奴隷貿易廃止運動を始めた博愛主義者たちはこの宗派の人だった。その運動の中で一番活動的な人々もそうだった。精神病院の中で、ヨーク・リトリートは精神異常者の非強制的な治療を導入した、文字通り最初ではないにせよ、最初のものの一つだった。戦争の残酷さだけでなくその不正に対して昔から公然と反対の声をあげ始めたのもクエーカーだった。そして、ビジネスにおいて彼らが自分の権利を断固として主張するということは事実だが、全体的に彼らが正直な取引のために有名だということも同じく事実だ。

他の民族と比較したイングランドの国民性もまた別の例になる。われわれは自由を熱心に愛することで――われわれの権利を固く守ることで――世界的に有名だ。われわれが移住した土地の現地住民に対するわれわれの行動は決して称賛されるべきものでなかったが、それでもスペイン人やその他の国民ほどひどいことは決してなかった。あらゆる報告によると、イングランドの商人はどこでも正直で率直なことで知られている。われわれの中で一番暴力的な男たちである懸賞拳闘家たちの間でさえ、倒れた男を攻撃してはならないという格率の中に、他の国々の人々が示す以上の公正の感覚が見られる。そして平等な政治的権利を求める民衆の要求がこれほど高まってきた近年において、われわれは国家として世界中で奴隷制を廃止させようとする試みによって、他の人々の権利に対する一層大きな配慮を示してきた。

その逆に、自分たちへの正義について強い感覚を持たない人々は自分の同胞への正義についても同じように不足しているということをわれわれは見出す。このことは昔から言われてきた。現存の一著作者が言っているように、暴君は裏返された奴隷に他ならない。その昔、封建領主が国王に対して臣下だった時代、彼らも自分の家臣に対して独裁者だった。現在でもロシアの貴族は自分の独裁君主に対して農奴のようなものである一方、自分の農奴に対しては独裁君主だ。学校の子どもでさえ、いじめ屋はもっと大きないじめ屋が来たら誰よりも先に降参すると言っている。上におもねる者が下に対していばり散らすのは、いつも見られることだ。「解放された奴隷は残酷さと抑圧において他のあらゆる奴隷所有者をしのぐ」とは、多くの権威ある典拠が確証する真理だ。服従的な人間が機会さえあれば暴君になるということは、黒人はしばしば彼ら自身の王によって捕えられ売り飛ばされるという事実によってさらに立証される。

かくしてわれわれは、提出された理論が証拠によって表からも裏からも支持されているということを見た。だが一つ限定をしなければならない。自分自身への正しさの感覚と他人への正しさの感覚との間に**必然的**関係はない。他の本能の場合と同じように、共感と権利の本能はいつも同じ強さで共存しているわけではない。どちらかが正常な程度に存在するが他方はほとんど存在しないという人がいるかもしれない。そしてもし共感に欠けていれば、自分の権利を主張する衝動を十分持っている人が同胞の権利についてはそれに対応する尊重を示さないということがありうる。権利の本能それ自体は完全に利己的なものだから、それは本人をして自分自身の権利を守ろうとさせるだけだ。それに共感による刺激が伴って初めて、他の人々に公正に振舞おうという欲求が呼びさまされる。それだからといって、〈通常の量の共感があるところでは、他の人々の権利への尊重は、個人権の本能の量の大きさに従って大きくも小さくもなる〉という一般的命題が変わるわけではない。

だからさまざまのケースの平均では、自己に対する正義の感覚と隣人に対する正義の感覚は相互に比例しているという結論を安心して下してよかろう。

§7

今述べたような心理の機構が存在するというさらなる証拠は、それに結びつけられる特定の道徳的観念のいくつかが、前章で到達した抽象的結論のあるものと完全に調和するという事実の中に見出される。われわれは、ある特定のことは自由にしてよいのだがそれを行うのは非難に値するという確信を、何の満足すべき理由も与えられないのだが持っている。人は自分の手足を斬り落としたり自分の財産を破壊したりすることは自分の幸福を大いに減少させるだろうが、自分がそれをする権利を持っていると感じている。われわれは過酷な債権者が哀れな債務者に何ら情けをかけないことを非難しても、債権者が厳格な正義の上で最後の一ファージングに至るまで権利を持っていることを認める。われわれは友人にいくらかの援助を用立ててやろうとしない人の利己心を憎むが、彼がそれを拒むのは全く自由だということは否定できない。さてこれらの感じ方は、もしわれわれの仮説が正しいならば、最初の例においては個人権の本能が直接働くことによるものであり、後二者においてはそれが共感を通じて働くことによるものだが、先に述べた議論と完全に調和する。われわれは平等な自由の法則が根本的法則であるということを見た。その法則が設定する行動の限界以上に権威ある限界はないということを見た（第四章§5）。またわれわれが環境に適合していくという現在の状態にあっては、他の人々の平等な自由という境界以外には、各人の自由についていかなる確固たる境界を設定することも不正だということを見た（第四章§8）。われわれの本能的信念とすでに到達した諸結論との間に対応関係があるということは、ここで提唱した仮説にさらに説得力を与えるものだ。

§8

それゆえ、最大幸福のための本質的前提条件を認識し実行するような心理的メカニズムがわれわれの中に存在するということは十分に明らかになったようだ。われわれは人間の構造の一般的原理がそのような心理を与えるということを見た。〈道徳感覚〉というものがあるだろうということは別のところで見たが、ここではそれが明らかに最大幸福の要求に応えるものだということを知り、最大幸福のための第一の条件として、〈道徳感覚〉に対応する定理を見出した。この定理に応える感覚をわれわれが現実に持っているということの証拠は、その定理の多かれ少なかれ完全な表現が、政治的ドグマや法律や日常的な発言の中で自発的に用いられているという事実だ。その存在のさらなる証拠は、その定理の信念を名目上は否定している人々も自分自身がその信念を偽装された不正確な仕方で公言している、という事実だ。獲得欲から引き出されたアナロジーによって、われわれは行動の自由を維持しようとする欲求こそが人間の状態を完全にするために一番基本的なものだろうということがわかった。行動の自由を維持しようとするこの衝動が、他の人々の行為の自由への配慮をいかにして生み出すことができたのかというと、それはアダム・スミスの〈共感〉理論の拡張によって説明できる。そしてわれわれの正義感覚が、実際にはそのような衝動の、共感を通じた刺激によるものだということは、たくさんの事実が一緒になって証明している。われわれは最後に、道徳的信念がここで考えた仕方に従って発生し、それが抽象的推論の結果と対応する――各人が自分の能力を行使する権利を持ち、そこからその権利の限界が出てくるということだけでなく、その権利と限界には特有の真正さがあるという点についても――ということを見た。

第六章　第一原理

§1

かくしてわれわれはいくつものルートから同一の結論に至った。つまり、神意すなわち最大の幸福が実現されるための一定の条件から考えても、諸能力の集合としての人間の形成から推論しても〔第四章〕、この問題についてわれわれを導くと思われるある心の働きの勧告に従うにしても［第五章］、われわれはすべて次の正しい社会関係の法則を教えられる。——**すべての人は、他のすべての人の等しい自由を侵害しない限り、自分の欲するあらゆることを行う自由を持つ。**このように断言された行為の自由をさらに制限することは必要かもしれないが、共同体の正しい規定の中では自由のさらなる制限は認められない、ということをわれわれはすでに見た（第四章末尾）。そのようなさらなる制限は、私人の個人的適用に委ねるしかない。それゆえわれわれはこの平等な自由の法則を、衡平の正しいシステムの基礎として全面的に採用しなければならない。

§2

この第一原理に反対して、こう言う人がいるかもしれない。——それが公理的な真理ならば、誰もがそれを認めるはずだが、実際にはそうなっていない。

この第一原理を認めようとしない人々が昔も今もいるという、その事実自体は疑う余地がない。おそらくアリストテレスはこの原理に同意しなかっただろう。彼は「自然が野蛮人を奴隷として作ったということは自明の原理だ」と考えていた。「異教徒との約束を守るという不敬虔を憎んだ」ジュリアーノ［・チェザリーニ］枢機卿［Giuliano Cesarini. 一三九八—一四四四年。オスマン・トルコに対する十字軍派遣を熱心に勧説した］もそれに反対したかもしれない。またこの説はギベール修道院長［Guibert de Nogent. 一〇五五—一一二四年頃］にも適さなかっただろう。彼は説教の中で、フランスの自由諸都市を「農奴が法と正義に反して領主の権力から逃れる、おぞましい共同体」と呼んだ。またおそらくスコットランドのハイランド住民もこの原理を認めようとしないだろう。彼らは一七四八年に世襲裁判権が廃止された時に自由を受け取るのを嫌がった。しかしこの第一原理の正しさが自明ではないと認めるからといって、決してその正しさが損なわれるわけではない。ブッシュマンは三までの数しか数えられないが、それでも代数は事実であり、われわれは関数計算を使って新しい惑星をも発見する。そうすると未開人が算数の基本的真理を理解できないということがその真理の存在への反論となったり真理の発見・展開の妨げになったりしないように、平等な自由の法則が倫理学の基本的な真理だということを理解できない人がいるという事実は、それが真理だということを妨げない。

人々の道徳的見方に違いがあるということはわれわれにとって難問ではなく、むしろすでに述べた説の例証となる。第二章で説明したように、人類の原始的状況は「人が他の人々の福利を自分自身の福利のために犠牲にすることを要求した」が、現在の状況は「各個人が、他の諸個人が満足を得る能力を決して侵害せずに十分満たせる限りで、そのような欲求を持つ」ように要求しているのだ。そしてすでに指摘したが、状況への適合の法則のおかげで、人間の性質は変化し続けている。さてこの最新の状況への適合が起きたのは、われわれが〈道徳感覚〉と呼ぶものを生成させたあの二つの能力の成長による。つまり、共感の力と人格的権利の本能という両者に比例して、平等な自由の法則に従おうとする衝動が存在する。そして別の個所(「道徳感覚のドクトリン」の章)で示したようにして、この法則に従おうとする衝動はそれに対応する信念を産み出すだろう。それゆえ、適合の過程がかなり進歩してから、ようやくこの法則への服従やその正しさの認識が生じうる。だから社会の発展の初期において平等な自由の法則が一般に認められるということは期待できない。

§3

これまではわれわれの第一原理を証明する直接の証拠を積み重ねてきたわけだが、ここでそれを否定するとどのような不条理に至るかを示す多くの間接的な証拠を加えてもよかろう。平等な自由の法則が真理でないと断言する人、つまり人々は等しい権利を持っていないと断言する人には二つの選択肢がある。人々はそもそも何の権利も持っていないと言うか、あるいは等しくない権利を持っていると言うのだ。それぞれの立場を検討しよう。

権利というものを全く否定する人々の最初に来るのは、すでに名をあげたサー・ロバート・フィルマーで、彼のドクトリンは「人間は生まれつき自由でない」というものだ。この出発点から、彼は唯一の適切な統治形態は絶対王政だという結論にたやすく至る。というのは、もし人間が生まれつき自由でないならば、つまり生まれつき権利を持っていないならば、神が特別に権利を与える人だけが権利を持つことになるからだ。ここから王権神授説へは簡単な一歩にすぎない。しかしながら最近になると、この神授の王権が、一番の権力者になれる人の神授の権利を意味することが明らかになった。というのは、この権利の主張者によると、誰ひとりとして神の意志に反して至上の支配者の位置につけるとは考えられないのだから、誰にせよその地位に達する人は——公正な手段によるのであれ汚い手段によるのであれ、正統な継承者であれ簒奪者であれ——神の権威を味方につけているという結論になるからだ。だから「人間は生まれつき自由でない」と述べることは、人々は何の自由も持っていないが、誰にせよ他の人々に強制する権力を持てる人はそうする権利を持っている、と述べることになる！

§4

だがこのドクトリンは提唱者を一層深刻なディレンマに陥らせることになる。第四章を振り返れば、権利を否定することは神の名誉の毀損に至るということがわかるだろう。というのは、そこで見たように、人が権利を持っている対象は、神が彼のために意図したところのものだからだ。人が行動への自由の権利を持たないと述べることは、神がその権利を人に与えようとしなかったと述べることになるが、行動の自由がなければ人はその欲求を満たせない。だから神は人がその欲求を満たさないことを欲したということになるが、欲求を満たせないということは悲惨な状態を生みだす。それゆえ、神は人が悲惨な状態にあるように意図したことになる。この帰結は不条理だから、この立場の誤りは立証されたものと考えてよかろう。

§5

人々が持つ権利は等しくないという、もう一つの選択肢をとるために考えられる唯一の動機は、最善の人々の至高性を確保したいという欲求でしかありえない。「秩序は天の第一法則」という前提に始まり「ある者は他の人々よりも偉大であり、またそうであるのは当然だ」という推論で終わる連句［ポープ『人間論』四・四九―五〇］を引用して社会的不平等への非難に答えようとする人々が少なくない。彼らがこの格言の上に慣習的な身分を擁護するのは、ばかばかしく首尾一貫しないことだ。「天の第一法則」をあえて信頼せずに、彼らは人工的な分類によってそれを助けようとする。彼らはその「秩序」が世話されなければ存続できないだろうと恐れて、「他の人々よりも偉大」なその人々を政府の神託によって選び、階層順に並べ、それぞれの価値を付するのだ。

権利は等しくないと考えるこれらの人々やそれに近い他の人々は、外観しか信じない人々、命令による力――投票や権威や身分――しか認めない人々、「制度を飾り立てるが、それが思想に基づいているということを知らない」［エマーソンの論文“Spiritual Laws”］人々という、あのたくさんの人々に属する。しかし少しでもきちんと考えれば、偉大な人々にとってこのような援助は何ら必要がないということがわかるはずだ。本当の優越性は、人工的な助けを借りなくても姿を現わすだろう。余計な制度を廃止せよ、そうすればそれぞれに内在する力に従って、各人は他の人々に影響を及ぼすだろう。事態を自然な成り行きに任せよ、そしてある人が常人に勝るものを持っているならば、ついには下自から蹊を成すに違いない。

§6

最善者の至高性を確保するためには行動の自由を人々の真価（merits）に比例して割り当てるべきだということを仮に認めるとしても、等しくない権利がすぐに出てくるわけではない。次のような問題が残っているからだ。――相対的な真価をどのように決めるべきか？　異なった種類と程度の能力のそれぞれの価値を判定するための基準は何か？　世論に訴えかけることはできない。それは一様でないからだ。また仮に世論が一様だとしても、それが正しいと考える理由はない。それどころか、そうするならば大変間違った評価がなされるだろう。ハドソン〔George Hudson. 一八〇〇―七一年。当時の有名な鉄道事業者〕記念碑のために寄付するが鉄道の元来の計画者を貧困のまま死なせる人々の判断に信頼が置けるだろうか？　自分の客間のテーブルを『バーク英国貴族名鑑』で飾り、宮廷参内者のリストを読み通し、上流階級の動向の噂をする人々――自分の家系を、ワットやアークライトのような技師でなしにフロント＝デブーフ〔スコットの歴史小説『アイヴァンホー』の登場人物であるノルマン人豪族〕のような山賊貴族に遡らせようとする人々――は、偉大さを比較評価するにふさわしい人々だろうか？　ウェリントン〔Duke of Wellington. 一七六九―一八五二年。ナポレオンをワーテルローで破った軍人で、トーリーの首領として首相も務めた〕のためにはいくつもの公的記念碑を建てながら、シェイクスピアやニュートンやベーコンのためには一つも建てない権力者の決定に任せられるだろうか？　彼らが庶民院の門衛に払う報酬は、国立天文台長に払う報酬よりも年額七十四ポンドも高い。ジョンソン博士によれば、「それぞれの国民の主たる栄光は、その国の著作者たちから来る」〔『英語辞典』序文〕のだが、わが国の文人は貴顕人士ほど尊敬されていない。わが国の代表的雑誌に書く人々は世に知られておらず、ロスチャイルドやベアリング〔いずれも有名な銀行家一族〕のような人々の方が、ファラデー〔Michael Faraday. 一七九一―一八六七年。イギリスの化学者・物理学者〕やオーウェン〔Richard Owen. 一八〇四―九二年。イギリスの生物学者〕のような人々よりもずっと尊敬されている。

もし世論が真価を比較する基準としてこれほど間違いを犯すならば、どこに信頼できる基準を求められるだろうか？　明らかに、もし各人の自由の権利が各人の値打ちによって異なるならば、人々の間の正しい関係を確定する前に、値打ちを測るための満足すべき方法が発見されねばならない。そんな方法を誰が教えてくれるだろうか？

§7

仮に百歩譲って、各人のそれぞれの値打ちを公正に評価できるとしても、等しくない権利という理論を実行に移すことはやはり不可能だ。われわれはこれらの異なった特権を割り当てる規則を見出さねばならない。各個人にふさわしい取り分を決めることができるような尺度がどこにあるだろうか？ この割り当てのために使うべき測定単位は何だろうか？ 仮に商店主の権利が十と何分の一だとしたら、医師の権利はいくつか？ 銀行家と針子の自由の比はいくつになるのか？ 二人の職人がいて片方は他方の半分しか利口でないとしたら、各人が行使できる能力の境界はどこにあるのか？ 総理大臣が農夫の少年よりも偉い程度に応じて、彼らの行動の自由はどのように決まるのか？ これは無数の問題のうちの数例にすぎない。これらの問題への解決法が発見されるまで、等しくない権利の理論を考察する必要はない。

§8

あらゆる人は、他の誰の等しい自由も侵害しない限り、自分の欲することをすべて行う自由を持つ。こう主張すべきいくつかの積極的理由に加えて、今やわれわれは以上にあげた消極的理由も加えなければならない。この第一原理の拒絶に伴う二つの選択肢のいずれも受け入れられない。人々は等しく何の権利も持たないというドクトリンは、そうすると神は悪意を持っていることになるという、居心地の悪い帰結に至る。しかし人々は等しくない権利を持っているという主張は、二つの不可能事を想定していることになる。つまり第一に、人々の真価の割合を確定することができるし、第二に、それから各人に比例した特権を割り当てることができるというのだ。

第七章　第一原理の応用

§1

この第一原理を衡平の体系に発展させる過程は、十分に明らかだ。それが許容する行為と、それが排除する行為とを区別する――つまり、各個人に与えられる領域の中に何があり、外に何があるかを見出す――だけですむ。われわれの目的は、**してよい**の領域がどこまで延びていて、それがどこで**してはならない**の領域と境界を接するかを発見することでなければならない。あらゆる行為について、その行為を行うにあたって行為者が隣人に与えられた自由を侵害しているかどうか、また隣り合う二当事者のそれぞれが持つ自由の量が等しいかどうか、それを検討しなければならない。そしてこのようにして、他の人々の自由の侵害なしにできることとできないことを区別することによって、合法的な行為と違法な行為を分類することができる。

§2

この過程において時には難問が生ずるかもしれない。ある行為が平等な自由の法則を侵害するのかしないのか、われわれは時には決定できないことがあるだろう。だがそのように認めるからといって、その法則に欠陥があるということには決してならない。それは単に人間にはできないことがあるということを意味するにすぎない。この無能力のために、われわれは道徳的真理だけでなく、物理的真理の発見についても制限を課されている。たとえばこのために、人が倒れずに体を傾けられる角度を正確に述べることはどんな数学者の能力も超えている。人体の重さの中心を正確に見つけることはできないから、どんな数学者も特定の傾きにおいてそれが倒れるか倒れないかを確実に言うことはできない。しかしそれだからといって、われわれは力学の第一原理に例外があるとは考えない。われわれはそれらの第一原理のあらゆる帰結まで知ることができないが、そのような問題における全状況を考慮に入れる能力さえあれば、人の姿勢が安定しているか否かはその法則によって正確に決定されている、ということを知っている。同じようにして、もっと複雑な社会関係からは、関係当事者のそれぞれの自由の量を比べることでは一見解決できない問題が生ずるかもしれないが、それでも彼らの自由は等しいか等しくないか、またそれに依存する行為もそれに従って正しいか正しくないかのいずれかだ——われわれにそれがわかるか否かはともあれ——と認めなければならない。

§3

抽象的なものを信じ、認められたドクトリンが導くところならどこまでもついていこうとする人々にとっては、この第一原理から引き出せるいくつかの結論を指摘して、それらの結論の正しさを、導出の論理性だけに基づかせるだけで十分だろう。しかしながら、それほど純粋に哲学的な過程によって到達した結論は多くの人々にとって力を持たないのではないかと危惧される。そのように演繹された推論では、「事実にその光がささなければ原理を理解できない」〔エマーソン"Lecture on the Times"(一八四一年十二月二日)〕人々を動かせないだろう。彼らは表面的な経験の導きに従うので、法則の述べるところを聞く能力がない。彼らの経験の基になる複雑な諸現象をもたらすものはそれらの法則なのだが。われわれはそれでも可能な限りこのような人々に対応して、彼らのためにいわゆる「実際的」な性質の証拠を提出しなければならない。従って、われわれが一般の通念と衝突する議論に至るときにはいつでも、正しく解釈された「経験」はそれらの結論を補強するということを示すことによって結論を補いたい。

第八章　生命と人身の自由の権利

§1

これらの権利はわれわれの第一原理の自明の帰結なので、わざわざ述べる必要もほとんどない。もし誰もが他のいかなる人の平等な権利も侵害しない限りで自分の欲することをすべて行う自由を持つならば、人が自分の生命への権利を持つということは明らかだ――それがなければ自分の欲することを何もできないのだから。また自分の人身の自由への権利を持つということも明らかだ――全面的にではなく部分的にでも、それがなければ自分の意志の実現を妨げられるのだから。また各人が自分の同胞の生命や自由を奪うことを禁じられているということも、同じくらい明らかだ――彼がそんなことをすれば、彼の自由を断言する際に「他のいかなる人の平等な権利」も侵害してはならないと宣言した法則を破らざるをえないのだから。殺されたり奴隷化されたりする人は、明らかにその殺害者や奴隷主と平等に自由ではない。

§2

これらの結論をその利益を述べることで勧める必要はない。誰もが自発的にこれらの結論に同意する。これは道徳感覚が論理の助けなしに十分明白な知覚を与えてくれる、いくつかの単純な真理だ。その中には数に関する真理もある。実際には、適応の法則がまだほとんど効果を生み出さず、これらの真理に反応する感覚が相対的に未発達だったためにそれらを自発的に認めるに至らなかった時代があった。古代アッシリアでは臣民は国王の財産だったし、古代のアテナイやローマでは門番が自分の部屋のドアの片方に鎖でつながれていて、その反対側には番犬の犬小屋があった。人間が神々の犠牲に捧げられたり戦争の捕虜が円形劇場で八つ裂きにされたりする時代もあったが、そんな時代だったら、今述べたドクトリンに従って行動することが便宜に即していると示すことによってこれらのドクトリンを実現する必要があっただろう。しかし幸いわれわれはよりよい時代に生きている。生命と人身の自由への権利を教えることがもはや必要でない文明の段階に達したことをわれわれは喜んでもよいだろう。

§3

われわれは犯罪者の死刑や無期刑のような問題についてここで立ち入れない。これらはそれより前に法の違反があったことを前提とする、病んだ道徳的状態への救済手段なので、別のところで〈治療的倫理〉と名づけた分野に属するが、ここはそれに関係しない。

第九章　土地を利用する権利

§1

自らの欲求の対象を追い求める等しい権利を持つ人々の集団と、それらの欲求の満足に適合した世界——そのような人々が同じように生まれる世界——とを前提すると、人々がこの世界の使用への等しい権利を持っているという結論は避けられない。というのは、彼らの各人が「他のいかなる人の平等な自由も侵害しない限り、自分が欲するすべてのことを行う自由を持つ」ならば、各人は同一の自由を他の人々すべてについて認める限りで、自分の欲求の実現のために土地を自由に利用できることになるからだ。そしてその逆に、誰一人として、他の人々による同様の土地利用を妨げるような仕方で土地を利用することはできない、ということも明らかだ。そうすることは、他の人々よりも大きな自由を貪ることになり、従って違法なのだから。

§2

それゆえ衡平は土地の所有を認めない。というのは、もし大地の表面のある部分が正当に一個人の財産になりうるならば、そして彼だけが排他的権利を持つ事物として彼の利用と利益のために保持されうるならば、大地の表面の他の部分もまたそのように保持されうることになり、結局大地の表面の全体がそのように保持されて、かくて地球はすべて私有されうることになってしまうからだ。これがどんなディレンマに至るかをここで見てみよう。居住できる地球全体がそのように囲い込まれるとすると、もし土地所有者が地表への有効な権利を持っているならば、土地所有者でない人はすべて地表への権利を全然持たないことになる。かくして、そのような人々は土地所有者の黙認によってしか地上に存在できない。彼らは皆侵入者なのだ。地主の許可によらなければ、彼らは足を置く空間を持たない。いや、他の人々が彼らに憩いの地を与えない方がよいと考えるならば、これら土地を持たない人々が地球から全く追放されても、それは衡平にかなっているということになりかねない。そうすると、土地が財産でありうるという想定が、地球全体がその住民の一部の私有地になりうるということを意味し、そして、残りの住民は土地所有者の同意を得なければ自分の能力を発揮できない――それどころか、存在さえできない――という結果になるならば、土地の排他的占有が平等な自由の法則の侵害をもたらすということは明らかだ。他の人々の許可なしには「生き、動き、存在する」〔『使徒言行録』十七章二十八節〕ことができない人々が、その前者の人々と等しく自由だということはありえないのだから。

§3

考察の対象を可能性から現実に移すと、われわれは土地所有権の正統性を否定するさらなる理由を見いだす。土地への現存の権原が正当だということは決して主張できない。そう考える人がいたら、年代記を読むがよい。暴力、欺瞞、腕力、権謀術策――これらが土地への権原の源泉だ。最初の権利証書はペンではなく剣によって書かれた。法律家ではなく兵士が不動産の設定者だった。殴打こそが支払いに使用された通貨だった。そして封印のためには蠟よりも血が使われた。正当な権利をこのようにして設定できるなどということはほとんどない。それならば、そのようにして獲得した土地の以後の所有者すべての権利主張はどうなるだろうか？　もともと権利がなかったところで、贈与や遺贈が権利を作り出せるだろうか？　元来の権利者たちの主張は、彼らから盗んだものが次から次に別人の手に移ったというだけの理由で、理性の法廷において斥けられてよいのだろうか？　確かに否。そして一回の譲渡行為が権原を与えられないとしても、何度も譲渡されればそれが可能になるのか？　そんなことはない。ゼロに何度掛け算をしても、一にはならない。法律もこのことを認めている。現在の財産保有者は、もし求められれば、自分がそれを買い取ったり相続したりした前の所有者の権利を証明しなければならない。そして元来の書類に欠陥があるならば、たとえその財産が途中で何十人もの所有者を経由してこようと、その権利は破棄されるのだ。

　誰かがこう言うかもしれない。「しかし時は事物を合法化する。記憶に残る以前からの占有は正当な権利を作り出すと考えなければならない。何世代にもわたたって私有財産とされてきたものは、今や撤回不可能な個人の財産とみなされなければならない。」この命題の提唱者たちがそれに確固たる意味を与えられるならば、この命題に進んで賛同できるが、彼らはそのためには次のような問題に満足すべき回答を与えなければならない。――元来は不正（*wrong*）だったものが権利（*right*）になるためにはどれだけの時間がかかるのか？　無効な権利請求は一年当たりどれだけの割合で有効になるのか？　もしある権原が千年たつと完全なものになるならば、二千年たつとどのくらい完全以上のものになるのか？　他にもあるが、これらの問題に答えるためには、新しい計算法が必要になるだろう。

ある性質の権利主張を容認することが便宜にかなっているかどうかが問題なのではない。われわれがここで考慮しているのは、慣習的な特権や立法による便宜ではなくて、純粋な衡平がこの問題にいかなる評決を下すかということだけだ。そしてこの評決は、個人による土地占有へのいかなる現存の権利主張をも斥けて、あらゆる権利証書や慣習や法律にもかかわらず、地表への人類全体の権利は今も有効であると宣言する。

§4

現在の土地保有の起源が弁護できないというだけではない。そもそも土地がどうしたら私有財産になりうるのか、それを発見することができない。土地耕作は一般に正統な権原を与えると考えられている。元来の荒れ地を開墾した人はそのことによってその土地を自分のものにしたと考えられるのだ。だがもし開墾者の権利が疑われるとしたら、いかなる論理の体系によってそれを擁護できるだろうか？　彼の議論を聞いてみよう。

「こんにちは」と世界市民がある奥地の住民に呼び掛ける。後者は掘建て小屋のドアのところでタバコをすっている。「あなたはいかなる権限があって、自分が開いたこの土地を占有しているのですか？　あなたはそれを囲んで柵を作り、その中でこの小屋を建てたわけですが。」

「いかなる権限によってだって？　私は誰もいやだと言う人がいないから――他の誰とも同様にそうする自由があったから――ここに住みついたのだ。それに、私は木を切り倒し、土地を耕して作物を作ったのだから、この農場は君のものでも誰のものでもなく、私のものだ。そして私はこれを守るつもりだ。」

「なるほど、そうおっしゃるのですね。しかしまだ私にわからないのは、あなたがどのようにしてあなたの主張を裏付けるかです。あなたがここに来た時、あなたは木――おそらく楓の木――を生み出す土地を発見した。それともこの土地は草原だったたか、野生の苺が生えていたかもしれません。さて、その代わりに、あなたはそれを小麦かトウモロコシかタバコの畑にしたわけです。ここで私が知りたいのは、ある種の植物を絶滅させてその代わりに別の植物をこの土地に栽培することによって、あなたがどうしてそれ以来ずっとこの土地の主になれたのかです。」

「ああ、私が排除した自然の作物はほとんどあるいは全く役に立たなかったのだが、私は食べ物になるものを大地に生み出させたのだ——生命と幸福を与えてくれるものを。」

「それでもあなたは、なぜそのようなプロセスが、あなたがそのように変えた土地をあなたのものにするのかを示していません。あなたがしたことは何ですか？　あなたは鋤か鍬で何インチか土地をほじくり返した。このように準備した地面にいくらかの種をまいた。そしてあなたは太陽と雨と空気が土壌を助けて生産した果実を集めた。よかったらどうか教えてください、いかなる魔術によってこれらの行為があなたを膨大な物質の単独所有者にしたのか？　その物質は、あなたの地所の表面を底面とし、地球の中心を頂点とする立体の中に含まれているわけですが、あなたはどうやらあなた自身とあなたの子孫のためにそれを未来永劫独占するようですね。」

「そう、もしこれが私のものでなかったら、一体誰のものだね？　私は誰からも物を取っていないよ。向こうのミシシッピ川を渡った時、私がここに見つけたのは物言わぬ森だけだった。もし誰か別人がここに居ついて開墾していたならば、その人が私と同じ土地への権利を持ったはずだ。私がしたことは、誰にせよ、もし私以前にやってきたならば自由にできたことにすぎない。この土地が開拓されなかった間、それは万人のものだった——誰にも等しくそうだった。そしてそれを最初に発見して改良したのが私だという単純な理由で、今は私のものなのだ。」

「あなたが『この土地が開拓されなかった間、それは万人のものだった』と言うのは真理です。そしてこのことをあなたに言うのが私の義務ですが、それは今でも万人のもので、あなたの言う『改良』は万人の権利を何ら変えないのです。あなたは土地を耕して種をまき収穫することができる。いくらでも好きなだけ土地を掘ることができる。しかしあなたがどんな操作をしても、その土地があなたのものになることはない。それは最初からあなたのものではない。つまりこういうわけです。——あなたが散歩しているときに空家に出くわして、それがボロ屋であるにもかかわらず、あなたの気に入ったとしてみます。あなたはそれを自分の住み家にするつもりで、時間と苦労をかけて修繕する。塗料と紙と漆喰とかなりの費用をかけて、人が住める状態にする。ところがある運命の日に見知らぬ人がやってくる。彼はこの家を遺贈された相続人だということがわかり、必要な書類一式も持っている。あなたの施した改良はどうなりますか？　そのためにあなたはその家への正当な権原を持つことになるでしょうか？　元来の請求者の権利はなくなるのでしょうか？」

「いや、そうではない。」

「それならあなたの開墾の仕事もこの土地への正当な権原を与えることはありません。元来の請求者、すなわち人類の権原がなくなることはありません。世界は神が人類に与えたものです。すべての人間は共同の受贈者で、あなたもその一員です。そしてあなたがその一部分の上に住みかを建て、その部分を支配し開墾し美化した——あなたの言い方では改良した――からといって、それを完全な私有財産として自分のものにする権利はありません。少なくとも、あなたがもしそうしても、合法的な所有者である社会がいつでも正当にあなたを追い出せるでしょう。」

「そうかい、しかし補償なしで私を追い出すことはできないよ。私は荒れ地だったものを豊かな農地に変えることで、この土地に大きな価値を与えたのだ。君は私が長年この土地を現在のような状態にするために費やした苦労の結果を全部私から奪って、私を放り出すことはできない。」

「むろんその通りです。さっきの空き家の場合、あなたが修理と新しい営繕について所有者から補償を受ける正当な権利を持つように、共同体もこの土地を占有する際に、あなたがしたことすべてについて支払いをしなければなりません。あなたの労働がこの土地に加えた価値は確かにあなたのものです。また共同体に属するものをあなたが許可なしに改良したにしても、共同体はあなたの請求するものを支払うのが疑いもなく正当です。しかしそのことを認めることは、この土地自体へのあなたの権利を認めることとは違います。あなたがこの囲い込みによって行った改良について補償を受ける権利を持つということは真かもしれませんが、それと同時に、いかなる行為も形式も手続も儀式も、この囲い込まれた土地をあなたの私有財産にすることはできないということも真です。」

§5

一見したところ、何らかの公正な分配のプロセスによって大地が諸個人の排他的財産になるということが可能なように思われる。こう言われるかもしれない。「なぜ人々は公正な分配に合意すべきでないのか？ 万人が共同所有者ならば、なぜ土地を平等に分配して、各人はその後自分自身の分け前の完全な主人になるということができないのか？」

この質問に対してできる第一の回答は、そのような分割はそれぞれの土地の価値を定めることが難しいため否定される、ということだ。生産性、接近可能性、気候、文明の中心からの距離――これらの相違や類似のその他の考慮のために、この問題は単なる計測の分野から不可能事の領域に至る。

しかしそれを別にしても、誰が割り当ての対象になるべきかを考えてみよう。すべての成人男子、また特定の日に二十一歳以上の人々が、この幸運な人々になるのだろうか？ もしそうならば、その翌日に成人する人々はどうなるのか？ 男も女も子どもも分け前を持つとすべきだろうか？ もしそうならば、翌年生まれる人々はどうなるのか？ また自分の父親がその土地を売って代金を使い果たしてしまった人々の運命はどうなるのか？ このように取り分を持たない人々は、すでに述べた、大地の上に居場所のない人々――同胞の許可によって生きる人々――事実上の奴隷――になるに違いない。またそのような人々が存在するということは、平等な自由の法則とは全く衝突する。

それゆえ、この分割を行う適切な委員会を作り出せるまで——神がある世代に特定の権利の章典を与え、次の世代に別の章典を与えたということが証明できるまで——ある日付以後に生まれた人々は奴隷になる定めだということを証明できるまで——われわれはそのような割り当てが許されないと考えなければならない。

§6

土地の個人所有と不可分であるこれらの困難を、合理的な限度内でしか適用できないドクトリンを極端にまで推し進めた結果にすぎないと見なす人もいるだろう。これは一部の人々が大変好む考え方であって、厳格な結論というものを憎む人々もそれに属する。そのような人々によると、正しいことは決して両極端にはなくて、常にその中間にある。彼らはイエスとノーをいつも妥協させようと試みる。「もし」や「しかし」や「ただし」が彼らのお気に入りだ。彼らは「賢明な中庸」を大変信用しているので、神託が首尾一貫した原理を述べたとしたらそれを信じないだろう。地球は東から西に向かって自転しているのか、それとも西から東に向かって自転しているのか、と彼らにもし質問したら、おそらくその答は「少しずつどちらでもある」か、「厳密にはどちらでもない」だろう。全体はその部分よりも大きいという公理に、彼らが何らかの限定をつけずに賛成するかどうかも疑問だ。彼らは妥協を熱愛している。彼らの趣味を満足させるためには、〈真理〉は常に〈誤り〉のスパイスを必要とする。純粋の、確定的な、完全な、無限定の法則というものを彼らは考えることができない。だから今のような議論になると、彼らはいつでも限界づけを求め、常に軽減と限定と中和を欲する——ドクトリンをその究極の帰結まで追及することに反対ばかりして。

しかしそのような人々は、倫理的真理は物理的真理と同じように厳格で絶対的なもので、この土地所有という問題についても道徳の評決ははっきりと是か非のいずれかに違いない、ということを想起すべきだ。人々は土地を私有財産とする権利を持つか持たないかのいずれかで、その中間はない。われわれはこの二つの立場のいずれかを選ばなければならず、中間の意見というものはありえない。事物の性質上、事実はどちらか一方に違いない。

もし人間がそのような権利を**持たない**とすれば、われわれは直ちにいくつかの既述の困難から解放される。もしそのような権利を**持つ**とすれば、リーズ侯が観光客をベン・マクドゥイ［ハイランドにある英国で二番目に高い山］に立ち入らせず、アソル公がグレン・ティルト［ベン・マクドゥイに近い渓谷］を閉鎖し、バックルー公が〈自由教会〉に敷地を与えず、サザランド公がスコットランドの高地人を放羊場から追い出すことはすべて正当とされる。いかなる王国——たとえば、ジャージー島やガーンジー島［いずれもチャンネル諸島に属する王領直轄地］——にせよ、その唯一の所有者は何でも自分の好きな制限を住民に課することができる――彼らがある宗教を信じていると公言するとか、ある言語を話すとか、自分に特別の敬意を払うとか、命じられた服を着るとか、それ以外にも彼がふさわしいと考えるすべての条件に服するとかいったことを命ずることができる。そして地主たちだけが一国の正統性ある支配者であって、人民一般は地主の許可のおかげでそこにいられるにすぎず、それゆえ地主の支配に従うべきであり、地主が制定する制度は何でも尊重すべきだ、という超トーリー派の主張には真理があるということになる。これらの推論から逃れる道はない。これらは、大地が個人の財産となりうるという理論の必然的な帰結で、それを斥けるためには、この理論を否定するしかない。

§7

結局のところ、暗黙のうちに地主支配制度を信じている人は一人もいない。われわれが聞いているところでは、土地は国王の下、つまり国家の下にあり、公共の利益のために信託されているのであって、その名目上の所有者たちの不可譲の所有物ではない。さらに、われわれは日々立法によって地主支配制度を否定している。運河や鉄道や有料道路を建設すべきか否かを考える際に、われわれは保有者に彼らが投資した資本を保障すれば、必要なだけの土地を取り上げることを躊躇しない。われわれは同意を待っていないのだ。議会の立法は土地権利証書の権威に優越し、所有者が否応なしに立ち退くように通知する。それは衡平であるかないかのいずれかだ。公衆は地球の表面のうち自分の適当と考える部分を自由に取り上げられるか、さもなければ、地主の権原が絶対で、あらゆる国家的事業は貴族と地主が喜んで必要な土地を手放すまで延期されなければならないか、そのいずれかだ。もしわれわれが、個人の所有権の主張が譲歩しなければならないと結論するならば、次のことを意味していることになる。──国家全体の土地に対する権利は至上だ。私的所有権は一般的な同意によってのみ存在するが、その一般的同意がなくなればそれはなくなる。別の言い方をすれば、それは権利ではない。

§8

「だが人々は大地の利用への平等な権原を持つというこのドクトリンはどこに至るのだろうか? われわれは境界のない原野の時代に戻り、植物の根や木の実や野生の獣を食べて暮らさねばならないのか? それともフーリエやロバート・オーウェンやルイ・ブラン［いずれも十九世紀前半の社会主義者］たちの管理に委ねられるのか?」

そのいずれでもない。上記のドクトリンは最高度の文明状態と調和し、財産の共有を含むことなく実行可能で、現在の制度に深刻な変更をもたらす必要がない。必要な変化は地主の変化だけだ。私的所有が公衆による共有に変わるだろう。国土は諸個人によって保有される代わりに、社会という大きな団体によって所有されるだろう。農民は自分の農地を個々の所有者から借りる代わりに、国家から借りることになる。借地料をジョン卿や閣下の代理人に払う代わりに、共同体の代理人に支払うことになる。代官は私人ではなく公務員になり、賃貸借は土地だけになる。

このような組織された状態は、道徳法則と完全に調和するだろう。その下では誰もが等しく地主で、誰もが等しく借地人になる自由がある。現在と同じように、誰もが空いた農場を借りようと競争することができて、そのうちの一人が農場を借りられるが、純粋な平等の原理を侵害することはない。誰もが自由に値をつけることができるし、誰もが手を引くことができる。そして農場が誰かに賃貸された時、すべての当事者が自分の望むことを行ったことになる。——一人はある土地の使用のために特定の金額を自分の同胞に支払うことを選んだのだし、他の人々はそれだけの金額を支払わないことを選んだのだ。それゆえそのようなシステムにおいて、大地が平等な自由の法則に従って囲い込まれ、占有され、耕作されうるということは明らかだ。

§9

人類全体が大地への権利を取り戻すということには、疑いもなく大きな困難が伴うに違いない。現在の所有者への補償の問題は複雑だ——おそらく厳密に公平な仕方では解決できないだろう。もともと人類からその遺産を奪った当事者については簡単に片づけてよいだろうが、具合の悪いことに、われわれの現在の地主の大部分は、直接あるいは間接に——自分自身の行為によって、あるいは祖先の行為によって——正直に得た富を自分の土地財産に付け加えていて、自分の投資は正統性のある仕方でなされていると信じている。そのような主張を評価し清算することは、社会がいつの日か解決しなければならない最も複雑な問題の一つだ。しかし抽象的な道徳は、この困難とその解決の問題に何の関係もない。人類はその法則を無視してこのディレンマに陥ってしまったのだから、できる限りのことをして、そしてなるべく地主階級に損害を与えないように、そこから逃れるしかない。

それでも、地主階級以外にも考慮されるべき人々がいるということを思い出した方がよい。少数の人々の既存の利益を優しく配慮する際に、多くの人々の権利が実現されていないということを忘れないようにしよう——大地が諸個人によって独占されている間は。またこのようにして人類の大部分に加えられた不正は最も深刻な性質の不正だということも忘れないようにしよう。それがそのように見なされていないという事実は何も証明しない。文明の初期の時代には殺人さえ重大視されていなかったのだ。インドにおける寡婦の殉死と、他の地方で酋長の死に際してたくさんの人身御供が捧げられたという慣習がこのことを示している。おそらく食人種も、「戦争の運命」が捕虜とした人々を殺すことを完全に正当だと思っていただろう。かつてはまた、奴隷制は自然で完全に正統な制度で、一部の人々は生まれながらに奴隷身分にあって、彼らは神意に従うようにその身分に満足しなければならない、と普遍的に考えられていた。いや、今でも人類の中にはそう信じている人がたくさんいる。しかし社会のより高い発展はわれわれの中によりよい信念を生み出した。そしてわれわれは今やかなりの程度まで人間性の主張を認めている。だがわれわれの文明化は部分的なものにすぎない。〈衡平〉の命令の中にはわれわれがまだ耳を傾けていないものがある、ということが段々と認識されるかもしれない。そして他の人々から土地利用の権利を奪うことは邪悪さにおいて彼らの生命や人身の自由を奪うのに次ぐ犯罪だ、ということをそのとき人は学ぶだろう。

§10

この議論を要約すると、われわれは次のことを見る。――各人が土地を利用する権利はその同胞の同じ権利だけによって制限されるのだが、それは平等の自由の法則から直接導き出される。この権利の維持は必然的に土地の私的所有を禁ずる。そのような財産への現存の権原は、開拓に基づくものも含めて、検討してみるとすべて無効だということがわかる。大地を居住者間で平等に分配することさえ、正統な所有権を生み出すことはできそうにない。土地の排他的占有の権利の究極的帰結は地主による独裁に至る。またそのような権利はわれわれの立法府によって恒常的に否定されている。そして最後に、万人による大地の共同所有の理論は最高の文明化と両立し、その理論の実現が現実にはいかに困難であろうとも、〈衡平〉はそれがなされることを厳しく命ずる。

第十章　財産権

§1

社会状態の法則である道徳法則は、社会前の状態を完全に無視しなければならない。純粋な道徳の原理は完全な人間にとっての行動の掟となるので、いかなる巧妙な理論的条件下でも、非文明人の行為に適合させることはできない――それどころか、彼らの行為に判断を下すようにそれを認めることさえもできない。この事実を看過する思想家たちは、倫理の第一定理のいくつかを証明しようと試みて、想像上の過去の野生の状態に言及するという誤りを犯すのが常だった。本当はその代わりに、将来の文明の理想に言及すべきだったのだが。彼らはその結果、倫理の諸原理と想定された諸前提との間の不調和から生ずる難問に捕らわれるはめになった。財産権を倫理的に確定するためになされた議論の曖昧さはこの状況のせいで生じた。その議論にはいくらかのもっともらしさがあるが、決定的なものとみなすことはできない――満足すべき回答ができない問題と反論を生み出す限りは。これらの議論の一例を取り上げて、その欠陥を検討しよう。

ロックは言う。「大地と人間以下のすべての被造物は万人の共有物だが、すべての人は自分自身の身体に対する財産権を持っている。これに対して、本人以外には誰も何の権利も持たない。彼の身体の労働と彼の手の仕事は、まさしく彼のものだと言ってよい。そこで、自然が準備し、そのままに放置しておいた状態から、彼が取り去るものは何であれ、彼はこれに自分の労働を混入し、またこれに何か自分自身のものを付け加え、それによってそれを自分の財産とする。その物は自然によって置かれた共有の状態から彼によって取り去られたものだから、この労働によって他人の共有の権利を排除する何かがそれに付け加えられたことになる。この労働は労働した人の疑いもない財産なのだから、少なくとも共有のものが他の人々にも十分に、そして同じようにたっぷりと残されているときには、ひとたび労働が付け加えられたものに対しては、彼以外の誰も権利を持つことができない。」〔『統治二論』第二編第二十七節〕

あげ足を取る気になれば、この主張に答えて、その前提によると大地と人間以下のすべての被造物――事実上、大地が生み出したすべてのもの――は万人の共有物なのだから、いかなるものであれ、それが自然によって置かれた共有の状態から正当に取り去られる前に万人の同意を受けなければならないはずだ、と論ずることもできよう。また人が自然の産物を集めて自分の労働を混入し、またこれに何か自分のものを付け加え、それによってそれを自分の財産にすると言われるときに真の問題が見過ごされている、と論ずることもできよう。というのは、ここで論じられるべき論点は、仮定上かつて人類一般に属していたものを、彼が集める、あるいは自分の労働を付け加える権利を持っているのか、ということだからだ。一個人が地表の一部にいかなる量の労働を投入してもその部分への社会の権利を無にすることはできない、ということを示すために前章で議論を提出したが、それは同様に、自分のために野生の動物や果物を自分のものにするという行為だけでは誰一人としてそれに対する他の人々の共有権を覆すことができない、ということを示すためにも利用できよう。ある人が狩猟や採集のために労働を費やせば、そのことは他のいかなる一人の人よりも彼に狩猟採集の対象へのよりよい権利を与えるかもしれないが、論じられている問題は、そのような労働によって、彼は他の**すべて**の人々を集めたよりも大きな権利を狩猟採集の対象について作り出したことになるのかだ。そして彼がそのことを証明できなければ、彼の占有物に対する権原は**権利**の問題としては認められず、単に便宜の根拠によって譲歩されうるにすぎない。

さらなる難問が、このようにして得られた財産への権利は「共有のものが他の人々にも十分に、そして同じようにたっぷりと残されているとき」にのみ有効だ、という制限によって示唆される。このような条件は、一般的な命題を実際上全く無力にするような多くの問題や疑念や制限を生み出す。たとえば次のように質問されるだろう。――他の人々にもたっぷりと残されるということはいかにして知られるのか？　残されたものが取られたものと同じくらいたっぷりあるかどうかを決められるのは誰か？　残されたものの方が接近しにくいとしたらどうなるのか？　他の人々に十分なものが残されなかったら、専有の権利はどのように行使されなければならないのか？　そのような場合、獲得した対象に労働を混ぜ合わせることが、他の人々の共有権を排除しなくなるのはなぜか？　**十分**には実現できるが、同じように**たっぷりと**は実現できないとき、各人はいかなるルールによって選ばなければならないのか？　主張されている権利をこれらの審問から解放するためには、倫理的視点から見ればそれを全く無価値にするほどの変更を加えなければならないようだ。

かくして、すでに言ったように、野性の生活の状況は抽象的道徳の諸原理を適用できなくしてしまうということがわかる。というのは、社会以前の状況では、関係者の持つ自由の量の測定によってある行為の正不正を定めることができないからだ。それゆえわれわれは、財産権がそのような生存状態の提供する前提の上に満足すべき基礎を持つと期待してはならない。

§2

しかし、大地の利用への万人の平等な権利と首尾一貫する唯一の土地保有システムとして前章で指摘したものにあっては、これらの難問は消滅し、財産権は正統な基盤を得る。すでに見たように、平等な自由の法則を何ら損なうことなく、個人は土地から得る産物の一定量を代価として支払うということに合意して、一定量の土地を社会から賃借することができる。そうすることにおいて、彼は他のすべての人が自由に行えること――各人が彼と同様に借地人になる能力を持っているということ――以上のことをしているわけではなく、そして彼が支払う借地料は万人のものになる、ということもわれわれは見た。このように特定の期間、特定の目的のために、特定の条件の下で、同胞から一筆の土地を賃借すれば――このようにして土地の所有者との特定の合意によってその土地の排他的使用を一時的に得れば――一個人が約束の賃料を人類に支払った後で、残る部分の生産物を自分の財産にしても他の人々の権利を何ら侵害したことにならない、ということが明らかになる。今や彼は大地のある産物に、ロックの表現を用いれば、自分の労働を混ぜ合わせた。そしてこのケースでは彼の権利は有効だ。なぜなら彼は自分の労働をそのように用いる前に社会の同意を得たからだ。また社会がその同意を与える際に課した条件、すなわち賃料の支払いを彼が果たしたからには、社会は自己の責務を果たすため、賃料支払い後に残った剰余への彼の権原を認めなければならない。あなたが耕作によってこの土地から得られる生産物のうち定められた取り分をわれわれに与えるならば、われわれはその生産物の残りの排他的使用権をあなたに与えよう。――これが契約の文言だ。そしてこの契約のために、借地人は余分の分け前をも公正に主張できる。そのような主張は、平等な自由の法則に矛盾せず、それゆえ人はそれを主張する**権利**を持っている。

このことは、あらゆる人は他人の平等な自由を侵害しない限り自分の望むことを何でも行う自由を持っているというわれわれの第一原理から論理的に引き出される。その事実についてどんな疑念が感じられようが、その疑念は、そのような場合に占拠者とその取引相手である社会のメンバーとが持っているそれぞれの自由の程度を比較すれば、すぐに解消されるだろう。前章で示したように、もし公衆が誰か個人から土地の利用を一切奪ってしまうならば、彼らはその人に自分たちが主張するよりも小さな自由しか与えておらず、そのように平等の自由の法則を破ることによって、不正を働くことになる。その一方ある個人が、すでに見たように他の人々も彼と同じだけの権利を持っている大地のある一部を簒奪するならば、その人は他の人々よりも大きな自由を行使することによって、その法則を破ることになる。だが個人が社会の中の借地人として土地を保有しているときは、これらの両極のバランスがとれていて、両当事者の主張とも尊重されている。片方がある特権を与え、他方はそれについて代価を払うのだ。合意がなされているという事実によって、そのような代価と特権は等価だとみなされる。賃借人と賃貸人の両方とも、定められた限度内で、彼らが欲したことを行った――片方は特定の金額の代わりにある保有物を貸すことで、他方は特定の金額を支払うことで。そしてこの契約が守られている限り、平等な自由の法則は正しく順守されている。しかしもし定められた条件のいずれかが満たされなければ、その法則は必ず破られてしまい、当事者は前に述べた困難のいずれかに巻き込まれる。

もし借地人が賃料の支払いを拒むならば、彼は自分が占有している土地の排他的使用と利益への主張を暗黙のうちに行っていることになる——事実上、自分こそがその産物の唯一の所有者だと主張していることになる。かくして彼は人類の他の人々よりも大きな自由の取り分を取ることによって、かの法則を侵害することになる。またもし他方で、社会が借地人の農場生産が作り出した果実のうち、賃料の支払いの後に残る部分を借地人から取り上げるならば、社会は実際上借地人から土地利用を完全に奪うことになり（というのは、「土地の利用」によってわれわれは土地の産物の利用を意味しているのだから）、そうすることにおいて、借地人に認めた以上の大きな自由の取り分を自分たちのために主張していることになる。それゆえ明らかに、この剰余生産物は借地人のところにとどまるのが公平だ。社会は借地人の自由を侵害することなしにそれを取り上げることができないし、借地人は社会の自由を侵害することなしにそれを取ることができる。そしてかの法則によれば、彼は他人の平等な自由を侵害しない限り何でも自分の欲することができるのだから、彼はそのような余りを自分の財産として保有する自由を持つ。

§3

すべての人々は大地の利用への平等な権利を持つというドクトリンは、一見すると、財産権を引き出す元になった社会組織と対立する社会組織の一種を支持するように思われる。

それはすなわち、公衆がその個々のメンバーに土地を分ける代わりに、それを彼ら自身の手に保ち、協同組合（joint-stock agency）によって耕作し、その生産物を分かち合う組織だ。実際にはそれは通常〈社会主義〉とか〈共産主義〉と呼ばれている。

それは一見もっともらしいかもしれないが、そのような制度は道徳法則と厳密に一致して実現することができない。それを行う二つの形態のうち、片方は倫理的に不十分で、他方は理論上正しいとはいえ、実現できない。

大地の生産物の等しい部分を、各人がその生産に寄与した労働の量あるいは質に関係なくすべての人に与えるとすると、衡平が害される。われわれの第一原理が要請することは、諸能力の満足に役立つものをすべての人が同じように持つことではなくて、それらのものを追求する自由をすべての人が同じように持つことだ。各人に自分が欲するものを獲得する機会を与えることと、その獲得のために十分な努力がなされたか否かを問わずそのもの自体を与えることとは全く違う。前者は神意による第一法則であることをわれわれは見たが、後者は欲求と満足との間の神意による関係に介入することによって、神意と一致しないことになる。いや、それどころではない。それは平等な自由の法則を必ず破ることになる。というのは、われわれが万人の平等な自由だけによって限界づけられた各人の完全な自由を主張するとき、われわれが主張しているのは、各人は定められた限界の中で、自分の欲求の命ずるところのものを何であれ行う自由があるということ――それゆえ、各人はその限界の中で自分にとって達成可能な満足と満足の源泉のすべてを自分のために主張する自由があるということ——だからだ。この満足と満足の源泉のすべてというのは、各人が隣人の行動の領域に立ち入らずに確保できるすべてということだ。それゆえ、もし同じ活動領域でたくさんの出発者の中から一人の人が他よりすぐれた体力や知力や努力のために一層大きな満足と満足の源泉を得て、その際他の人々の平等な自由を何ら侵害しないならば、道徳法則は彼にそれらの余分の満足と満足の源泉への排他的権利を与える。また他の人々が彼からそれらのものを取ることは、彼が権利として主張するよりも大きな自由を自分たちのために主張することになるから、その法則を破ることになる。従って大地の果実を万人が平等に分配することは、純粋な正義と一致しない。

他方もし、各人が生産を助けた程度に比例して生産物の取り分を割り当てられるならば、その提案は抽象的には正しいが、もはや実現不可能だ。もし万人が土地を耕作するならば、おそらく彼らのそれぞれの請求権をおおむね測定することができるだろう。しかし生活に必要な一般的なものを供給するために別々の種類の頭脳労働者と肉体労働者が助けたそれぞれの量を確定することは、全く不可能だ。われわれがそのような分割をするためには需要と供給の法則によるしかないが、この方法は〔土地の共同所有という〕仮定が斥けているものだ。

（以上の推論は、社会主義が予言しているであろう生産と生活の協同組合システムと何ら抵触するものではない。)

§4

共産主義理論にとって致命的な議論は、所有への欲求は人間性の基本的要素の一つだという事実によるものである。獲得欲は財産によって満足されるような欲求とは異なる非推論的衝動――しばしばその欲求を犠牲にしてまでも人が従う衝動――だという広く認められた事実が、しばしば指摘されてきた。そしてもし個人的獲得への傾向が本当に人間性の一要素ならば、それを無視するような社会の形態は正しいものではありえない。だが実際には社会主義者は、私的専有はこの傾向の濫用であって、その傾向の正常な機能は公益全体のため人々に蓄積させることだ、と主張する。しかし彼らは一つの困難から逃れようとして別の困難に陥っているにすぎない。そのような説明が見逃している事実は、能力の使用(*use*)と濫用(*abuse*)との相違は(これらの言葉の語源がどうであれ)程度の問題にすぎないということだ。ところが彼らは両者が種類において異なると想定している。過食は食欲の濫用であり、臆病は中庸を得れば賢慮をもたらす感情の濫用であり、卑屈は尊敬を生み出す情念の濫用であり、頑固は剛毅を生み出す感覚の濫用だ。これらすべての場合において、正統な現われとそうでない現われの間の相違は量だけにあって質にはない。蓄積の本能もこれと同じだ。その命令は昔も今もばかげた過度に至るということは本当かもしれないが、社会状態の変化がその性質と機能を変えることはないということもまた本当だ。それがどの程度まで和らげられても、私的な獲得への欲求であることに変わりはない。その結果として、その行使の機会を与えるようなシステムが保持されねばならない。その意味は、私有財産制度は保持されねばならないということだ。そしてこれは私有財産の**権利**を前提している。なぜならわれわれはこの権利によって、神意により人間性と調和するものを意味しているのだから。

§5

しかしながらプルードン氏とその一派はさらに都合の悪いディレンマに陥っている。というのは、もし彼らが言うようにすべての所有は窃盗だ——誰一人として、正当にいかなる物の排他的所有者にもなれない、あるいはその権利を得られない——としたら、他の帰結もあるが、人は自分が食べる食べ物についてさえ何の権利も持てないということになるからだ。もしこれらの物が食べる前に彼のものでなかったら、それはそもそもどうやって彼の物になりうるのか？ ロックが質問したように、それはいつ彼のものになるのか？ 彼が消化する時か？ それとも食べる時か？ それとも調理の時か？ それとも家に持ち帰った時か？ 過去のいかなる行為もそれを彼の財産としないとしたら、いかなる過程も同化もそうしないし、身体組織の一部となってさえそうならない。だからこの発想を追求するとわれわれは奇妙な結論に至る。人の骨や筋肉や皮膚などは本人のものでない栄養から形成されてきたのだから、人は自分自身の血と肉に対する所有権を持たず——自分自身への正統な権原を持ちえず——他人の身体に対すると同様に自分自身の身体についても権利を持たず——自分の身体に対するのと同じだけの権利を隣人の身体に対しても持っている！　多数の個体が一つの共通の幹に結びついているポリプ［ヒドラのような、集合体として生きる動物］と同じ仕方でわれわれが生きているとしたら、そのような理論は十分理性的だろうが、共産主義がその程度まで実現されない限り、古いドクトリンによるのが最善だろう。

§6

これ以上の議論は不要だと思われる。われわれは財産権が平等な自由の法則から引き出される——それが人間性によって前提されている——ということと、その否定は不条理を含むということを見た。

ある人の財産を奪うことは平等な自由の法則の侵害であり、従って不正だ。もしこの事実に以下でしばしば言及する必要がなかったら、それを示す必要もほとんどなかっただろう。もしAがBに属するものを自分のものにすれば、次の二つのことのうち一つが起きるに違いない。Bが同じようなことをAに行うか、あるいは行わないかだ。もしAが何も財産を持っていなければ、あるいはその財産がBの手の届くところになければ、Bは同じだけの価値のあるものをAから取り上げることでAと同じだけの自由を行使する機会がないことは明らかだ。そこでAは、自分がBに許す以上の大きな自由の取り分を取り、かの法則を破ったことになる。また、Aの財産がBの自由になっていて、Bが等価物を取ることによってAと類似の自由を行使することをAが許すならば、そこにはかの法則の違反はない。だがそのような取引は理論の上でしか起きない。というのは、AがBの財産を取ろうという動機がありながら、Bが等価物を取ることを許容しようという意図を持っているなどということはないからだ。もしAがそんな意図を持っているならば、彼は通常の方法で合意による交換を選ぶだろう。だからここで起きる唯一のケースは、AがBの手放したくないものを奪うというものだ。すなわち、Bが等価だと考えるものをAが何も与えないケースだ。そしてBがそのものを持っていることで得る満足の量こそ、その価値のBにとっての尺度なのだから、もしAがBに同じだけの満足を与えるもの、つまりBが等価物だと考えるものを与えられないならば、Aは自分に満足を与えるものをBから奪ったのに、Bに満足を与えるものをBに返していない、ということになり、従って、一層大きな自由の取り分を取ったことで、かの法則を破ったことになる。それゆえわれわれは次のことを知る。——誰も他人からその意志に反して正当に財産を取り上げることはできないということが、平等な自由の法則から論理的に出てくるのだ。

第十一章　観念への財産権［知的財産権］

§1

知識、少なくとも万人に開かれている知識の獲得の中には、平等な自由という法則の侵害は何も含まれていない、ということはまずまず自明だ。人は自分の好きなだけいくらでも読んだり聞いたり見たりしても、他の人々が同じことをする自由を少しでも減少させることはない。――実際、他の人々の状態に少しも影響を与えない。またこのようにして得た利益を消化したり再組織したり新たに組み合わせたりしても、自分が保有する知識から新たな知識を引き出しても、それによって仲間の権利が侵害されるわけではない、ということも明らかだ。さらに人が自分の知的労働によって得たそのような知識を自分一人で使うために秘めておくことも、自分の私有財産として主張することも、道徳法則は許している、ということも明らかだ。そうする人は個人的自由の規定された限界を全然越えていないし、誰の行動の自由も縮小していない。他のいかなる人も、前と同じだけの思考と行動の余地を持ち続けている。そして各人は自由に同じ事実を手に入れ――もしできるならば、そこから同じ新たな観念を作り出し――、同様にして自分の私的利益のためにそれらの新たな観念を用いることができる。それゆえ、人が自分の独自の観念の排他的利用を要求しても平等な自由の境界を踏み出すことにはならないのだから、彼はそれを要求する**権利**を持つということになる。別の言い方をすれば、そういった観念は彼の財産だ。

有体物をその保有者から取り上げることは法の違反だということを示すために前章で用いた議論は、むろんこの種の財産にも適用できる。

§2

人が自分の脳の産物に対して持つ権利は手の産物に対して持つ権利と同様に有効だという事実は、まだごく不十分にしか認識されていない。われわれが特許法、著作権法、意匠登録のための法律を持っているということは事実だが、これらは、あるいはともかくそのうち［著作権を除く］二つは、正義の命令に従ってではなく、貿易政策の示唆に従って制定された。——特許は権利として主張できるものではなく、勤労と才能を刺激することを意図しているのだ、と法の権威から聞かされる。意匠の剽窃が不正だから立法者がそれを禁ずるのではなくて、彼らが製造業者に奨励を与えたいから、剽窃を禁ずるのだ。——現在の世論もそれと似ている。公衆は通常この種の手段を発明者へのある特権、報償、一種の条件つき独占とみなしている。——この種の権利は正義の実現のために必要だとしてではなく、商業政策を根拠に是認されている。

このような信念がはびこっていることは国民意識にとって決して名誉になることではなく、道徳感覚の残念な鈍さを示すものだ。投機者が株式市場の上昇から得る利益は法の上でも正義の上でも彼の財産として認められるべきだが、才能ある人が多年にわたる研鑽《けんさん》の末ようやく到達したのかもしれない新たな観念の組み合わせをその人が権利として主張することはできない、と考えるとは！　閑職にある者は自分の職への既得権益を持ち、もしそれが廃止されたら補償を受ける正しい権原を持っているが、貧しい機械工が終わることのない精神的労苦とおそらくは最後の一銭までつぎ込んだ発明――彼が自分自身の労働と自分自身の材料だけを使って完成させた、いわば彼自身の精神の本質から作り上げた発明――は彼の財産として認められるべきではない、と考えるとは！　その発明に対する彼の権限は単に便宜的なものとして――それも約四〇〇ポンドを支払った場合に限って――認められるべきで、結局のところごく些細な口実によって無にできる、と考えるとは！　これは何と厚顔無恥な正義観ではないか！　何と表面的な事態しか感知できないことではないか！　正義は重さとか長さとか金銭といった物質的な事柄を超えては正しい導きを与えられない、と考える人がいるだろう。店員が主人の金庫から、見ることも触れることもできて重さがある金貨を盗むなら、誰もが所有権が侵害されたということがわかる。ところが窃盗に対してそんな義憤を感じて叫ぶ人々が、海賊版の書物を買いながらも、盗んだ財産を受けとることについては何の良心の呵責も感じないのだ。他人の家に押し入ったり羊を盗んだりすることによる不正はいつまでも汚名を受け、そのかどで有罪判決を受けた人は永遠に社会から排斥されるが、職工長が考えた紡績や蒸気機関建設の改良案を盗んだ製造業者は高い尊敬を受け続ける。法律は裕福な市民からハンカチを盗む孤児を逮捕し、公費を使ってこの厄介者に対処するにあたっては活発だが、自分の人生の唯一の希望であったものを金持ちの悪漢から奪われた貧しい発明家に対しては何の償いも与えない。これらは、道徳感覚も体系的推論に導かれないときには、混乱した見解の迷路を抜けて正しい義務の掟への道をたどることができないという事実の好例だ。

§3

すでに述べたように、生産方法の何らかの発見あるいは改良をした人がそれを排他的に用いることは、言葉の慣習的な意味において独占の一種だ、というのが一般の通念で、それは労働者階級の中で特に浸透しつつある。人が自分の発明した何かの一層効率的な機械あるいは過程の使用から生ずる利益をすべて得ることを許し、他の誰にも同じ仕方で利益を得るのを許さないことを、彼らは不正だと感ずる。また個人が考えだした価値ある観念——国民にとって大きな利益になるかもしれない観念——は個人の手から取り上げて公衆に公開されるべきだと考える慈善家は、いや知性ある人さえも、少なくない。

だが発明家はこのように返答しても正当だろう。——皆さん、なぜ私は皆さんの財産や家畜や服や家や鉄道株式や資金についても同じ提案をしてはならないのでしょうか？ もし皆さんが「独占」という言葉を皆さんのように解釈して使うのが正しいなら、その言葉がなぜ皆さんの着ているコートや食卓の上の食べ物に適用されるべきでないのか、私にはわかりません。あなたはあなたの家具を「独占」しているが、それほど多くの部屋を「排他的に利用」するのは正義に反する、と私が論じても同様に理由があることになるでしょう。もし「国の利益」が至上のルールならば、なぜわれわれはあなたや他の人々の富を没収して国の負債の償還にあてるべきではないのでしょうか？ 確かにあなたが言うように、あなたはこの財産すべてを正直な仕方で手にしたのです。しかし私も私の発明を同じようにして手にしました。確かにあなたが言うように、あなたが生計を立てている利息の元である資本は、あなたが長年の労苦によって獲得したものであり、精励恪勤の報酬です。さて、私もこの機械などについて同じことが言えます。あなたは利息を、私は観念を集めます。あなたが時々刻々変わる価格を調べている間に、私は機械学を研究していました。あなたが商品の新しい部品について投機をしたとき、私はしばしば高価で無駄に終わる実験をしました。あなたは簿記をつけ、私は図案を書きました。同じ粒粒辛苦の末、あなたは財産を作り、私は発明を完成することができました。それはあなたの富と同様、蓄積された労働の結果です。そして私は今その発明が生み出す利益で生計を立てていますが、それはあなたが投資した貯蓄の利息でそうしているのと同じです。それでは、あなたが私の請求を問題視する仕方に注意して下さい。もし私が独占者だというなら、あなたもまたそうです。誰もがそうです。もし私が私の頭脳が作り出したこれらのものに対する権利を持たないなら、あなたもあなたの手が作り出したそれらのものへの権利を持たないのです。誰一人として、いかなるものの単独所有者になれないのです。そして「すべての財産は盗み」になるのです――。

§4

発見者が持つ排他的権利は公衆から取り上げられたものだと考える人々は深刻な誤りに陥っている。何人かの頭のおかしな反機械化主義者でなければ誰もが、生産力を何かの仕方で向上させる人は社会一般の人々に恩恵を施し、取り上げるのではなく**与える**のだと考えている。その人のおかげで物質法則は人類の欲求によりよく応えるようになるのだ。彼は労働を節約し――人々を肉体的必要への隷従から解き放ち――人間の幸福という車に新たな力を加える。彼はそうするからといって、彼自身の幸運に社会が参与することを妨げられない。彼が自分の発明した新しい過程あるいは装置から何らかの利益を現実化する前に、彼はまず同胞に利益を与えないわけにはいかないのだ――彼らに同じ値段でより良い品物を提供するか、あるいは同じ品物をより安価に提供するかして。もし彼がそうしなければ、彼の発明は死んだ文字にすぎないが、もし彼がそうすれば、彼は社会を自分が開いた新しい富の鉱山の共有者にする。従来知られていなかった自然の一地域を彼が従える際に費やした努力について、彼が要求するものはその果実のごく一部だけだ。残りの人々は利益の多くを必然的に得ることになる――少し時間がたてば、そのすべてを。それまでの間、彼らが発明者の権利主張を無視するならばそれは不正なことだ。

また次のことも思い出そう。他の場合と同様この場合にも、道徳法則に従わないことは結局すべての人々にとって――その個人だけでなく、彼の権利の侵害者たちにも――不利益をもたらす。世間一般の不誠実から生ずる物質的財産の不安定性は必ずや万人を害することになるというのは、確証された事実だ。この原因は明らかで、産業のエネルギーはそれに対する報酬の不確実性に比例して減少するからだ。自分が収穫するということを知らない人は種をまかないだろう。資本家は自分が保有するものをビジネスに投資する代わりに死蔵するだろう。なぜなら生産的投機は危険だからだ。ここから資力がどこでも不足し、あらゆる企業が信頼の欠如のため窮地に陥る。そして一般的な不信から生ずるのは一般的な意気阻喪、無気力、怠惰、貧困、またそれらに伴う悲惨で、それはあらゆる人々を襲う。性質において同様だが程度においてまだ小さいのが、観念への財産の不安定さに伴う不幸だ。発明者が得られるであろう利益が不安定なだけ、発明者はその計画の追求を妨げられるだろう。彼は自問する。――もし他の人々がこれらの面倒な研究やこれらの無数の実験の果実を享受できるならば、なぜ私はそれを続けるべきなのだろうか？　この計画自体が失敗するかもしれないという可能性、私の研究のための時間と苦労と費用、私の請求権が計画の公表によって破壊されてしまうという可能性――これらすべてに加えて、私が大法官裁判所で訴訟を起こすだけの金銭か狂気かを持っていないだろうと期待して私の権利を侵害しかねない悪党によって権利を奪われかねないとするならば、私はこの計画をすぐに断念する方がよい――。そしてそのような反省が発明家の楽観的な希望を消すことがしばしばできないとしても――彼がどんなリスクも省みずにその計画を最後まで成し遂げるとしても、それでも彼は注意して、二度と同じような試みをしようとしないだろう。彼が今後他のいかなるアイディアを思いつくとしても――その中には価値あるものがいくつもあるだろうが――、それは発展されないままで終わり、おそらく彼と一緒に死んでしまうだろう。法的保護を受けるためのコストや、仮にその保護が得られたとしてもそれへの信頼の欠如のために、発明の才ある人々が世界に与えることをしなかった多数の重要な発明を人類が知ったならば――その結果として生産手段の発達に課せられた障害を正当に評価するならば――そのために自分たちが被った損失を適切に評価できるならば、その時人類は、観念への財産権の承認だけが、有体物への財産権の承認と同じくらい重要だということを知るだろう。

§5

われわれの精神の中での新しい観念の進化に至る諸原因は、最終的には他の人々の精神の中で同じような結果を生み出すだろう、という蓋然性、あるいはむしろ確実性が存在する。その結果として、上記の請求権は無制限で認めることはできない。独立の研究家がほとんど同時期に重要な発明や発見に至るという傾向について、多くの人々が書いてきた。このことには実際何の神秘的なところもない。ある知識の状態、ある科学上の進歩、何らかの新しい社会的必要の発生——これらは同じような性質の精神を同じような思考へと刺激して、彼らは最後には同じ結果に至りがちだ。これが事実だから、観念への権利には限定が生ずるが、それをはっきりと特定することは難しく、それどころか不可能にさえ思われる。特許権と著作権の法律は、発明者あるいは著作者の特権をある期間内に制限することによってこの限定を表明する。しかしその期間をいかなる仕方で正確に発見できるかについては何も言えない。しばらくの間、すでに述べたように［第七章第二節］そのような困難は権利自体を何ら損なうものではない。

第十八章　政治的権利

§1

われわれの原理は基本的なものであり、神意の実現のための第一の前提だ。その解釈のあらゆる方法は、それを神意実現のために欠かせない条件として示すだろう。もしわれわれが創造計画のアプリオリな見方から出発するならば、直ちに平等な自由の法則に導かれる（第三章）。人間性の一般的特徴に訴えかけるならば、平等な自由の法則はその結論だ（第四章）。そして検討を進めて、人間性の詳しい組成を見ると、われわれは平等な自由の法則を認識してそれに反応する能力を見出す（第五章）。別の観点から見れば、この法則は生存の必要性からこのように直接引き出されることがわかる。生命はある行為の遂行に依存する。諸能力を行使する自由を完全に破棄すればわれわれは死んでしまうし、部分的に破棄すれば苦痛を受けるか部分的に死んでしまう。このことは、その人が野蛮人か文明人か――一人で生きているか、社会の中で生きているか――にかかわらず真実だ。そして社会が存在するためにはその前に生命が存在しなければならないから、生命の第一原理が社会の第一原理に先行する――前者が後者を支配しなければならない。あるいは明確な言い方をすれば、諸能力を発揮する自由が個人の生の第一の条件なのだから、万人の同様な自由によってしか制限されない各人の自由が、社会的生活の第一の条件にならなければならない。

従って平等な自由の法則は神意から直接に導き出され、社会の正しい組織の基礎になっているのだから、それ以外のあらゆる法則よりも高い権威を持っている。創造者の意図は、あらゆるものがそれに服することを命ずる。諸制度と社会の諸形態はその命に従わねばならない。自由の法則は天地創造の時から生じ、社会制度は昨日生まれた。一方は恒久的であり、他方は変わりうる。一方は完全なものに属し、他方は不完全なものに属する。一方は人類とともに永続し、他方は明日にもなくなるかもしれない。すると偶有的なものが必然的なものに頭を下げなければならないように、すべての慣習的な制度は絶対的な道徳法則に従わねばならない。

§2

このことを疑う政治家の一派——特に哲学者を自称する人々——には時々言及してきた。彼らは人間のあらゆる規則が従うべきそのような至上の権威を認めない。彼らは公言しないまでも、実際上アルケラオス〔紀元前五世紀ギリシアの哲学者。言及されている発言はディオゲネス・ラエルティオス『ギリシア哲学者列伝』二・十六から〕と同様に、何物も本性上正や不正ではなく、国の定めによってそうなるのだと信じている。もし彼らの言うことを信ずるならば、政府が道徳の内容を定めるのであって、道徳があるべき政府を定めるのではないことになる。彼らはわれわれが従うべきいかなる原理も信じない。彼らの従う神託は庶民院のものだ。彼らの説によれば、人が生活し行動し存在するのは、立法府の許可による。人があれやこれやのことをする自由は自然なものではなく、付与されたものだ。「市民は自らの手の仕事・産物に対して何らかの権利を持つか」という問題は、議会の表決によってしか決定できない。議会が可決すれば市民はそれを持つのだし、否決すればそうでない。

ここまで読み進んできた読者には、もはやこのドクトリンの誤りを指摘する必要がない。それを本質的な部分とする便宜性のシステムは取ることはできないと繰り返し証明されたので、それに依存する命題もともに崩れた。そしてこれまでの章でその結果論駁された、人は政府が作り出す権利以外の権利を持たないという考えも放置しておいてよかろう。しかしながら、それが真理でないという証拠がまだあるから、それを述べてもよいだろう。最初にその起源を調べてみよう。

§3

社会を法人として見るならば、最初にそこに入るとき人は反発力を持ちすぎている一方で、凝縮力を欠いていると言えよう。人の情念は強く、その共感は弱い。人を野性の生活に適合させるような傾向性は、必ず人とその隣人たちの間の戦いを生み出しがちだ。人間の状態は永久の対立の状態だったので、この対立の習慣はむろん社会的状態の中にも伴ってくる。侵略、紛争、激怒、憎悪、復讐——これらは原始的な共同体のメンバーをいつも分裂させてきた過程の諸段階だ。そのため最初の共同体は小規模だった。人口がひとたび増加しはじめると、それは分裂する。民族は部族に、部族はもっと小さな集団になった。文明が発達してようやくもっと大きな結合が可能になった。そしてそれも、小領主や私戦の権利が存在した封建時代のような段階を通過しなければならない。このことは反発の傾向が今でも生きているということを示すものだ。

さて、原子間に反発力が存在するのと比例して、それらを破裂させずに保つために必要な拘束もなければならない。そして社会の単位の間に反発力があるのと比例して、社会の分裂を防止するために必要な絆の力もあるに違いない。そのような最小の結合を生み出すためにさえ、結合のためには何らかの強力な影響力が必要だ。そしてこの影響力は人々の野蛮さに比例して強力でなければならない。さもなければその結合が不可能だからだ。われわれはそのような影響力を、畏敬、権力への恭順、忠誠心、あるいはカーライルの表現を使えば、英雄崇拝といった感情の中に持っている。この感情によってこそ社会は組織され始めた。また最も野蛮な社会においてこの感情は一番大きい。そこからすべての伝統の中で巨人とか半神といった超自然的存在が活躍しているという事実が生ずる。どんな民族の初期の歴史の中にも、バッカスとかヘラクレスとかトールとかオーディンとかいった、さまざまの神あるいは半神についての神話的な叙述があるが、それは人々が上位者に対してかつて持っていた畏怖の念の強さを示すものに他ならない。ポリネシア群島の人々の一部の信仰によれば彼らの酋長だけが霊魂をもっているのだが、それはこの畏怖の感情が未開人に対して有していた、ほとんど信じられないほどの影響力の現存する一例だ。それを通じてこそ、支配者にせよ教師にせよ司祭にせよ、人は権威を持つことができるようになる。それはジンギスカンの超人性、ゾロアスターや孔子やマホメッドの予言者性、法王の不可謬性への信念の源泉のようなものだった。それはもはや権力を神聖化はしないが、権力に神的な属性を付与する。かくして昔のアッシリア人にとって、命じられずに君主の前に出ることは死を意味していた。今でも変わらない東洋人は、彼らの皇帝を天体の子孫とする。チェルケス人〔北西コーカサスの民族〕の予言者＝酋長であるシャミーは神と一体であると信じられている。そしてロシアの兵士は彼らのツァーに対して地上の神として祈りをささげる。領主に対する封臣の忠誠――高地ケルト人の酋長への献身――も同じ感情の表現だった。それによれば忠誠が最高の徳であり、反乱が最悪の罪だった。

　文明の到来とともに、権力へのこの畏敬の念は減少する。君主は神として仰ぎ見られる代わりに、神の権威によって統治する人――神から聖油を受けた者――として見られるようになった。卑屈な従順は少なくなった。臣民はもはや支配者の前に身を投げ出さなくなり、農奴も領主の足に接吻しなくなった。服従は無限であることをやめ、人々は自らの信仰を選ぶようになる。各人が自分の権利を維持し、共感をもって他の人々の権利を尊重するようにさせる感情が、自己抑制の力を得て仲間との調和のとれた共生に徐々に適していくに従って——これまた徐々に、人々は外的な拘束を必要としなくなり、その拘束に人々を服させる感情も減少する。適応の法則からしてこのことは必然だ。感情というものはそれが必要とされなくなればすぐに力を失うに違いない。新たな統制者が成長すれば、古い統制者は小さくならざるをえない。純粋な専制政治の最初の改善は、一つの権力を部分的に別の権力でとって代えることだ。混合政体は二つの行為を同時に行う。そして片方が支配の座につく一方で、他方は衰退する。王権神授説が破壊され、君主の権力は名ばかりのものになる。人間は社会の状況に適応してかなりの進歩をとげてきたが——外的拘束の必要性は少なくなってきたが——従って、拘束を可能にする権威への畏敬の念は大いに減少してきて、官職者は日常的に戯画化され、人々は帽子をかぶったままで国歌を聴くようになってきたが——それでもその変化は完全なものからほど遠い。未開人の属性はまだ消え去っていない。われわれはいまだにそれぞれ各人の権利を侵害し、他人を犠牲にして自分の幸福を追求する。われわれの野蛮な利己性は通商、立法、社会制度、娯楽の中に見出される。商店主は女性客に高い値を吹っ掛け、女性客は買い叩こうとする。諸階級はそれぞれの利益をめぐって争い、贈収賄はそれによって利益を受ける人々によって擁護される。身分精神はインディアンがその敵を苦しめる際と同じような冷血さをもって犠牲者を苦しめる。ギャンブラーは自分の取り分を平気でポケットに収め、そのプレミアムにありつく仲間たちは、誰が負けようが気にしない。身分にかかわらず、行動にかかわらず——［保護貿易の］穀物法を立法するのであれ、劇場のドアを争って互いに争うのであれ——人々は野蛮人とほとんど違わない行動をしている。

だからわれわれは今でも拘束を必要としている——それを強制する支配者も、その支配者に従わせるための英雄崇拝も。神の法への愛情が欠けている限りにおいて、その代わりに人間の法律への恐怖が要求される。そして人間の法律が必要である程度で、必要な忠誠を確保するための畏敬の念がなければならない。だから人々がまだこの感情の影響下にある以上、彼らの風習や信条や哲学がその存在を証拠だてているのも当然だ。するとここで、われわれは便宜による政府の理由づけを持つことになる。個人を犠牲にして国家を称揚することは、この傾向がとる、最新の最も洗練された形態だ。君主の意志が臣民にとって絶対の法となるべきだということを証明するために書かれた書物があったが、われわれが今では君主の代わりに立法府の意志を読み込むとすれば、われわれは便宜の理論を持つことになる。その理論は王権神授説を政府の権利神授説に変えただけだ。それは民主化された専制政治に他ならない。昔の東洋の制度下では市民は支配者の私有財産で、何の権利も持っていなかったが、最終的な制度下では市民の権利は完全で不可侵になるはずだ。その両者の間に、市民が権利を持てるがそれは議会の許可によるという、中間の状態が来る。かくして便宜の哲学は、過去の奴隷制から未来の自由に至る進歩に伴う現象としての位置におのずから収まる。それは人類が通り過ぎていかなければならない一連の信条の一つなのだ。その個々の先行者と同様、それは人類の発展のある段階には自然なものだ。そして社会的状態へのわれわれの適応が増大するとともに力を失う定めにある。

§4

ある種の理論が人間にとって必要なとき、人々はそれよりもよいものがないためにどんな不条理をも信ずるだろう。このことを念頭に置かなければ、ルソーの社会契約論がどうしてあれほど広く受け入れられたのか理解することができない。だがこの事実さえ思い出せば、そのようなドクトリンへの信念は理解できる。それによると人々は政府と法の下に結合した。この制度は全体として有益なものだったということが明らかであるらしい。ここから、国家の権威は道徳的制度だという、誤ってはいるがとても自然な結論が出てくる。そして国家の権威が道徳的制度だと認められると、それを説明し、それを擁護し、それを正義と真理とに調和させなければならなくなる。この刺激の下で、諸個人と共同体あるいはその代理人との間で元来結ばれた契約というこの理論が考案される。その想定された契約によって、保護のために忠誠の交換が合意され、政府は権力の行使と忠誠の要求を今も続けているというのだ。

このような説明が物を考えない人々を満足させてきたのは驚くべきことではないが、教育のある人々の間で信じられてきたということはとても不思議だ。それに向けることができる致命的な反論を見てみよう。

第一に、その想定は純粋に無用だ。われわれの祖先が行ったとされる合意の力によって立法府の力に服するよりも前に、そのような合意が実際にあったという証拠を持たねばならないということは確かだ。だがその証拠はない。むしろ逆に、われわれが確認できる限りの事実は次のことを意味している。——未開社会であれ族長の社会であれ封建社会であれ、最初期の社会形態において権威への服従は**無条件**だったのであり、支配者が保護を与えた時にも、それは自分自身の権力に似た権力を自分の臣民に対して行使しようとする試みに腹を立てていることが原因だった。——この結論はその後の時代の忠誠の誓いについてわれわれが知っていることと調和する。

そしてまた、たとえその契約がなされたと仮定しても、その条項の侵害によって契約は繰り返し無効化されたのだから、われわれはそれを受け継いでいない。何度となく反乱してこなかった人民はいないし、約束した保護を無数の場合に怠ってこなかった政府も存在しない。それではどうして、この仮定的な契約が拘束力を持つと考えることができるだろうか——仮にそれが結ばれたとしても、両当事者によって破られてきたのに？

しかし、合意があったとして、そしてそれを無効化するようなことが何も起きなかったとしても、誰も知らないいつか、誰も知らない誰かが行った合意が今生きている人々をいかなる原理によって拘束すると考えられるのか、それを示してもらわなければならない。その合意なるものが起きたかもしれない時代から、諸王朝が変転し、さまざまの統治形態が交互にとって代わった。合意の当事者だったと考えられる人々と今生きているその子孫との間には、数えきれないほどの世代が生きて死んでいった。だからこの契約は当事者のすべてが死んだ後も何度も何度も生き延びてきたと想定せざるをえない。われわれの先祖が振るうこの力のなんと奇妙なことか――未来永劫にわたってその子孫の行動を拘束できるとは！　誰にせよ、自分の六代前の祖先がそう約束したからという理由で法王のつま先に接吻しなければならないということをどう考えるだろうか？

しかしながら、そんな契約は決して存在しなかった。仮に存在したとしても、度重なる破約がそれを無効にした。そしてたとえ無効にされないとしても、それが**われわれを**拘束することはできない。それは契約者を拘束できるにすぎない。

§5

マルヴォリオ［シェイクスピアの『十二夜』に登場する滑稽な執事］のようなうぬぼれだけでも十分にばかげているが、立法府の僭越さはさらにその上を行くものだ。激しい支配欲とそれに見合ったずうずうしさで目がくらみ、自分が執事にすぎないのに主人だと思い上がった者がもしいたら、マルヴォリオよりも適切な立法府の例になるだろう。そのような執事が、自分が管理を任された財産は事実上自分の所持に委ねられてきた――その主人は執事による管理の利益を確保するためにすべての権原を与えたのだ――主人は今では執事の許可があればこそそれによって生活しているのだ――主人は将来執事の好意によらなければ手当を得られないのだ――と主張したら、国民に対する政府の行動の適切な模倣になるだろう。それはまた、人々が共同体のメンバーになる際に、ある社会的利益のために自分たちの自然権をどうやって放棄することになるかを教える、この流行のドクトリンと完全に軌を一にしている。

この流行のドクトリンの提唱者たちは疑いもなくこのような解釈に抗議するだろう。しかしながら以下の反対尋問が示すように、彼らが抗議する合理的な論拠は存在しない。こういうふうに始めてみよう――。

「人々は社会状態にはいるときに元来の自由を放棄したというあなたの仮説は、彼らがそのような状態に自発的にはいったということを意味している。そうですね?」

「そうです。」

「ではどうして人々は以前に生きていた状態よりも社会状態の方がよいとみなしたに違いないですね?」

「必ずそうです。」

「なぜその方がよいように思われたのでしょう?」

「その方が大きな安全を与えたからです。」

「何のための大きな安全ですか?」

「生命と、財産と、幸福に資する物事のための大きな安全です。」

「確かに。より大きな幸福を得るため――それが目的だったに違いありません。もし彼らがより大きな不幸を得ると予想していたら、自発的に変化を受け入れることはなかったでしょうね?」

「その通り。」

「幸福とは、すべての欲求がふさわしく満たされることにあるのではないでしょうか? すべての能力をふさわしく発揮することに?」

「はい。」

「そして諸能力のこの行使は行動の自由なしには不可能です。欲求の対象を追求し利用する自由なしには欲求を実現できませんから。」

「本当に。」

「では、われわれが『権利』という名で呼んでいるのは、特定の限界の中で諸能力を行使する自由ということになりますね?」(第四章 §2)

「そうです。」

「さてそうすると、あなたの答を要約するとこういうことになりそうです。――あなたの仮定によると、人は社会状態に自発的にはいった。そのことが意味するのは、より大きな幸福を獲得するためにはいったということであり、そしてそれが意味するのは、自分の諸能力のより十分な行使を獲得するためにはいったということであり、またそれが意味するのは、そのような行使のための安全を獲得するためにはいったということであり、またそれが意味するのは、自分の『権利』の保障のためにはいったということである——。」

「あなたの命題をもっとわかりやすく言って下さい。」

「大変結構。この命題があなたには抽象的すぎるなら、もっと単純な命題にしてみましょう。孤立した状態よりも政治的結合の状態の方が生命と財産に大きな安全を与えるということが主たる理由になって、前者よりも後者の方が選ばれた。あなたはそう言っているわけですね?」

「確かに。」

「自分の生命と財産への権利はわれわれが権利と呼ぶものの中にはいっていて、しかもそのうちで一番重要なものではないですか?」

「その通り。」

「では人々が自分たちの生命と財産への権利の恒常的侵害を防止するために共同体を形成した、と述べることは、彼らが自分たちの権利の保全のためにそうした、と述べることになりますね?」

「そうです。」

「それゆえ、いずれにせよ権利の保全が、追求されている目的です。」

「そのようです。」

「しかしあなたの仮定は、人は社会状態にはいる際に自分の権利を放棄するというものですね?」

「そうです。」

「今やあなたが矛盾を犯していることがわかるでしょう。人々が社会にはいる際に彼らが放棄したとあなたが言っているもの、それは、あなた自身の言うところによると、人々が社会に加わることでよりよく獲得しようとしたものなのです!」

「そう、おそらく私は人々が自分たちの権利を『放棄』すると言うべきではなかったでしょう。むしろ人々はその権利を信託するのです。」

「誰に信託するのですか?」

「政府にです。」

「すると、政府というものは共同体のメンバーに雇われた一種の代理人で、その任務は自らに託された何物かを彼らのために面倒を見て管理することですね?」

「その通り。」

「そしてむろん、他のすべての代理人と同じように、その任命者たちの意志だけに従って権限を行使する——委任されたことのすべてを彼らの是認に従って行う——のですね？」

「そうです。」

「そして代理人の管理に委ねられた事物はやはり元来の所有者に属しています。人々が信託した権利に対する人々の権原は有効なままなのです。人々はこれらの権利から生じた利益のすべてをこの代理人から要求し、そしてもし望むなら、権利を再び保有することができますね？」

「それはできません。」

「できない！　では彼らは自分自身のものを取り戻せないのですか？」

「そうです。ひとたび自分の権利を立法府に預けたからには、彼らはその立法府が許すような仕方で権利を行使するだけで満足しなければなりません。」

かくしてわれわれは上記の奇妙なドクトリンに到達する。それは、共同体のメンバーは財産（彼らの権利）を執事（彼らの政府）の手に預けたからには、そのような財産へのすべての所有権を失い、彼らの執事から賜わるもの以外には何もそこからの利益を得られない、というものだ！

§6

しかしこの政府万能論を外側から攻撃する必要はない。それは内側から崩壊するからだ。

それは自己破壊的で、それ自身の基本原理によって論駁される。それが真理だということを証言するために呼び出された証人が、その虚偽を明らかにする。というのも、権利を否定するこの試みの目的は何だろうか？　それは最大多数の最大幸福という法則を設立するという目的だ。政府はこの法則を実現するために存在すると言われており、その命令だけに導かれるべきであり、それゆえこの法則は政府よりも高次の権威を持ち、政府に先立つものだ。政府はこの法則に従属しなければならない。しかし最大多数の最大幸福というこの法則を精査したら、それは何に帰するだろうか？　そう、万人が幸福への等しい権利を持つという、民主政を超えたドグマに帰する（「道徳感覚のドクトリン」の章）。従って政府が存在するのは、万人が幸福への等しい権利を持つというこの法則を実現させるためだ。このようにして、たとえ反対の仮説によっても、**権利**が政府の存在と目的のすべてであり、それは目的が手段の上にあるように、政府の上にある。

第十九章　国家を無視する権利

§1

あらゆる制度は平等な自由という法則に従わなければならない。われわれはこの命題の帰結として、法的状態からの自発的脱退（voluntary outlawry）の状態を採用する権利を市民に認めざるをえない。もしいかなる人も、他のいかなる人の平等な自由をも侵害しない限りで自分の欲することをすべて行う自由を持っているならば、人は国家との関係を断つ自由——国家による保護を放棄して、国家を支えるための支払いを拒む自由——を持っている。そのような行動において、彼が他の人々のいかなる自由も何ら侵害していないということは明らかだ。彼の状態は消極的なものであり、消極的である限り、彼は侵略者ではありえないのだから。また市民としての身分が納税を含むということを考えると、彼が道徳法則に違反しないならば、政治的協力の状態を続けるように強制されてはならないということも、同様に明らかだ。ある人の財産をその意に反して取り上げることは、彼の権利の侵害だ（第十章§6）。政府とは、諸個人にある権利を保障するために彼らが共同で雇った代理人にすぎないのだから、国家との関係の性質自体からして、各人はそのような代理人を雇うか雇わないかを決めることができる。もし彼らのうちの誰かがこの相互安全保障連盟を無視する決心をするならば、それについて言えるのは、彼は国家の世話を受ける権利をすべて失い、虐待されるという危険に自分自身をさらしている——自分が望めばそうする自由が完全にあるのだが——ということだけだ。彼が平等な自由の法則を破らなければ、彼を政治的結合へと強制することはできない。彼は政治的結合から脱退できるが、それだからといって平等な自由の法則を破ったことには全然ならない。それゆえ彼はそのような脱退の権利を持っている。

§2

「いかなる人間の法律も、自然の法に反するならばいかなる効力も持たない。そして効力を持つ法律はその力のすべてを直接あるいは間接にこの起源に負っている。」これはブラックストン〔一二一ページの訳注を参照。引用は『イングランド法釈義』序論第二節から〕の文章だ。自分の時代の思想、いやそれどころか現代の思想よりも遠くを見通していたことについて、彼にはすべての名誉を認めなければならない。これはとても広くはびこっている政治的迷信への格好の解毒剤だ。かつて君主の特権を賛美したように、今でも憲法が認める政府の特権を賛美することによってわれわれを欺く、権力崇拝という情念への格好のチェックだ。立法府は「地上の神」ではないということを銘記せよ――もっとも人々は、自分たちがそれに与える権威とそれから期待する物事のために、そう考えているようだが。しかしむしろ、立法府は純粋に一時的な目的に仕える制度であって、それが持つ権力は、盗み取られたものではないとしても、せいぜいのところ貸与されたものにすぎない、ということを銘記しなければならない。

いやそれどころか、われわれは政府が本質的に不道徳だということを見た(「便宜の法則」の章)。政府は悪の子孫で、その生みの親のあらゆる痕跡を身につけている。政府が存在するのは犯罪が存在するからだ。政府が強力なのは、あるいは専制的なのは、犯罪がはびこるときだ。犯罪が減少すれば自由が増大する、つまり政府が小さくなる。そして犯罪が消滅するときには国家も消滅する。国家が取り締まることを目的とする対象がなくなるからだ。行政権力は悪のゆえに存在するだけでなく、悪によって存在もする。その維持のためには暴力が必要であり、暴力はすべて犯罪性を含んでいる。兵士、警官、獄卒、また刀剣、警棒、足枷——これらはすべて苦痛を加えるための道具であり、苦痛を加えることはすべて抽象的には不正だ。国家が悪しき兵器を用いるのは悪を服従させるためだが、国家はそれが対処する対象とそれが用いる手段とによって同じように汚染される。道徳はこれを認めることができない。道徳というものは完全な法則を述べたものにすぎないのだから、その法則の侵犯から発生したり侵犯によって生きたりするものは何も容認できない(第一章)。それゆえ、立法府の権威は決して倫理的ではありえない。常に単に慣習的なものでしかない。

だから政府の正しい位置や構造や行動を正義の第一原理に訴えかけて確定しようとする試みには、首尾一貫しないところがある。というのは、今指摘したように、性質上も起源においても不完全である制度が行うことは、完全な法則とは調和できないのだから。せいぜいわれわれにできるのは、次の諸問題への回答を確定することだけだ。——その第一は「立法府がその存在それ自体によって悪を体現することがないようにするために、立法府は共同体に対していかなる態度をとるべきか?」。第二は「立法府と道徳法則との不調和を最小限にとどめるように立法府を構成する方法はどのようなものか?」。第三は「立法府が防止することを目的としている正義の侵害を立法府自体が増大させないようにするため、国家活動の領域はどこまでに限定されるべきか?」

平等な自由の法則を侵害することなく立法府を設立する前に従うべき第一の条件がある。それは今議論している権利――国家を無視する権利――を承認することだ。

§3

純粋な専制政治を擁護する人々は、彼らにふさわしく、国家の支配は無制限で無条件のものだと信じているのかもしれない。人々が政府のために作られたのであって、政府が人々のために作られたのではないと断言する人々は、誰一人として政治組織の柵の外に出ることはできないと首尾一貫して主張できるだろう。しかし人民こそが立法権の唯一の源泉であり立法の権威はそこから委任されたものだと信ずる人々が国家を無視する権利を否定するならば、それは不条理だ。

というのは、もし立法権が人民から委任されたものならば、その基になる人々はそれを付与された人々の主人だということになるからだ。さらに、前者の人々は主人として立法の権威を自発的に付与するということになる。そしてこれが意味しているのは、彼らは自分の好きなようにこの権威を与えたり取り戻したりできる、ということだ。人々が望むか否かに関係なく人々からもぎ取られるものを、「委任されている」と呼ぶのはナンセンスだ。だがここで集合体としての全員について真実であることは、各個人についても同じように真実だ。政府が人民のために正当に行動できるのは人民から授権されている場合に限られるように、政府が個人のために正当に行動できるのは個人から授権されている場合に限られる。もしAとBとCが、自分たちのためにある仕事をしてくれる代理人を雇うかどうかを議論して、AとBはそれに同意するがCは反対するならば、Cがその意に反して同意の当事者とされることは公平ではありえない。そしてこのことは、三人の場合と同じように三十人の場合にもあてはまる。そしてもし三十人の場合にあてはまるならば、三百人であれ三千人であれ三百万人であれ、あてはまらない理由があるだろうか?

§4

先に言及した政治的迷信の中でも、多数派が万能だという観念ほど普遍的に普及しているものはない。秩序の維持のためには何らかの党派が権力をふるう必要があるという印象の下、われわれの時代の道徳感覚は、そのような権力を正当に与えることができるのは社会の最大部分でしかありえないと感じている。それは「人民の声は神の声」という諺を文字通り解釈し、そして神に帰される神聖さを人民に移して、人民の——つまり多数派の

——意志こそが最高の権威だという結論を下す。しかしこの信念は全く間違っている。

議論の都合上、世論を正当に代表する立法府が〔『人口論』の〕マルサス風のパニックに襲われて、今後十年間に生まれる子どもはすべて溺死させるべしという立法を行ったとしてみよう。そんな立法を支持できると考える人が誰かいるだろうか？　いないとするならば、明らかに多数派の権力には限界がある。また、共存している二つの民族、たとえばケルト人とサクソン人のうち、多数派が少数派を自らの奴隷とすると決定したとしてみよう。そのような場合、最大多数派の権威は有効だろうか？　そうでないとしたら、その権威が従属しなければならない何物かが存在する。あるいはまた、年収五十ポンド以下の人々のすべてが、その額を超える収入をすべて没収することにして、超過額は公共目的のために徴収すると決定したとしてみよう。彼らの決定は正当化できるだろうか？　そうでないとしたら、人民の声が従わなければならない法則があるということを三たび認めなければならない。ではその法則とは、純粋な衡平の法則——平等な自由の法則——でなければ何だろうか？　誰もが多数派の意志に課すであろうこれらの拘束は、まさにその法則が設定する拘束に他ならない。われわれは多数派が人を殺したり奴隷にしたり盗んだりする権利を否定するが、それは殺人や奴隷化や盗みがその法則の侵犯——無視できないほど露骨な侵犯——だからだ。しかしもし重大な侵犯が不正だとしたら、もっと軽微な侵犯も不正だ。もし多数派の意志がこれらのケースにおいて道徳の第一原理にとって代わることができないとしたら、どんなケースでもできないはずだ。だから、少数派がいくら微力でも、また提案された彼らの権利の侵害がいくら些細でも、そのような侵害は許されない。

われわれが政体を純粋に民主的にして自分自身を真摯な改革者と考えるとき、政府を絶対的な正義と調和させたことになる。——そのような信念は、その時代には必要なものかもしれないが、大間違いだ。いかなる過程によっても強制は衡平なものでありえない。一番自由な統治形態は、一番反対の余地がない形態でしかない。われわれは少数派による多数派の支配を専制と呼ぶが、多数派による少数派の支配もまた専制だ——単に程度が弱いにすぎない。「お前たちはわれわれが望むように行動せよ、お前たちが望むようにではなく」が、いずれの場合にも原則になっている。そしてそれを百人が九十九人に宣言しようが九十九人が百人に宣言しようが、その不道徳性はほとんど変わらない。そのような二つの党派のうちどちらがこの宣言をするにしても、それは平等な自由の法則を必ず破ることになる。唯一の違いは、それを破るのが九十九人か百人かということだけだ。そして民主的な統治形態のメリットは、それが侵害する対象の人々の数が一番少ないということにしかない。

そもそも多数派と少数派が存在するということ自体が、不道徳な状態を示すものだ。道徳法則と調和する性質を持った人とは、その仲間たちの幸福を減らすことなしに完全な幸福を獲得できる人だった（第三章）。しかし投票によって公的制度を決めるということは、社会がそのようでない人々からできているということ――ある人々の欲求は他の人々の欲求を犠牲にしなければ満たされないということ――多数派がその幸福の追求において少数派に何らかの量の不幸を与えるということ――を含意する。従ってそれは有機体における不道徳性を含意する。このようにして、別の観点から見ても、政府はその最も衡平な形態においてさえ悪から逃れていることができないということがまた理解される。さらにまた、国家を無視する権利を認めなければ国家の行為は本質的に犯罪的だということもわかる。

§5

人は市民権の与える利益を放棄してその負担を投げ捨てる自由を持っている。実際このことは現存の体制と世論から引き出すこともできよう。体制も世論も、ここで述べたほどの極端なドクトリンを受け入れる用意はおそらくないだろうが、それでも今日の急進主義者はこのドクトリンを明らかに体現する格言の中で、知らず知らずのうちに自らの信念を述べている。彼らは「イングランドのいかなる臣民といえども、自分自身の同意、あるいは議会における自らの代表者の同意によらなければ、国土の防衛や政府の支持のためでさえ、いかなる援助あるいは税金を支払うように拘束されることはありえない」[『イングランド法釈義』第一巻第一章]というブラックストンの断言をいつも引用する。これは何を意味するのか？　その意味は誰もが一票を持つことだ、と彼らは言う。その通り。だがそれはそれ以上のことを意味している。それは今主張したばかりの権利の明確な表現だ。人が直接あるいは間接に同意を与えなければ課税されてはならないと断定することにおいて、それは人がそのように課税されることを拒絶して構わないと断定している。そしてそのように課税されるのを拒絶するということは、国家とのすべての関係を断つということだ。その同意は特定されたものではなく一般的なもので、市民は自らの代表に投票するとき、代表が行うあらゆることに同意したと理解される、と言われるかもしれない。しかし彼が代表者に投票しなかったら、それどころか逆に、反対の見解を持つ人が当選するために全力を注いだとしたら――その場合はどうなるのか？　それへの回答はおそらく、彼はそのような選挙に参加することによって、多数派の決定に従うことに暗黙のうちに合意したのだ、というものだろう。では彼がそもそも誰にも投票しなかったらどうなのか？　彼は課税に対する何の異議も申し立てなかったのだから、税金について何の文句も正当に言えないとされる。そうすると、奇妙なことに、彼がどんな行動を取ろうが――イエスと言っても、ノーと言っても、どちらでもなくても――彼は同意を与えたことになる！　これは全くおかしなドクトリンだ。ここに不運な市民がいて、提供されるある利益のために金銭を支払うか否かを質問される。そして彼が拒絶を表現するための唯一の方法を取ろうが取るまいが、彼はそれに実際上同意したと言われるのだ――他の同意する人々の人数の方が同意しない人々の人数よりも大きいというだけで。かくしてわれわれは、あるものに対するＡの同意を決めるのはAが言うことではなく、Bがたまたま言うかもしれないことだという、新奇な原理に導かれる！

ブラックストンを引用する人々は、この不条理な原理と前記のドクトリンのいずれかを選ばなければならない。彼の格率は国家を無視する権利を含むか、それとも純粋なナンセンスにすぎないかのいずれかだ。

§6

われわれの政治的信念の中には奇妙に均質でないところがある。昔有力だったが今では所々に風穴が開きつつあるシステムに、質の点でも色合いの点でも全く似ていない現在の観念が接ぎ合わされている。人々はこれらのシステムを重々しく見せびらかし、身につけ、それを着て歩きまわるが、そのグロテスクさに全然気づいていない。われわれのこの移行期の状態は、過去と未来を等しく分有しているので、過ぎ去った時代の独裁政治と来たるべき自由との奇妙な結合を示すハイブリッド理論の温床となる。ここには新時代の種子によって奇妙な仕方で覆い隠された、古いタイプの組織——来たるべきものを予言する萌芽によって限定された、過去の状態への適応を示す珍妙な代物——がある。それらが全体として作り出す諸関係の混合物は極めて混沌としているので、どんなものが生まれるのか言うことができないほどだ。

観念というものは必ず時代の刻印を帯びざるをえないから、これらの首尾一貫しない諸信念の結合に人々が満足していると嘆いてもしょうがないが、これらの部分的変形に至らしめた推論を人々が最後まで徹底させていないことは残念だ。たとえば現在の場合、首尾一貫するならば、今述べた点とは別の点でも、人々は国家を無視する権利を含むような意見を持ち、そしてそのような議論を用いることになると認めざるをえないはずだ。

では〈不同意〉(Dissent)の意味は何か？　かつて人の信仰や礼拝の様式が、世俗的な行為と同じように法によって決定されていた時代があった。そしてわれわれの法令集の中に残っている規定によれば、今でもそうだ。しかしプロテスタントの精神が成長したおかげで、われわれはこの点では国家を無視するに至った——理論上は完全に、そして実践上は部分的に。だがどうやってそうなったのだろうか？　それは、首尾一貫すれば国家を完全に無視する権利を含意するような態度を取ることによってだった。次の二人の立場を見てみよう。立法者は言う。「これがお前の信仰だ。お前はここにお前のために書かれたことを信じて公言しなければならない。」非国教徒(nonconformist)は言う。「私はそのようなたぐいのことは何もしない。そのくらいならむしろ牢獄に行く。」立法者は続けて言う。「お前の宗教儀式はわれわれが定めたようなものでなければならない。お前はわれわれが資金を出した教会に出席し、そこで行われる儀式を採用しなければならない。」「何も私にそうさせることはできない。私はそのような事柄においてお前が私に命令する権限を全く否定するし、できる限り抵抗するつもりだ。」「最後に、われわれはこれらの宗教的制度を支持するために適当と認める金額を支払うよう、お前に要求するだろう。」「一銭たりとも私から取り立てることはさせない」と、われわれの頑強な独立人は叫ぶ。「たとえ私がお前の教会の教えを信じているとしても（実際はそうでないのだが）、お前の干渉はやはり断る。そしてもしおまえが私の財産を取り上げるならば、それは力ずくのことになるし、私はそれに対して抵抗する。」

さてこの対話を抽象的に見てみるとどういうことになるだろうか？　それは個人が自分の能力の一つ——宗教的感情——を何の妨害もなしに、また他の人々の平等な自由によるもの以外には何の制約もなしに、行使する権利を断言することに帰する。そして国家を無視するということは何を意味しているのか？　それは単に、すべての能力を同じように行使する権利の断言にほかならない。両者は同じことを言っているのであり、同じ基礎に基づいており、成立するにせよ失敗するにせよ一緒でしかありえない。人は確かに市民的自由と宗教的自由とを別物として語るが、その区別は恣意的だ。両者は同じ全体の部分であり、哲学上は区別できない。

ここで反対者はさえぎって言う。「いや、区別できる。宗教的自由を断定することは宗教的義務として欠かせない。自分にとって正しいと思われる仕方で神を礼拝する自由は、それなくしては自分が神意と信ずることを実現できないような自由だ。それゆえ良心は彼がそれを維持することを要請するのだ。」それはもっともだが、同じことを他のすべての自由についても断定できるとしたらどうだろうか？　その自由の支持も良心の問題だということになったら？　人間の幸福は神の望むところであり、われわれの能力の行使によらなければこの幸福は達成できず、その行使のためには自由が不可欠だ、ということをわれわれはすでに見た。別の言い方をすれば、行動の自由の維持は良心の問題でありうるだけでなく、良心の問題であるべきなのだ。このようにして、宗教的事項において国家を無視する権利と世俗的事項において国家を無視する権利とは本質において同一だということが明らかに見て取られる。

非国教主義（nonconformity）のために通常与えられる別の理由も同じような取り扱いを容れる。非国教徒（dissenter）は国家の命令に抽象的に抵抗するだけでなく、教えられるドクトリンに反対するために抵抗している。立法者のいかなる命令も、彼が誤った信仰だと信ずることを彼に採用させることができない。そして彼は自分の同胞に対する自らの義務を念頭に置いて、自分の財布を通じてこの誤謬の流布を助けることを拒む。この立場は完全に理解可能だが、それは不同意者を市民的不従順（civil nonconformity）にも至らせるか、そうでなければディレンマに陥らせる。というのも、彼らが誤った信仰の流布への助力を拒む理由は何だろうか？　誤謬が人間の幸福を損なうからだ。また何らかの世俗の立法に反対する根拠は何だろうか？　それが人間の幸福を損なうと思われるという、同じ理由だ。それでは、片方の場合は国家に反抗すべきだが他方の場合はそうでないということをどうやって証明できるだろうか？　悪を生むだろうとわれわれが考えていることを教えるのを助けるために、政府がわれわれに金銭を要求するならば、われわれはそれを拒むべきだが、悪を生むだろうとわれわれが考えていることを行うのを助けるためなら、われわれはそれを拒むべきでない、などと熟考後に断言する人が誰かいるだろうか？　だがそれこそが、宗教的な事柄については国家を無視する権利を認めながら、政治的な事柄ではその権利を否定する人々が希望し維持しなければならない命題だ。

§7

本章の内容は、完全な法と不完全な状態との間の不一致をもう一度思い出させる。ここで述べた原理がどの程度実行可能かは、社会の道徳によって違う。徹底して邪悪な共同体では、その原理の導入は無政府状態を生み出すだろう。完全に有徳な共同体では、その導入は無害であるとともに必然的でもあるだろう。社会的健康の状態——すなわち、立法による矯正手段がもはや必要とされない状態——への進歩は、そのような矯正手段がなくなりそれを指令する権威が無視されるような状態への進歩だ。この二つの変化は必ず協同している。社会に調和をもたらし政府を不必要にする道徳感覚は、個々人が国家を無視する程度にまで自分の自由を主張するようにさせるのと同じ道徳感覚——多数派が少数派に強制を加えるのをやめさせることによって最終的には政府を不可能にするのと同じ道徳感覚——だ。そして同一の感情の別々の表われにしかすぎないものが相互の比率を変えないように、政府を否定する傾向は、政府が不要になるのと同じ割合で強くなるだろう。それゆえ、上記のドクトリンを宣布することに驚く理由はない。それが大きな影響力を持つためにはまだたくさんの変化がなされねばならない。国家を無視する権利が理論上でも一般に認められるまでには、長い時間がかかるだろう。それが立法府の承認を得るまでにはさらに長い時間がかかるだろうし、その時でさえ、その権利の性急な行使に対するたくさんの制約があるだろう。法的保護をあまりにも早く放棄しようとする人々には、厳しい経験が十分な教訓になるだろう。その一方、多数の人々にあっては、昔からの制度への愛着や実験への懸念がとても強いので、それが安全になるまではこの権利をおそらく行使しないだろう。

第三十一章　要約

§1

〈衡平の理論〉を支持するために提出されてきた証拠を要約することによって、読者がそれについて最終的な判断を下すための手助けにしたい。

それらの証拠の最初に来るのは、われわれの探求の出発点がどちら側にあってもわれわれの道は同一の原理に至り、その原理の発展したものがこの理論だ、という事実だ。もしわれわれがアプリオリな探求から出発して、最大幸福という神意が実現されうる、それ以外にない諸条件に至るならば、その第一の条件は平等な自由という法則の順守だ、ということを見出す（第三章）。また人間の性質に目を移して、最大の幸福を達成するための手段を考えるならば、われわれはすぐに同一の条件に戻る道に至る。これらの手段は平等な自由という法則に従わなければ目的を達成できないということがわかるからだ（第四章）。この分析を今一歩進めて、平等な自由という法則に従うことはいかにして確保できるのかを調べてみるならば、われわれはその法則に応えるいくつかの能力を発見する（第五章）。そしてまたわれわれが文明化の諸現象を見てみるならば、それらの現象が一般化される適応の過程は、人間がこの同じ平等な自由という法則に本能的に従うようになるまで止まることはありえない、ということがわかる（第二章）。これらの積極的な証拠のすべてに加えて、この平等な自由という法則を否定することはさまざまの不条理を含むという、消極的な証拠も加えられよう（第六章）。

§2

それ自体としては取ることができない既存の諸理論は今提出した理論によって飲み込まれ、それら諸理論の中に含まれている真理の部分は後者の理論に同化されるという状況の中にも、さらなる確証を見出すことができよう。このようにして、最大の幸福の産出は人間にとっての直接の手引としてはあてはまらないが、それでも神の観点から見れば道徳の真の目的なのであり、そのようなものとして、現在の体系の一部をなす（第三章）。道徳感覚の原理は、その提唱者たちは間違って適用したが、やはり事実に基づいていて、正しく解釈されれば、一見衝突する複数の信念と調和し、それらと結びついて完全な総体を生み出すということが示された。それに加えて、今述べた哲学はアダム・スミスの共感理論を含み、それをさらに展開させられる（第五章§5）。そして最後に、それはコウルリッジの「生命の観念」を最終的に発展させることになる（第三十章§12）［スペンサーはそこで「真の生命の観念」は「個別化への傾向性」だとするコウルリッジの文章に断片的に触れている］。

§3

この提出した理論は現在の道徳の指導的な教えを科学的な形式に還元し、それらをこれほど広く認められていないさまざまの教えとも一緒に一般化の中に含んでいるのだが、その能力もまた、この理論を支持する付加的な証拠として挙げられよう。全体として殺人が不幸を生むか否かの検討――盗みが幸福をもたらすか否かの探求――奴隷制について、それが公共の福利に及ぼす影響は何かという問い――そのような複雑で不正確な過程――そういったものによるのでもなければ、不確かな道徳感覚の論争の余地がある決定によるのでもなく、証明された第一原理からの否定できない推論によって、われわれはここまで導かれてきた。このようにして、正しい行動の主要な規則と夫婦親子の関係の正しい秩序がわれわれのために定められただけではない。この同じ第一原理が、政府の適切な構造とその義務とその行動の限界に関するはっきりした回答を間接的に与えてもくれる。あれやこれやの政策手段に関する混乱した論争の果てしない迷路の中から、その原理は短くて明確な道を開いてくれる。そしてそれが導く結論は、便宜による決定の誤謬の多くの経験によって一般的に、また接続する諸問題に関するさまざまの議論によって特定的に、強化される。それゆえこの第一原理はこれほど広範な義務の範囲の基礎にあり、ほとんど幾何学的な心理的測定の過程によって――つまり、道徳的量の**平等**と**不平等**の測定によって――適用されるので（第七章§1）、そこから体系的に発展する倫理学の体系は厳密科学の性質を分有する。このことはわれわれの信頼をさらに強めるものだ。

§4

また、このように解釈された道徳法則の命令は政治経済学の命令と一致し、後者を予期するものだ。政治経済学は通商の制限が有害だと教え、道徳法則はそれが不正だと断ずる（第二十三章）。政治経済学は植民地との強制的貿易が損失をもたらすと語り、道徳法則はそのような貿易の公定を許さない（第二十七章）。平等な自由の法則は（一般の考え方と反対に）そうすることが正当化されると考え、彼らへの干渉をすべて不正だとして非難する。政治経済学は投機家が食品市場で自由に活動することが認められるべきだと言い、平等な自由の法則はそれを権利の侵害だとして禁止する。政治経済学は高利貸への罰則が有害だということを証明し、平等な自由の法則はそれを権利の侵害だとして禁止する。政治経済学によれば、機械は人々に害悪よりも利益をもたらし、それと同様に、平等な自由の法則は機械化への制約の試みをすべて禁ずる。政治経済学の確固たる結論の一つは、賃金と価格は人為的に規制できないというものであり、平等な自由の法則からの明らかな帰結の一つも、両者の人為的規制は道徳的に許容できないというものだ。政治道徳学が教えるところでは、一番有害でない税は直接税だが、たまたま直接税は平等な自由の法則が無条件には反対しない唯一の種類の税でもある（第十九章）。通貨操作の有害さ、他の職業の犠牲の下である職業に恒久的な利益を与えようとする試みの空しさ、生産過程への立法による干渉の不適切さなど、その他のたくさんの問題についても、政治経済学の結論は平等な自由の法則の命令と軌を一にする。このように、アダム・スミスとその継承者たちが粒粒辛苦を重ねて行った議論は、根本的道徳の単純きわまる結論によってすでに先取りされていて、**実践的**目的からすれば不必要なものだ。おそらくこの事実は、政治経済学の推論が真理だということがわからないと十分に実感されないだろう。だがそれらが真理だというのも、それらの推論が道徳法則の命令のまわりまわった過程によって発見されたからに他ならない。

§5

さらに、この提起された理論は文明化の一哲学を含んでいる。その理論は倫理学の面において悪を無視しているが、心理学の面において悪がいかにして消滅するかを示している。それはあるべき行動の抽象的言明としては、人間が完全であるべきだという法則を述べるが、道徳的現象の理論としては、なぜ人間行動があるべきもののようになっていくのか、また人類がたどってきた過程がなぜ必要だったのかを説明する。

かくして、純粋な正義の原理を理解しそれに従って行動するような性質を原始人が持っていてもそれは有害で、それどころか死を招いただろう、ということをわれわれは見た（第三十章 §2）。適応の法則に従って、それらの原理に応える能力は生活状態がそれらを要求するとすぐに発達しはじめる、ということも見た。人類進歩の重要な諸事件はこれらの能力が発達を続けているということは、時々示したところだ。完全な状態が実現する前にこれらの能力が力を持たなければならないということも、多くの個所で触れてきた。そしてそれらの能力に最終的に支配権を持たせる影響力もまた指摘した（第二章）。

だから私がここで提起した理論は、一面では、神意が実現されうる唯一の条件を示すときに、人類が現に持っている欠点を無視しているが、別の面では、これらの条件の実現に必要な心の特徴を示すときに、文明とは本質的に何か、文明はなぜ必要だったのか、文明の主要な特徴は何かをわれわれに説明している。

§6

最後に、少し前に言及した事実がある。それは、今解釈したような道徳的真理は生理学的な真理の発展であることがわかるということだ。というのは、いわゆる道徳法則とは実際には完全な生命・生活の法則だからだ。何度も指摘したように、諸能力の行使の完全な終結は死であり、その行使を部分的に妨げるものは何であれ苦痛あるいは部分的な死をもたらす。すべての能力の活動が認められるときにのみ、生命は完全なものになる。このようにして諸能力を行使する自由は生命の第一の条件であり、その自由の最大限の拡張が可能な限り最高の生の条件なのだから、万人の同様な自由だけによって制限される各人の自由は、人類全体にあてはまる完全な生の条件だ。

このことは人類の個々人の能力についてだけ言えることではない。共同体が見せる活力が高いか低いかはこの条件が満たされているか否かによるということを見ると、集団としての能力についても同じことが言える。というのは、読者が疑いもなくわれわれの分析を通じて見て取ったように、すぐれたタイプの社会的組織は各部分の相互依存によって特徴づけられるのだが、それは各部分が相互を信頼できる限りで——つまり、人々が同胞に対して正しく振舞う限りで——つまり、平等な自由という法則に従う限りで——初めて可能になるからだ。

従って、その法則は個人についても社会についても生存の必要条件を一般化するもので、——一方において、各市民が完全な生を達成できる法則、他方において、比喩的でなく文字通りに社会組織の核心的法則であり、——また人と社会の両方の完全な個性化が可能になる法則であり、——世界創造が至る状態の法則であり、——平等な自由の法則は自然の法である、と正当に見なすことができよう。

§7

今やこれまでの議論を簡潔に再論したからには、——つまり、いくつもの独立した探求方法がわれわれの第一原理に至るということ——この原理は一つの首尾一貫した体系に発展し、その全体の中には、一見すると相互に衝突したりあるいは無関係だったりするように見える諸理論が統一されているということ――この原理は道徳の主要な諸規則を科学的に導出するだけでなく、それらを国家の義務の法則と一緒に一般化するということ――この原理は政治経済学の命令に合致する命令を発するということ――文明化はこの原理に従うことができる存在の進化として説明できるということ――この原理は完全な生の法則として、生命を最高の産物とするような物理法則と結びついているということ――そして最後に、この原理は生命の多様な現われの基礎にあるので複雑な相互関係を有しているということ――以上のことを想起したならば、読者はおそらく証拠の諸光線の矢が一つの焦点に集まるのを見て、これまで残っていたかもしれない疑念も雲散霧消するだろう。

第三十二章　結論

§1

これまで述べてきたドクトリンに対してとるべき態度について、少し述べる必要がある。おそらく多くの人々は、ここで展開した道徳法則が定める制約を無視するための言い訳を熱心に探そうとするだろう。便宜の考慮に頼ろうとする昔からの習慣――ペイリー［William Paley. 一七四三―一八〇五年。イギリスの神学者・哲学者］によって神格化されるずっと前から人々が従ってきた習慣――はなおも影響力を持つだろう。結果を直接計算することによって行動を決める体系は誤りだということが示されたにもかかわらず――ある行為規則がいくら適切であっても時には例外が必要かもしれないという弁明が空虚だということがわかった（補助定理二）にもかかわらず、不順守へのさらなる弁明が「政策」の名の下になされるとわれわれは予測できよう。緩和を求めるその他の理由の中には、完全な道徳法則は不完全な人間には実行不可能だから現在のわれわれを導くために何か別の法則が必要だ、という主張が持ち出されるに違いない。理論的に正しいことではなくて、現在の状況下で実際上最善の方策こそが発見を待っているものだ、とおそらく主張されるだろう。そしてまた、現状において最大の利益を作り出す行動はたとえ**絶対的**には正しくなくても**相対的**には正しいから、従ってしばらくの間は抽象的法則それ自体と同じように義務を課す、と論ずる人もいるだろう。あるいは、現在あるがままの人間性を前提とすると、純粋な衡平の諸原理に基づく社会の突然の再構成は破壊的な結果をもたらすだろうから、完成に達するまではそれらの原理がどの程度まで実行されるべきかを決める際にいくらかの裁量が必要だ、と言われるかもしれない。このようにして、便宜が究極の法則ではないとしても少なくとも一時的な法則として再主張されるだろう。これらの立場を詳しく検討してみよう。

§2

不完全な人間はその不完全さを認めて許すような道徳法則を必要としている——。そう述べることには一見すると理由があるように見える。だが実際はそうでない。そのような法則が完全な法則と異なるときはいつでも、厳格さが少なくなっているに違いない。というのは、完全な法則を現在の人々にとって達成可能なものにするために変更が必要だと論じられるとき、その変更はその法則の命令のうち一番難しいものを無視することにあるに違いないからだ。だから「全く侵犯するな」と言う代わりに、われわれの弱さを考慮すれば、「これこれの場合にのみ侵犯せよ」と言うように提案される。こういうふうに述べると、その命題はほとんど矛盾している。それは不道徳だと認めている行為を道徳に容認させるのだから。

だがそれはさておき、行動の基準をこのように引き下げることがいかなる利益を約束するかを考えてみよう。この義務の一番難しい部分がなくなれば、人々は義務の完全な遂行に全体として近づくと考えられるだろうか？　そんなことはありそうもない。実際の行動というものはたいてい目標を下回るものだから、目標を可能な程度に低めることは、実際の行動を可能な程度よりも下げることになるに違いない。われわれがまだ部分的にしか行えない道徳をめざして努力することから、何か悪いことが起きるだろうか？　否。むしろ逆に、それまで達成できなかったものをたゆまず熱望することによってしか、進歩は生まれない。またどこにそのような変更の必要性があるのか？　われわれの能力の欠如は必ず現われずにおかない。そして現実の生活の中では、われわれの掟〔法則〕はその能力の欠如に応じて事実上低くされるだろう。もし人々がまだ完全には法則に従うことができないとしたら、それは不可能だというだけのことだ。だがそれだからといって、人々にとってどこまでが可能でどこまでが不可能かを特定することによって彼らの能力の欠如を定型化すべきだ、ということにはならない。各個人がどこまで法則に従うことができるか、それは実際にやってみて決めるしかない。そしてある人にとって達成可能な順守の程度は他の人々にとっての程度とは違うのだから、その特定は万人にあてはまらない。さらに、平均値をとることができるとしても、それは一時的にしかあてはまらず、すぐにでも不適当になるだろう。従って人の現在の不完全さを認めてそれを許す道徳体系を工夫して作ることはできない。たとえできても、役に立たない。

§3

ちょっとした巧妙な不順守の言い訳のために、自分たちは実際的であろうとしているのだと主張する人々は、もう少し言葉遣いに気をつけた方がよい。「実際的」という言葉が示すのは、利益を生み出す行動様式だ。実際的だと言われる計画は、それ以外の計画よりも全体として一層有益だと想定される。さてわれわれが道徳法則と呼ぶものは、有益な行為の諸条件を述べたものにすぎない。道徳法則は事物の一次的な必然性に基づき、その必然性を展開して、最大幸福の生産に至るすべての行動が従わなければならない一連の規則にしたものだ。そのような規則を侵犯することは事物の必然性を無視することになる。自然の構造に反して闘うことになる。別の言い方をすれば、道徳法則を侵犯する理由として、実際的であろうとするという欲求を持ち出すことは、われわれは利益を追求する際にそれを可能にする規則に違反しなければならない、と想定することだ。

われわれは成功に内在する諸条件を知らずに有益な発明や整理や変更ができるとか、これらの条件を知りながらそれを無視できるとかいった考えは何と愚かなことか！　農場や工場の中にわれわれはそれよりも大きな知恵を見出す。われわれは自分が取り扱う物質の性質を尊重することを学んだのだ。重量、可動性、惰性、粘性はあまねく認識されており、これらが物質の本質的な属性だということは、たとえ科学的にではなくても実際上理解されている。そしてそれらの属性を無視するのはどうしようもない愚か者だけだ。

ところが道徳と立法においては、われわれは取り扱う対象が定まった性質や属性を持たないかのように振舞う。この人間性について、その多様な現象を一般化する法則が何であるかを探求し、われわれの行為をそれに適合させようとはしない。われわれは生を構成するものは何か、あるいは幸福は何に存するのかを問うて、それに従って手段を選ぶことをしないのだ。しかし人間について、生について、幸福について、あらゆる正しい行動の基礎に必ず存在する基本的な真理を断言できるということは疑えないところだ。満足というものはどれも、個々の能力がその機能を発揮することによる。そして立法や文化のいかなる計画の論点も、一次的にはこれらの事実への配慮に依存している。社会の利益のための方策を考案する前に、社会が何からなっているかを確かめることは合理的に違いない。人間性は一定したものか否か？　そうだとしたら、なぜそうなのか？　それは本質において同一なのか？　それなら、その恒久的な特徴は何か？　それは変化するのか？　それなら、その変化の性質は何か？　それは何になりつつあるのか？　そしてなぜ？　明らかに、「実際的手段」の採用よりも前にこれらの問題が解決されるべきだ。そのような手段の結果は偶然の事柄ではありえない。それが成功するか失敗するかは、それが事物の確定した原理に合致するか否かによって決定される。そうすると、これらの確定した諸原理を無視するのは何たる愚行か！　あなたは公理を学ぶ前に第十二巻から始めることを「実際的」と呼ぶのだろうか？［ユークリッドの『（幾何学）原論』は全十三巻からなり、公理は第一巻で述べられている。］

§4

しかしもしわれわれがまだ完全な法則をすべて実現することができず、この能力の欠如のために何らかの補足的規制が必要だとしたら、この補足的規制はその有益な効果のゆえに、倫理上正当化できるのではないか？　そしてそれらの規制が抽象的道徳と衝突するという理由で廃止されることは不利益だから、それらの規制は、当面の間は道徳法則それ以上に高い権威を持つのではないか？　**相対的**な正しさは**絶対的**な正しさに優先するのではないか？

この質問は肯定の答を要求しているようだが、その自信に満ちた様子はいささか性急だ。時代に最も適合する制度がその適合のおかげで独立の権威を持つ、ということはない。その権威は本来的ではなくて派生的なものだ。それがいかなる尊敬を受けるにふさわしいにせよ、それは道徳法則を部分的に体現しているからにすぎない。そこから生ずるすべての利益は、それが執行する道徳法則の部分の実現から来ている。というのも、そのような制度が与えるすべての利益の本質的性質を考えてみるとよい。あらゆる制度の意義は人々の幸福実現を助けることにあるが、幸福とは諸能力の十全な発揮にある。従って時代に適した制度とは、それがない場合よりも人々に諸能力の発揮への一層大きな便宜——つまり、一層大きな自由——を何らかの仕方で確保する制度に違いない。かくして、もし特定の人民について、彼らにとっては専制政治こそが現在のところ最善の統治形態だと断定されるとしたら、その意味は、それ以外のいかなる統治形態のもたらす無政府状態と比較しても専制政治下の方が諸能力の発揮への制限が少ないから、専制政治はそれが存在しない場合よりも人民に諸能力発揮の自由をたくさん与えている、というものだ。同様にして、選挙権の制限や出版の検閲やパスポートによる出入国管理やそれらに類似した制度を支持する弁明はすべて、次のような断定に帰することになる。――公の秩序の保持のためにはこれらの規制が必要だ。――それらが廃止されたら社会は解体する。――人々の普遍的な相互侵害という状態が起きるだろう。――あるいは別の言い方をすれば、これらの制約が維持されている方が、制約が廃止された場合よりも、平等な自由という法則が侵害される程度は小さい。

そうすると、一時的便宜策を支持する唯一の弁明は、それが他のいかなる方策よりも道徳法則の命令を実現することができるというものならば、それが持つ権威は道徳法則それ自体の持つ権威と比較できるものではない。それはちょうど召使の権威が主人の権威と比較できるものでないのと同様だ。力の伝達者が力の創造者に劣る限り――道具がそれを導く意志に劣る限り――、制度はそれが仕える目的の法則に劣るに違いないし、そのような制度はその法則に従わねばならない。あたかも代理人が本人に従わねばならないように。

ここで次のように言いたい。――われわれは**正しい**（*right*）という言葉をその正統な意味だけで使うようにすればたくさんの混乱を避けられる。それはつまり、純粋に道徳的な行為を記述する用法だ。**正しさ**（*rightness*）が行為について述べることは、**直**（*straightness*）が線について述べるものと変わらず、正しい行為に一種類しかないことは、直線に一種類しかないのと同様だ——。もしわれわれの結論を曖昧さから免れさせようとするならば、われわれはこの目的だけのために、絶対的な正しさを意味する用語を保持しておかねばならない。そして有益ではあるが不完全な制度の要求を表現することが必要なときには、それを「相対的に正しい」とか「しばらくは正しい」とか言うのではなしに、現在可能な、**最小限に不正な**（*least wrong*）制度だと言わなければならない。

§5

社会制度が道徳法則に従うことができるのは、人々自身が道徳的であるときに限られる。——このように認めると、どの程度まで道徳法則に従って行動してよいかを判断する自由を要求するための十分な弁明だとおそらく思われるだろう。というのも、もし政治組織と人民の性格との間に調和が必要で、その結果として、時代に先駆けた政治組織が時代に適合するための変更を必要とするならば、そしてこの変更のプロセスが大きな不便、それどころか苦しみさえも伴うならば、これらの害悪を避けるために、われわれはまずそのような組織を時代に適合させようとすべきだ、という結論が出てくるようだからだ。つまり、理想的卓越を実現しようとする人間の野望は賢明な思慮によって制限されねばならないというのだ。

「進歩、そして同時に抵抗」——今述べた立場とギゾー氏［François Guizot 一七八七—一八七四年。フランスの歴史家・政治家〕のこの有名な言葉とは実質的に同じだが、それは疑いもなく一つの真理を述べている。だが通常考えられているような全面的真理ではない。社会を遠くから見て、これこれしかじかがその発展の原理だと見てとることと、これらの原理をわれわれの日々の統治に適用することとは、検討してみれば全く異なるということがわかるだろう。最大幸福の達成はある観点から見れば道徳の目的として認められるものの、それは直接的な行為指導のためには価値がない、ということが十分ありうるとわれわれは知ったが（第三章）、ちょうどそれと同様に、「進歩、そして同時に抵抗」は社会生活の法則ではあるが、個々の市民が自分の行動を規律するための法則ではない。

あるべき事態への熱情は現状への愛着によって抑制される必要がある。このことは十分認められる。この二つの感じ方はわれわれの現在の混じり合った性質の二つの側面に対応している。われわれは一面において古い生活様式に適合したままであり、別の面において新しい様式に適合しつつある。保守主義はいまだに残る野蛮が必要とするような強制的制度を弁護し、急進主義は理想的人間の性質とよりよく調和する状態を現実化するために努力する。これらの感情の力は、それらに対応する制度の必要性と比例する。そしてある時代のある人々に適した社会組織は、その時代のその人々の間でこれらの感情が有力である程度に応じてその影響を及ぼすことになる。だからこの両方の感情が強力かつ恒久的に現われる必要がある。一方において、抽象的正義への愛情、あらゆる種類の侵略への義憤、改革のための熱情は喜ぶべきものだが、われわれは他方で、対立する傾向の表現もまた不可欠のものとして許容しなければならない――それが見られる場所が、あらゆる改善への微に入り細をうがった反対の中であれ、〈青年イングランド党〉(Young England)〔一八四〇年代のトーリー党の一派で、理想化された封建主義を提唱。代表者は「ディズレーリ」〕の幼稚な感傷主義の中であれ、それどころか英雄崇拝の時代を取り戻そうとする熱狂的努力の中であれ。これらが真摯な信念を表現している限りにおいて、自然はそれらをすべて必要としている。時々この争いは変化に帰結し、諸力の組み合わせによって**合力**(*resultant*)を生み出す。それは正しい方向への正しい運動量を体現している。するとこのように理解されれば、「進歩、そして同時に抵抗」の理論は正しい。

しかしここで注意してほしい。この抵抗が有益なものであるためには、その抵抗は、自分たちの擁護する制度が本当に最善で改革案は全体的に間違っていると考えている人々から来ていなければならない。変化をひそかに是認しているが、それに対するある程度の反対は役に立つと考えている人々から来てはならない。というのは、この意見の衝突の真の目的が、社会制度を人々の標準的性質と調和させることであるならば、そして(革命的情熱の生み出す一時的な意見を除いて)それぞれの事態について各人が抱く**正直な**(*honest*)意見が知性上の偶然事ではなく、その事態が彼の道徳的性質にどの程度適するかを示すものであるならば(第二十章§10、第三十章§7)、**正直**な意見の普遍的な表明によらなければば社会制度と標準的民衆の性質との間の調和は維持できない、という結論に至る。またもし改進党の一員が、急速すぎる進歩を妨げようというだけの意図で自分の本当の共感を隠して旧弊党に加わるならば、それは必ずや共同体とその制度との間の適応を妨害することになる。社会内部にいつも存在する自然な保守主義が進歩的傾向を抑えるままである限り、事態はうまくいくだろう。しかし自然な保守主義に人工的な保守主義——古いものへの愛情に基礎を置くのではなしに、保守主義が必要だという理論に基礎を置く保守主義——が加わり、二つの力の適切な比率が失われると、その合力はもはや正しい方向を向かず、それが生み出す効果は多かれ少なかれ間違ったものになる。それゆえ「進歩、そして同時に抵抗」が社会変化の法則だという信念の中には真理があるが、抵抗を党派によって作り出すべきだという推論は致命的に間違っている。これが必要とされる抵抗の種類だと考えるのは間違いだ。そしてギゾー氏自身の経験が証拠として示すように、誰にせよどの程度まで抵抗を行うべきかを述べることができると考えるのはさらなる間違いだ。

しかし実際にこのような批判に立ち入らなくても、道徳的慧眼を有する人ならそのような自己矛盾的行動が決して問題を解決しないということをはっきりと見て取れる。成功に至る方法は常に真正で誠実なものだ。宇宙の出来事は善意の欺瞞の体系に従って動いているのではない。自然の所為の中ではすべてのものがその真面目《しんめんぼく》を現わし、本来に備わった影響力を発揮する。事実でなく部分的に見せかけによって構成された円球は、明らかに久しからずして無秩序に至るだろう。そして自分自身の最も深い信念と調和しない行動を行う人々からなる共同体も、同じように不安定なものに違いない。ある提案が本質的に正しいと自分の心の中で知っていながら、行動においてそれは正しくないと述べることは、決して本当に有益なことではないだろう。社会は虚言によっては繁栄できないのだ。

§6

だがそれでも、このようにして裁量権を否定するのは不合理だと考えられるだろう。社会を純粋な公正の基礎の上に置こうと努めて賢明な考慮を無視することは、私的判断を全く放棄することにつながるとして躊躇されるだろう。それはその通りだ、と認めざるをえない。だがその反論を行う人にはこう自問してもらいたい。このような事柄に適用された場合、自分の私的判断にどれだけの価値があるだろうか？

その人が解決しようとする問題は何か？　今は彼が欲する変化をなすべき時か？　人々は自分たちがこれまで生きてきた社会形式よりも高次の形式にふさわしいか？　彼が今この問題に回答できる資格はどこにあるか？　彼は自分が指図しようとする対象である数百万の人々をかつて見たことがあるか？　おそらくその一割程度だろう。ではその内のどれだけを彼は知っているか？　おそらく千人か二千人については名前と職業を語れるだろう。しかしそのうちのどれだけについて知己を得ているか？　数百人といったところだろう。

彼らのうちどの部分について、彼は個人的に性質を知っているか？　数十人だ。そして彼の判断は、彼が本や新聞で読んだことや、会合で目撃したことや、会話で聞いたことによるに違いないのではないか？　部分的にはそうだ。そのようにして彼が注意することになった顕著な特徴を基にして、彼はその残りを推測する。では彼は自分の推測が信頼に値すると思っているのか？　否。逆に彼は自分が読んだり聞いたりしたことのある人々の間に行くと、自分が彼らについて全く間違った印象を持っていたということがわかるのが常だ。彼の判断の基になった証拠から、あらゆる人が同じような結論に至るのか？　否。同一の情報源から、他の人々は彼とは大幅に違う意見を持つ。彼自身の確信は変わらないか？全然そんなことはない。彼はいつも、自分が不十分なデータに基づいて一般化していたということを証明する事実に出くわし、その事実は彼に判断の改定を強いる。それにもかかわらず、彼は自分が個人的に知っている人々の性質の平均をとることによって、自分の知らない人々についてまずまず正確な意見を形成できるのではないだろうか？　そんなことはなさそうだ――彼が個人的に知っている人々について彼の判断が一般に正しくないということを見ると。彼の親友も全く期待できない行動によって彼を驚かせることが時々ある。彼の兄弟姉妹や子どもたちといった近親者でさえそうだ。いや実際のところ、自分自身に関する彼の知識もごく限られている。ときどき彼は自分がある新しい状況下でどのように行動するかを極めて明確に想像するのだが、実際にそういった状況に置かれると、彼の行動は彼が予想したのとは全く異なるということがよくある。

さて、これほど限られた知性がこの疑問——国民はこれこれしかじかの改革の手段を受け入れる準備があるか否か？——について行う判断に何の価値があるのか？　彼は約三百万人の人々について、彼らが現在の制度下よりも少しだけ自由に行動するだろうと公言する。しかしその人々の九割について彼は見たこともなく、数千人しか同定できず、そのごく一部しか個人的に知らない。それも彼らの大部分について自分が何らかの点で誤解していたことがわかるくらい、その知識は不十分だ。彼は自分自身についてさえ、ある未経験の状況が自分にどう影響するかを述べることができないのに、一国全体については、ある未経験の状況がそれにどう影響するかを語れるのだ！　ここには公言しているところと能力との間のまったくばかげた不一致がある。

現在の制度と提案された制度との対照がとても大きいとき、——たとえば、純粋な専制政治から完全な自由への即時の変化が提案されたならば、その結果は期待を満たさないだろうと確実に予言できるかもしれない。というのは、制度が成功するかどうかはそれが民衆の性質に適するかどうかに依存し、そして民衆の性質は一朝一夕には大きく変わらないのだから、現在の制度に代えて正反対の別の制度を突然取り入れることは不適切で、それゆえ失敗するに違いない。しかし判断能力が問われているのはこのようなケースにおいてではない。別のところで述べたように（第三十章§10）、これらの極端な変化は、市民は改革の提唱に際して入念であれという仮説が前提するような平穏な意見表明から生ずるものではなくて、逆にいつも何らかの革命的激情の結果だ。政策のいかなる考慮もそれをコントロールすることはできない。改良が平和に議論され提唱される場合にのみ――つまり状況が改良の来るべきことを証明しているときに限って――、提案された裁量は行使できる。その時にもこの裁量の正しい行使は、民衆についての「現在彼らは不適当だ」あるいは「今や彼らはふさわしい」と言えるだけの熟知を含んでいなければならない。そして自分がそれほど熟知していると考えるのは滑稽だ。それは全知の存在だけが持てるものだから。

では一体誰が、変革の時がいつ来るかを発見できるのか？　誰にもできない。その時はおのずから現われるだろう。われわれがそんな問題を思い煩うことは不必要であり、ばかげてもいる。時代がいつ真理に到達するかはすでに定められている。人間を高次の社会形態に適合させたのと同じ人間性の変形が、それらの社会形態が正しいという信念をおのずから生み出し（第三十章§8）、そうすることによってそれらの社会形態を成立させる。そして意見は性質の産物であり（「道徳感覚の理論」の章§5、第十六章§3）必ず性質と調和するから、世論と調和する制度は性質とも調和するに違いない。

§7

完全な法則だけが安全な指導者だという確信と、完全な法則は不完全な人間には達成できないという意識との間でディレンマに陥ったと感じている率直な読者は、今やそこからの出口を見出すだろう。読者には以下の事実を正しく実感していただきたい。——人の性質は意見の力を通じて外的制度に適合する。彼〔読者〕の意見もこの意見の一部を正当に形成する。それは他の人々のそのような意見と共に、社会変化を生み出す一般的な力を構成する力の一単位である——。すると読者は、その効果がどうなるのであれ、自分の**内奥の確信**（*innermost conviction*）を公言するのは適切だということがわかるだろう。読者がある原理への共感と別の原理への嫌悪を自らの中に持つことには理由がある。自らの能力と欲求と信念のすべてを含めて、読者は偶然ではなく時代の産物だ。過去の世代に働いてきた影響力、彼に働いてきた影響力、彼の子ども時代の教育としつけ——これらは彼がそれ以来生きてきた状況と一緒になって、現在の彼を作り上げてきた。そしてこのようにして彼の中にできあがった結果は目的を持っている。彼は自分が過去の子であると同時に未来の親でもあるということを思い出さなければならない。彼の中で発展した道徳感情は、さらなる進歩のために役立つべきものだ。それを抑圧し、それが生み出す思想を覆い隠すことは、創造者の計画を妨げることになる。彼は他のすべての人と同じように、自分自身が行為者であって自然がそれを通じて働くと考えなければならない。そして自然が彼の中にある信念を産み落とすとき、自然はそのことによって、彼がその信念を公言し実行する許可を与えるのだ。というのも――

「人工のわざそのものも自然によって作り出され、おかげで自然はよりよくなる。だから、あなたの言う自然に加えられた人工のわざも、実は自然が作り出すわざなのだ。」

［シェイクスピア『冬物語』第四幕第四場。ポリクシニーズの台詞（松岡和子訳）］

それゆえ、賢い人は自分の中の信念を、外から来たもの――軽視したり、政策的計算に従属させたりしても構わないもの――と見なしたりはしない。反対に、自分の行動のすべてが従うべき至上の権威と見なすのだ。彼は自分に考えられる限りの最高の真理をためらいなく公言するだろう。自らの至純の理想を実現させようと努力するだろう。彼は知っている。――その結果がどうなろうと、このようにして自分は世界の中の自分に定められた役割を果たしているのだ、自らの目標を達成できれば、それはよいことだし、達成できなくても、それもまたよい――達成できた場合ほどではないが――ということを。

§8

かくして、一様な疑うことなき従順さを説くことにおいて、完全に抽象的な哲学はすべての真の宗教と一つになる。良心への忠誠――これこそ両者が説く本質的な教えだ。躊躇もなく、蓋然的結果に関する詮索もなく、われわれに向けられた法則だと信じられることに暗黙のうちに従うこと。われわれは自分の行動が故意に侵害する原理に対して、口先だけの忠誠を誓ってはならない。「主よ、われわれを導きたまえ」［原文はラテン語。ロンドン市のモットー］を自らのモットーとしながら、与えられた指令を無視して自分自身で指令しようとする人々の例に倣ってはならない。われわれはその事実上の無信仰を犯してはならない。その無信仰は、人事に関する導きとしてわれわれ自身の限られた予想だけに頼り、自らが神の役割を果たそうとして、人類にとって何が善いことで何が悪いことになるかを決めようとする。だがわれわれはその反対に、本当の謙虚さをもって、われわれに定められた規則を探し求め、それが要求することを、帰結について憶測せず、たゆまず行わなければならない。われわれはそうするにあたって、完璧な真摯さが存在するとき――各人が自らに忠実であるとき――誰もが自分で最高の正義だと考えることを実現しようと努力するとき――そのときにこそ、すべてのものは栄えるのだ、と信じている。

「社会静学」（一八五一年）全目次

（一八九二年版では、＊を付した部分が削除された。その他の章も有神論的な議論など多くの部分が削除された。また「序論」と四部立てという構成や章の番号も廃されて、番号のついていない章が並ぶだけになった。）

・序文　＊

・序論

便宜の理論

道徳感覚の理論

補助定理（Lemma）一　＊

補助定理二　＊

・第一部

第一章　道徳の定義

第二章　害悪の消失

第三章　神意、及びその実現の条件

・第二部

第四章　第一原理の導出

第五章　第一原理の二次的導出

第六章　第一原理

第七章　第一原理の応用

第八章　生命と人身の自由の権利

第九章　土地を利用する権利　＊

第十章　財産権

第十一章　観念への財産権

第十二章　名誉への権利　*
第十三章　交換の権利　*
第十四章　自由な言論の権利　*
第十五章　さらなる権利　*
第十六章　女性の権利
第十七章　子どもの権利

・第三部

第十八章　政治的権利
第十九章　国家を無視する権利　*
第二十章　国家の基本構造
第二十一章　国家の義務
第二十二章　国家の義務の限界
第二十三章　通商の統制
第二十四章　国教制度
第二十五章　救貧法
第二十六章　国家による教育
第二十七章　政府による植民
第二十八章　衛生管理
第二十九章　通貨、郵便事業など

・第四部

第三十章　一般的考察
第三十一章　要約　*
第三十二章　結論　*

人間対国家

序文

『ウェストミンスター・レビュー』の一八六〇年四月号は「議会改革：危険と保護策」という題名の論文を含んでいた。私はその論文の中で、当時提案されていた政治改革のいくつかの結果をあえて予言した。

ごく単純化して言えば、そこで私が述べたのは、十分な用心をしなければ自由の形式上の増大は自由の事実上の減少に至るだろう、ということだった。私が当時述べた見解を変えるようなことは以後何も起きていない。その時からの立法の潮流は、予期された種類のものだった。急速に増大する独裁的手段が個人の諸自由をせばめ続ける傾向は続いているし、それも倍増した。規制は毎年その数を増やし、行動がそれまで規制されていなかった領域でも市民を規制している。そして市民がこれまでは行うことも行わないことも好きなようにできた行為を行うように命じている。また同時に、公的負担の増大——主として地方のもの——が、市民の好きなように使える収入の部分を減少させ、市民から取り上げて公務員が好きなように使える部分を増大することによって、市民の自由をさらに制約してきた。

今述べたこれらの結果の原因は当時も今も働いているが、それは実際に強化されそうだ。そして私はこれらの原因と結果について引き出した諸結論が正しかったということがわかったので、未来に関する同じような結論を述べて強調し、害悪の恐れに注意を向けさせるためにできるかもしれない、ささやかな仕事をしようという気になった。

私はこの目的のために以下の四編の論文を書いた。それが元々発表されたのは『コンテンポラリー・レビュー』の今年の二月号、四月号、五月号、六月号、七月号だ。一部の批判に答え、提起されそうないくつかの反論をなくしておくために、私は後記を今加えた。

ベイズウォーター　一八八四年七月

本書初版に付した上記の序文はもう七年以上前に書いたものだが、今度の版にも同じくらい役に立つ。私が付け加えて言うべきなのは、ある注の中で私の理論を強化する一つの重要な例証を加えた以外、私はさまざまの言葉上の改善と一つの事実の小さな訂正をしたにとどまる、ということだ。

アヴェニュー・ロード、リージェンツ・パーク　一八九二年一月

新しいトーリー主義

一

今日リベラル〔自由派〕として通っている人々の大部分は新しいタイプのトーリー〔保守派・王党派〕だ。これが私の正当化しようとする逆説だが、その正当化のために、私はまずこの二つの政治的党派が元来何であったかを示さなければならない。それから私は、読者におなじみの事実を思い出してもらう間、読者がそれにつきあってくれるようにお願いしなければならない。そうすれば読者は〈トーリー主義〉および〈リベラリズム〉と呼ぶのが適切であるものに内在する性質がわかるだろう。

この二つの政治的党派は、最初その名前が生ずる前の時代、社会組織の対立するタイプをそれぞれ代表していた。両者は大まかに、軍事的タイプと産業的タイプとして区別できる——前者は古代においてほとんど普遍的だった身分制度によって、後者は近代において主として西洋諸国、特にわが国とアメリカにおいて一般的になってきた契約制度によって、それぞれ特徴づけられる。「協力（cooperation）」という言葉を狭い用法で用いる代わりに、あらゆる規制システムの下における市民の結合した活動を意味する一番広い用法で用いるならば、両者は強制的協力のシステムと自発的協力のシステムとして定義できる。前者の典型的構造は徴兵による軍隊で、そこではいくつかの階級に分けられたユニットが死刑の恐怖に強いられて命令を実行し、恣意的に割り当てられた食糧と衣服と給料を得る。後者の典型的構造は生産者と分配者の団体で、彼らは特定されたサービスの代価として特定された支払いを行うことを個別に同意して、もしその組織を好まないならば、適切な通知の後で任意に脱退することができる。

イングランドの社会進化の間、この二つの根本的に対立する協力形態の間の相違が徐々に明らかになった。しかし両党派の起源はトーリーとホイッグ［リベラル党の前身］という名前が使われるようになる前に遡ることができ、両者がそれぞれ軍事と産業に関連するということは漠然と明らかになっていた。身分の下における協力を特徴づける強制的支配に対する抵抗を行うのは、契約の下における協力に親しんでいる労働者と商人から構成される都市住民であることが多い。これは他国と同様にわが国でも熟知されている真理だ。その逆に、慢性的戦争から生じてそれに適合した、身分の下における協力は、元来軍の首領とその家来が住んでいた田舎で支持されていて、そこでは原始的な思考と伝統が生き残っていた。さらに、ホイッグとトーリーの原理がはっきり区別されるようになる前から示されていたこの政治的傾向の対照はその後も続いた。［名誉］革命の時代、「村と小さな町はトーリーが独占していたが、大都市と工業地域と通商港はホイッグの牙城だった」［George Wingrove Cooke, *The History of Party*, Vol. 2, 1837 からの引用。次の段落の引用文も同じ］。そして例外はあるが同じような一般的関係が今も続いているということは、証明するまでもない。

二つの党派の起源が示す性質はこのようなものだった。さて両者の性質が初期のドクトリンと行動によっていかに示されたかを見よう。ホイッグ主義はチャールズ二世〔在位一六六〇—八五年〕とその一派（cabal）が無制約の君主権力を再建しようとしたのに対する反抗から生じた。ホイッグたちは「君主政を、国民全員の利益のために国民が設立した国家的制度とみなした」が、トーリーにあっては「君主は天から遣わされた代理人だった」。そしてこれらのドクトリンはそれぞれ、支配者に対する臣民の服従は条件つきだという信念と、無条件だという信念を含んでいた。十七世紀末のホイッグとトーリーについて、その約五十年後に『党派論』〔一七三三—三四年〕を書いたボーリングブルック〔Bolingbroke. 一六七八—一七五一年。子爵。はじめトーリーの政治家。政界追放後は政党政治の批判者として影響力を持った〕はこう言っている。

人民の権力と主権、原始契約、議会の権威と独立、自由、抵抗、〔王位からの〕排斥、譲位、廃位——これらが当時ホイッグと結びつけられていた観念で、いかなるホイッグも、これらの観念はトーリーと衝突して、それとは両立不可能だと考えていた。神による、相続される、不可侵の権利、直系相続、受動的服従、特権、無抵抗、奴隷制、それどころか時には教皇崇拝までもが、多くの人々の頭の中でトーリーと結びつけられていた観念で、同じようにして、ホイッグと衝突して両立不可能だと考えられていた。――『党派論』*Dissertation on Parties*, p. 3.

そしてこれらの記述を比較するならば、片方の党派の中には、臣民に対する支配者の強制的権力に抵抗しそれを小さくしようという欲求があるのに対して、他方の党派の中には、その権力を維持あるいは拡大しようという欲求がある、ということがわかる。目的におけるこの対立は、その意味においても重要性においてもそれ以外のあらゆる対立をしのぐものだが、それは両者の初期の行動の中に現われた。ホイッグの原理の典型例は人身保護法[Habeas Corpus Act. 一六七九年。人身の自由の保障に大きな役割を果たした]で、裁判官はこの手段によって国王から独立した。無抵抗審査法案(Non-Resisting Test Act Bill)の敗北もそうだ。その法案は立法者と公務員がいかなる場合も国王に武力で抵抗しないという強制的宣誓をさせようと提案していた。また君主による侵害から臣民を保護するために制定された権利章典(Bill of Rights.)[一六八九年]もそうだ。これらの法律は同一の内在的性質を持っている。これらの法律は社会生活を通じた強制的協力の原理を弱め、自発的協力の原理を強めた。それに続く時代にもこの党派の政策は同じ一般的傾向を持っていた。そのことはアン女王[在位一七〇二―一四年]死後のホイッグ支配期に関するグリーン氏[John Richard Green. 一八三七―八三年。次に引用される『イングランド人民小史』(一八七四年)で有名な歴史家]の言葉が示すところだ。

イングランド人はその五十年間の統治が終わるよりも前に、宗教の相違のために訴追したり印刷の自由を取り消したり司法の執行に介入したり議会なしに統治したりすることが可能だということを忘れていた。――『小史』*Short History*, p. 705.

さて、前世紀末と今世紀初頭の［フランスとの］戦時期には、それまで勝ち取られてきた個人の自由の拡張が失われ、軍隊的な社会タイプへの後退――軍事目的による市民の人身・財産の強制的拘束から、公共の集会の禁止や印刷の自由の拘束に至る、あらゆる種類の強制的手段によって――が見られた。だが戦時が過ぎて平和が再来すると、それ以後ホイッグあるいはリベラルがもたらした諸変化の一般的性質は、産業的体制の再生とそれに適したタイプへの回帰を認めた、ということを思い出そう。ホイッグの影響の拡大の下、職人の間の連合を禁止したり旅行の自由に介入したりする法律が廃止された。ホイッグの圧力下で、非国教徒は自分の好きなように宗教を信じても何らかの国家的ペナルティを受けなくてもすむようになった。トーリーが強制されて実行したホイッグの法案によって、カトリックはその自由を失うことなしに自分の信仰を公言できるようになった。黒人の売買と奴隷的拘束を禁止する諸法律によって自由の領域が拡張された。東インド会社の独占は廃止され、東洋との貿易は万人に解放された。代表されない人々の政治的隷属は、選挙改革法〔一八三二年〕と地方選挙改革法〔一八三五年〕の両方によって範囲が狭められ、多数者が少数者の強制の下に置かれる程度は、全国的にも地方的にも少なくなった。非国教徒はもはや教会による婚姻の形式に縛られなくなって、純粋に世俗的（civil）な儀式で結婚できるようになった。最近は外国の商品を買ったり外国の船舶や外国人水夫を雇ったりすることへの制約が縮小あるいは撤廃され、さらに近くは、元来意見の普及を妨げるために課されていた印刷への負担が撤廃された。そしてこれらの変化すべてについて、それらをリベラル自身が行ったか否かはともかく、彼らが公言して提唱した諸原理に従っていたということは疑う余地がない。

しかし私はなぜそれほど周知の事実を列挙するのか？　単純にその理由は、最初にも述べたように、リベラリズムが昔はどのようなものだったかをすべての人に思い出させて、それは現在のいわゆるリベラリズムと似ていない、と人々に気づいてもらうことが必要と思われるからだ。今日の人々が両者に共通する特徴を忘れてしまったのでないならば、その特徴を指摘するためにこれらのさまざまの法律をあげることは弁護できないだろう。だが彼らは覚えていない——何らかの仕方で、これらの真にリベラルな変化が、社会生活全体を通じて強制的協力を減少させ自発的協力を増大させたことを。政府の権威の範囲を狭め、個々の市民が制約を受けずに行動できる範囲を広げたことを。過去においてリベラリズムは国家的強制に対立して個人的自由をいつも支持していたのだが、この真理を人々は見失ったのだ。

さてここで質問が来る。――リベラルはどのようにしてこの点を見失ったのか？　リベラリズムがますます権力を握るにつれてその立法においてますます強制的になっていったのはどうしてか？　リベラリズムが、直接的に多数派としてであれ、間接的に敵の多数派に与える助力を通じてであれ、市民の行動を命令する政策をますますとってきて、その結果、市民の行動が自由なままでいる範囲を減少させているのはどうしてか？　公共善と思われるものを追求する際に、リベラリズムはかつてそれを達成していた手段を転倒させるようになったのだが、この思考の混乱を説明するものは何か？

この無意識の政策変化は一見説明不可能なように見えるかもしれないが、それが自然に発生したということをわれわれは見るだろう。非分析的思考が政治に影響するのが通常だということを考えれば、現状ではそれ以外のことを期待できなかった。この点を明らかにするためには、さらにいくつかの補助的説明が必要だ。

二

最低の生物から最高の生物に至るまで、知性は区別という行為によって進歩する。そのことは人間の間でも、最も無知な人々から最も教養ある人々に至るまで変わらない。正しく分類すること――本質的に同じ性質を持っているものを同一のグループに入れ、本質的に異なった性質のものを別のグループに入れること――が行為の正しい指導に至る基本的条件だ。ある大きな不透明な物体が近づいているという警告を与える（ちょうど窓に向かって目を閉じていても、目の前の手が作り出す影に気づいて、何かが自分の前を動いていると気づくように）原始的な視覚から始まり、発展した視覚に進歩していくのだが、後者は厳密に識別される形と色と動きの結びつきによって、遠距離の対象を獲物であるとか敵であるとか同定して、食糧の確保や死の回避のために行動の調整を改善することを可能にする。相違をよりよく知覚し、それに従って一層正確な分類をすることは、ある面においては知性の成長だ。そのことが同じようにわかるのは、比較的単純な物理的視覚から比較的複雑な知性的視覚に移るときだ。この視覚の働きによって、それまでは外面的類似や外在的環境によって分類されていた事物が、それらに内在する構造あるいは性質に従って、一層正しく分類されることになる。知的な面でも、発展していない視覚はその分類において、発展していない物理的視覚と同じように区別ができず、誤りを犯す。かつて植物を樹木と灌木と草というグループに分類したことを見てみよう。大きさという最も顕著な特徴が区別の根拠だった。そこから生じた集合体は、性質において極端に異なる多くの植物を一つにまとめ、よく似た他の植物を別のグループにまとめるものだった。あるいはもっとよい例は、魚介類という総称の下、貝類の中に甲殻類と軟体動物をまとめる、いやそれどころか、クジラ類の哺乳動物を魚の中に入れる、通俗的な分類だ。部分的にはそれらが水棲動物だという生態上の類似のせいで、また部分的にはそれらの味が大まかには似ているせいで、鳥と魚が違う以上に本質においてかけ離れている諸動物が同じ分類・同じ下位分類の中にまとめられているのだ。

さてこのように例示された真理は、五感でとらえられない事物、なかんずく政治組織とか政治的手段といった事物に関する高次の知的な視覚にも妥当する。というのは、これらの事物について考えるときにも、不十分な知的能力、あるいは知的能力の不十分な鍛錬、あるいはその両者の結果が、誤った分類とそれに伴う誤った結論だからだ。実際ここでは知性が取り扱う事物が同じ容易な仕方での検討を許さないので、一層誤りに陥りやすい。人は政治組織に触れたり、それを見たりすることができず、それを知るためには構成的想像力を働かせるしかない。また物理的な視覚によって政治的手段を把握することもできない。このためには心による表象というプロセスが必要で、そのプロセスによってこそその諸要素が思考の中でまとめられ、結合の本質的性格がとらえられる。それゆえここでは、今述べたケースにも増して、欠陥ある知的視覚が、外的特徴あるいは外在的環境による分類という形で現われる。この原因によって諸制度がどのように間違った仕方で分類されるかは、ローマ共和政が民衆的〔民主的〕な政治形態だったというありふれた見方の中に見出せる。理想的な自由状態をめざしたフランス革命の初期の思想を見れば、そこではローマ人の政治形態と事績が彼らのモデルだった。そして今でさえ、ローマ共和政の腐敗を民衆統治の帰結の例としてあげる歴史家がいるだろう。それでもローマ人の制度と正当に自由な制度と呼べるものとの間の類似は、サメとイルカの間の類似――大きく異なる内的な構造を持つ、大まかな外形の類似――よりも小さい。ローマの政府は大きな寡頭政の内部の小さな寡頭政で、その個々のメンバーは制限を受けない独裁者だった。政治権力を持ち制限された意味で自由である比較的少数の人々が小さな独裁者であり、奴隷や家来だけでなく子どもたちさえも家畜と同じように絶対的に隷従させているような社会は、その内在的性質において、政治的に平等な市民たちの社会よりも通常の専制政治の方に近い。

ここでわれわれの固有の問題に移ると、リベラリズムが自らを失った混乱の性質を理解できよう――そしてそれを誤らせた、政治的手段の間違った分類の起源も。これから見るように、この分類は内在的性質ではなく顕著な外的特徴による分類だ。というのも、民衆の理解において、また過去においてリベラルの変化をもたらした人々自身の理解において、その変化は何だっただろうか？　それは民衆あるいはその一部の苦しみをなくすことだった。それこそが人々の心に一番印象を与えた共通の特色だった。それは市民の多くに、悲惨あるいは不幸への障害の原因と直接あるいは間接に感じられた害悪の軽減だった。そして大部分の人々の心にとって害悪の矯正は善の達成と等しいから、これらの手段は積極的な恩恵と考えられ、多数者の福利はリベラルの政治家にもリベラルの有権者にも、リベラリズムの目的だと考えられるようになった。ここに混乱の原因がある。民衆にとっての善が得られることは、初期（そのころ善は拘束の弱化によって得られた）のリベラルな手段に共通する外的な顕著な特徴だったが、民衆にとっての善それ自体がリベラルの求めるものになった。それは拘束の弱化によって間接的に得られるべき目標ではなく、直接達成されるべき目的だというのだ。そしてリベラルはこの目的の直接の達成をめざして、彼らが元来用いていた方法と内在的に対立する方法を用いるようになった。

そしてこの政策の転換（あるいはむしろ部分的転換と言うべきだろう。というのは、最近の埋葬法や今も残る宗教的不平等をすべて除去しようとする試みは、ある方面では元来の政策が続いていることを示すからだ）がいかにして生じたかを見たところで、これが最近どこまで推し進められているかの程度、そしてまた、現在の思想や感情が支配し続けるならば将来それがさらにどこまで推し進められるかの程度を次に考えてみよう。

三

その前に、私はこれらのさまざまの拘束や命令を次から次に促進した動機について考察するつもりはないと言っておくのがよかろう。これらの動機は、疑いもなくほとんどすべての場合において善いものだった。一八七〇年制定法が染色工場における女性と児童の雇用について行った制限が、その意図において、職人を拘束できる最小の時間を定めたエドワード六世［在位一五四七―五三年］の制限に劣らず人間愛から来たものだったことは認めなければならない。疑いもなく、地主が貧しい借地人のために種子を買い、そしてそれが適切にまかれるように監督する権限を与えた一八八〇年の種子供給法（アイルランド）は、借地人が飼うことのできる羊の数を定めた一五三三年の法律や、荒廃した農場の再建を命じた一五九七年の法律と同じくらい、公共の福祉への欲求が動機になっていた。近年酒類の販売制限のために取られたさまざまの方策が、かつて奢侈の害悪を制限するために取られた方策——たとえば十四世紀には服装だけでなく食事も規制された——と同じように、公共道徳を目的としているということを誰も疑わないだろう。ヘンリー八世［在位一五〇九—四七年］が発した命令は下層階級がサイコロ遊びやカード遊びやボーリングで遊ぶことを禁止したが、最近賭博を禁止するために制定された法律がそれら以上に民衆の福利への欲求から来ていることは、誰にでもわかる。

さらに、保守派もリベラルも競って倍増させようとしているこれらの最近の干渉が賢明なものであるかどうかも、私はここで問題にしようとは思わない——それらと多くの点で似ている大昔の干渉が賢明だったかを問わないのと同様に。水夫の命を救うために最近取られた計画は、十五世紀中葉のスコットランドで冬の間出港することを船長に禁止した命令と比べて一層賢明であるかないか、われわれは今それを検討しない。現在のところ、不適切な食物を捜査する権限をある場所において衛生検査官に与えることは、金銭や板金の輸送を妨げるために宿泊客の捜索をすると海港の旅館主に宣誓させたエドワード三世［在位一三二七―七七年〕の法律よりもよかったかどうかは議論しないでおこう。運河船法は船主がその漕ぎ手の子どもたちを無料で乗船させることを禁止しているが、その条項は、工場主が王立交換所から十マイル以上離れた所に彼らの工場を置くことを職人たちの利益のために一八二四年まで禁止していたスピタルフィールズ〔ロンドンの地名〕法に劣らず合理的だった、と想定しよう。

かくしてわれわれは人間愛による動機や賢明な判断が当然存在すると想定して、これらの問題を排除し、リベラル隆盛期に実行に移されたこれらの手段の強制的な性質だけに関心を集中することにする。

例証を見てとれる範囲に収めるために、パーマストン卿〔Lord Palmerston. 一七八四―一八六五年。二回ホイッグ党内閣を組織した〕の第二次内閣時代の一八六〇年から始めることにしよう。その年には工場法が漂白・染色工場に拡張された。当局が食品・飲料の分析官を使用するようになり、その費用は地方税から支払われた。ガス工場の視察およびガスの品質管理と価格制限のための法律が制定された。鉱山のさらなる視察に加えて、学校に登校せず読み書きができない十二歳以下の少年の雇用を処罰する法律が制定された。一八六一年には、工場法の強制的な規定がレース工場に拡張されるようになった。予防接種を実施する権限が救貧監督官などに与えられた。馬、ポニー、ラバ、ロバ、ボートなどの賃料に対する固定税を設定する権限が地方委員会に認められた。さらに地方自治体の中で、家畜への水を供給する目的の排水・灌漑に対する地方税を課する権限が与えられたところもある。一八六二年には、戸外における漂白作業に女性と子どもを雇用することを規制する法律、単一の縦穴あるいは規定よりも小さい間隔でしか離れていない複数の縦穴しか持たない鉱山を違法とする法律、財務省が定める価格の薬局方を公表する排他的な権利を薬事委員会に与える法律が制定された。一八六三年には、強制的予防接種がスコットランドとアイルランドに拡張された。失業者を雇用し賃金を支払うために地方税から金銭を借りる権原が、特定の委員会に与えられた。遺棄されている装飾〔都市〕地域（neglected ornamental spaces）を収容する権限と、その維持のために住民に課税する権限が、市当局に認められた。パン焼き工場規制法が制定されたが、これはある時間帯に働く被雇用者の最低年齢を規定するほか、定期的な石灰水洗浄、ペンキを塗る場合の三度塗り、六か月に一度以上の湯と石鹸による掃除を指示するものだった。また検査官に提出された食品が健全なものか否かを決定する権限を行政当局に与える法律も制定された。一八六四年の強制的立法からは、さまざまの業種への工場法の拡張があげられよう。その中には掃除と換気の規制、マッチ工場において特定の被雇用者は木工場以外の場所で食事を取ってはならないと規定するものがあった。その他にも、煙突掃除法、アイルランドにおけるビール販売をさらに規制する法律、ケーブルと錨の強制的検査のための法律、一八六三年の公共事業法を拡張する法律、伝染病法が制定された。この最後の法律は、過去確立されていた個人的自由の保護のいくつかを特定の階層の女性について廃止する権限を、特定の場所において警察に与えるものだった。一八六五年には、浮浪者を納税者の負担において受け入れ一時的救助を与えるためのさらなる規定がなされた。新しいパブ営業時間制限法、ロンドンにおける消火のための強制的規制を行う法律も制定された。そしてジョン・ラッセル卿〔Lord John Russel. 一七九二―一八七八年。ホイッグ党の政治家。哲学者バートランド・ラッセルの祖父にあたる〕の〔第二次〕内閣下の一八六六年には、スコットランドにおける家畜小屋等を規制する法律が制定された。この法律は、家畜の健康状態を検査しその数を限定する権限を地方当局に与えるものだった。ホップ栽培者が荷袋に作物の生産年と場所と正確な重量を書いたラベルを貼ることを命じ、警察に捜査権限を与えた法律が制定された。アイルランドにおける下宿屋の建設を促進し、下宿人の規制を行う法律が制定された。下宿屋の登録と入居者の制限を行い、石灰水洗浄などのための検査と命令も規定する公共健康法、そして多数者が自分たちの読む書物のために少数者に課税する権限を地方政府に与える公共図書館法が制定された。

〔一八六六―六八年の短期のトーリー党政権時代を経て〕グラッドストン氏〔William Ewart Gladstone. 一八〇九―九八年。はじめトーリー党、のちホイッグ党に移り四回内閣を組織。本書はその第二次内閣の時期に公刊された〕の第一次内閣の立法に移ると、一八六九年には国営電信制度が制定されて、それ以外の事業者による電信が禁じられた。国務大臣がロンドンにおける有料輸送を規制する権限を持った。家畜の病気の伝染を防止するためのさらなる厳格な規制、別のパブ営業時間制限法、海鳥保護法（これは魚の死亡率を高めることになった）もある。一八七〇年には、地主による土地改良と小作農による土地購入を推進する権限を公共事業委員会に与える法律が制定された。学校用地を購入する学校委員会を設置する権限を教育局に与える法律［初等教育法］も制定された。この法律は、地方税によって無料で学校を提供することで、学校委員会に子どもの教育費を支払わせ、両親に子どもの通学を強制することを許すものだ。さらなる工場法が制定されたが、そのさまざまの規制の中には、果物缶詰工場と魚の塩漬け工場における女性と子どもの雇用に関するものがあった。一八七一年には商船法が改正されて、出港して航海に出る船の喫水を商務省の役人が記録することを命じた。さらなる規制を課する新たな工場・職場法ができた。行商人の荷物を検査する権限を警察に与えるだけでなく、許可証なしに売ることに罰金を科し、その許可証が有効である地域を限定する行商人法が制定された。予防接種強制のための手段が追加された。一八七二年にはさまざまな立法の中でも、子守のために複数の子どもを雇うことを違法とする――ただし、受け入れられる幼児の人数を指令する当局によって登録されている家は別――法律があった。十六歳未満と見られる者への酒類の販売を禁ずる酒類販売許可法が制定された。蒸気客船の毎年検査を定める新しい商船法が制定された。そして一八七三年には農業児童法が通過して、初等教育の証書を持っていないか規定された学校に通学していない子どもを農民が雇うことが処罰されるようになった。商船法が通過して、個々の船が喫水を示す目盛りをつけることを要求し、備えるべき救命装置とボートの数を決める権限を商務省に与えた。

〔一八七三―八〇年のトーリー党政権時代を経て〕現在の〔第二次グラッドストン〕内閣下のリベラル党の立法に移ろう。一八八〇年には、水夫の賃金を条件つき小切手で支払うことを禁ずる法律、穀物輸送船の救助艇の整備を命ずる法律、また親にその子どもを通学させるための地域的強制を強める法律があった。一八八一年には、貝と餌の養殖場でトロール漁業を行うことを禁ずる法律と、日曜日にウェールズでビールを一杯でも買うことを不可能にする禁止令が出た。一八八二年には、発電と電気売買の許可を与える権限が商務省に与えられ、電気照明に課税する権限が地方公共団体に与えられた。公衆浴場と洗濯場をもっと利用しやすくするための増税が行われた。野菜・果実採集のために雇われた人々の品位ある宿舎を確保するための条例を制定する権限が地方政府に与えられた。一八八三年のそのような立法の中では、安価列車法があげられよう。これは部分的には国民に（乗客運賃の免除という形で）一年間に四十万ポンド課税することによって、また部分的には鉄道事業者の費用において、労働者の運賃をさらに引き下げるものだった。商務省は鉄道コミッショナーを通じて、十分な質と量の施設を確保する権限を与えられた。またパブの中で労働者に賃金を支払うことを十ポンドの罰金で禁ずる法律もあれば、白鉛工場の視察（その目的は、オーヴァーオールの作業着や防毒マスクや入浴場や酸味飲料などが備わっているかを確かめること）やパン工場の視察を命じ、両者の工場における労働時間を規制し、後者についてはその建設を詳細に規定し、検査官の満足のいくような状態に保持することを要求する、新しい工場・職場法もある。

しかし近年実際に制定されてきた強制的立法だけに目を向けるのでは、とうてい十分な理解は得られない。われわれはまた、範囲の点でも厳しさの点でもはるかに徹底的な提案を見なければならない。最近、いわゆるリベラルの中で一番進歩的な方に属するある大臣は、労働者住宅を改善しようとする前内閣の計画を「修繕」にすぎないとして鼻であしらい、小規模住居所有者や土地所有者や納税者に対する効果的強制の実行を主張している。また別の大臣は、自分の選挙民に対する演説の中で、貧民を助けようとする慈善団体と宗教団体の事業について軽蔑的に語り、「この国の人々のすべてはこの仕事を自分たち自身の仕事として見るべきだ」と言った。それはつまり、何らかの拡張的な政府による手段が必要だということだ。さらにまた、ある有力な団体を率いる議会の急進派の一メンバーは、ある商品の交換の自由を妨げる権限を地方の多数派に与えることによって禁酒を強制しようとしているが、それが成功する見込みは毎年大きくなっている。ある階級の労働時間の規制は、工場法の継続的な適用拡張によって徐々に一般化されていったが、今日ではさらに一般化されるだろう。すべての工場で働く労働者をこのような規制の下に置くための手段が提案されるだろう。また万人に無料で（つまり、税金によって）教育を与えよという提案も生じている。学校への［私的な］授業料支払いは不正だという非難が始まっている。国家がすべての義務を負うべきだというのだ。さらに、多くの人々が次のように提案している。――国家は疑いもなく、貧しい人々のために良い教育となるものが何かについて有能な判断者だ。それゆえ国家は中産階級のためにも良い教育を規定すべきだ――彼らの子どもたちをも、国家のパターンに従って鋳型にはめ込むべきだ――。それが良いことだという点について、彼らは中国人が自分たちの国家教育に対して持っていたのと同じくらい確信を持っている。そして最近精力的に主張されている「研究資金」もある。すでに政府は毎年四万ポンドをこの目的のために支出していて、それを分配するのは王立協会だ。そして利益集団の圧力に抵抗しようとする強い動機を持つ人々がいなければ、政府はデイヴィド・ブルースター卿［Sir David Brewster. 一七八一―一八六八年。物理学者］が昔提唱した、有給の「科学の司祭階級」を将来創設するだろう。そしてまた、強制保険のシステムを組織すべきだというもっともらしい提案もなされている。このシステムによると、若い人々は将来自分が働けなくなった時のために自ら貯蓄するよう強制されるのだ。

近い将来あるいは遠い将来に待ち構えている強制的支配のこれらのさらなる手段はそれだけで終わらない。一般的な、あるいは特定の増税という形をとる附随的な強制については、ほんのわずかに触れたにとどまる。いずれも公務員増を必要とする、増大してやまないこれらの規制を執行する費用を支弁するために、また寄宿学校とか無料図書館とか公共の博物館とか浴場・洗濯場とか運動場とかいった新しい公共施設の経費を満たすために、地方税が毎年引き上げられている。また税金一般は教育や科学・技術への助成金によっても引き上げられている。これらすべてはさらなる強制を含む——市民の自由をさらに制限することになる。というのは、どんな増税も暗黙のうちに次のような言明を伴っているからだ。——「あなたはこれまで、あなたの収入をどんな仕方でもあなたの好きなように支出することが自由だった。今後あなたはそのように支出する自由がない。われわれがそれを一般の利益のために使うのだ。」かくして、直接にせよ間接にせよ——大部分の場合はその両方なのだが——市民はこの強制的立法の成長の各段階で、自分がそれまで持っていた何らかの自由を奪われることになる。

このようなものが、リベラルの名を自称し、自由拡大の提唱者をもって任じている政党がしていることなのだ！

四

私は確信しているが、この政党の多くの党員が、これまでの部分をいらいらしながら読んできたことだろう。彼らはこの議論の妥当性を破壊すると考える巨大な見落としを指摘したいことだろう。彼らが言いたいことはこうだ。「あなたはリベラリズムが過去においいて廃止してきた制約を作り出した権力と、あなたが反リベラルだと呼ぶ現在の制約を作り出している権力との間の根本的相違を忘れている。あなたが忘れているのは、前者は無責任な権力だが、後者は責任ある権力だということだ。リベラルの最近の立法によって人々がさまざまの仕方で規制されているとしても、その規制をしている団体は国民自身が作り出したもので、国民からの担保を受けているということを忘れてはならない。」

私の回答はこうだ。——私はこの相違を忘れていたわけではない。その相違はこの問題にとって大部分無関係だと主張したいのだ。

第一に、真の問題は市民の生活が前よりも一層干渉にさらされているかであって、その干渉を行う機関の性質ではない。もっと単純な例を考えてみよう。労働組合のメンバーの一人が他の人々と一緒になって、純粋な代表制の性質の組織を設立したとしよう。それによって、彼は多数派がそう決めたならばストライキを行わなければならない。彼は彼ら多数派が決めた条件以外で仕事を受け入れることを禁じられている。彼らが禁止しなかったらできる程度に、自分のすぐれた能力やエネルギーを使って利益を受けることができないのだ。彼はその組織の与えてくれる金銭的利益を目的として加入したわけだが、それをあきらめ、仲間からの迫害やおそらくは暴力を受けることなしには、反抗できない。彼に強制を加える団体は、その形成にあたって彼が他の人々と等しい発言権を持っていた団体だが、それだからといって、彼への強制が一層小さくなるだろうか?

第二に、次のように反論されるかもしれない。――そのアナロジーは間違っている。なぜなら、国民の生活と利益の保護者として誰もが服従しなければ社会が解体してしまう、国家という統治体は、いかなる私的な組織がそのメンバーに対して持ちうるよりもはるかに高い権威を市民に対して持っているのだ――。それに対する回答は、その相違を認めても、やはりこの答が妥当することに変わりはないというものだ。もし人々が自分の自由を譲渡するような仕方で自らの自由を行使するとしたら、彼らはやはり奴隷になるのではないか？　人々が**人民投票**（*plebiscite*）によって自分たちを支配する独裁者を選ぶなら、その独裁は自分たちが作り出したものだという理由で、彼らは自由なままなのか？　独裁者が発した強制的な勅令は、自分たちが行った投票の究極的な結果だという理由で正統なものになるのか？　それならば、相手の面前で槍を折って奴隷になる東アフリカ人も、自分で自由に主人を選んだのだから、やはり自由なままだとも主張できよう。

最後に、誰かがいらだちの色を表わしながら――と私は想像できる――この推論を否定して、責任を負わない単一の支配者が無期限に選ばれている政府と人民との間の関係と、責任を負う代議政体と人民との間の関係は全く違うと言うならば、最後の回答――大部分の人を驚かすであろう、全く異端的な回答――が来る。それはこうだ。これらの種々さまざまの拘束的な行為は、それが人民によって選ばれた機関から来ているという理由で擁護することができない。というのは人民によって選ばれた機関の権威は、君主の権威以上に無制限の権威として見なされるべきではないし、過去における真のリベラリズムが君主の無制限の権威という想定に反対したように、現在の真のリベラリズムは議会の無制限の権威という想定に反対するだろうからだ。だがこのことについては後でもっと述べよう。私はここではこれを最終的な答として述べるにとどめる。

同時に、昔と同様最近まで、真のリベラリズムは議会の権威の制限という理論に向かう行動によって示されてきたということを指摘すれば足りる。宗教的な信仰と儀式についての、交易と運送についての、同業者組合と職人の移動についての、神学や政治学などの見解の発表についての、これらの規制廃止のすべては、議会の権威を制限することが望ましいということを暗黙のうちに断言していた。奢侈禁止法、あれやこれやの娯楽を禁止する法律、農業経営の方法を命令する法律、その他多くの同じようにおせっかいな法律が昔は存在したが、それらが廃止されたのは、国家がこういった事柄に介入すべきでないということが暗黙のうちに認められたからだ。それと同じように、いろいろな種類の個人的活動への障害が最後の世代のリベラリズムによって排除されたが、それはこれらの分野においても政府活動の領域は狭められるべきだということが事実上認められたからだ。そして政府の活動を制限することが適切だというこの認識は、それを理論上制限するための前提だった。最もおなじみの政治に関する真理の一つはこうだ。――社会進化の経過の中で、慣習は法に先立ち、そして慣習が十分に確立したとき、それは権威的承認と確定した形式を得て法になる――。そうすると明らかに、過去におけるリベラリズムは、政府活動の制限を実践することによって制限の原理を準備していたのだ。

だがこれらの一般的な考察から個別的な問題に戻ると、私は次の返答を強調することになる。――市民が享受する自由は、彼がその下で生活している統治機構――それが代議制であろうがなかろうが――の性質によって測られるのではなく、統治機構が市民に課する拘束の相対的な少なさによって測られねばならない。そして市民がこの機構の成立に参加したか否かにかかわらず、統治機構の行為が、同胞市民への直接あるいは間接の侵害を予防するために必要なものである――つまり、同胞市民の自由を市民による侵害から守るために必要である――程度を超えた拘束を増大させるならば、そのような行為はリベラリズムにふさわしい種類の行為ではない。必要な拘束は、積極的に強制的なのではなく消極的に強制的なものとして分類されるべきだが。

しかしながらおそらく、リベラルと、さらにその分派で、目的さえよければ自分に可能な限りの強制を人々に行使することが許されるという印象を最近誰にも増して持っているらしいラディカル派は、反対を続けるだろう。そのような人は、自分がめざしているのはある種の民衆の利益であって、それは何らかの仕方で達成されなければならないが、トーリーは反対に階級支配を維持しようという欲求と階級利益で動いていると信じているから、自分を後者と同類視するのはばかげていると考え、そのことを証明するために使われる推論を嘲笑するだろう。

おそらくアナロジーを使えばその妥当性が彼にもわかるだろう。個人による統治しか統治形態として知られていない遠い極東で、彼が住民たちからある紛争のことを聞いたとする。彼らは残酷で邪悪な専制君主を廃位して、その代わりに別人を据えたが、後者の行動は住民の福利を望んでいることを示したというのだ。彼らの自慢を聞いた後で、もしこの人物が、彼ら住民は自分たちの統治の性質を本質的には変えていないと言うならば、彼は住民を大いに驚かせることになるだろう。暴君に代えて善意の君主をいただいてもその統治はやはり専制支配のままだ、ということを彼らに理解させることは大変困難だろう。正しく理解されたトーリー主義についても同じことが言える。それは個人の自由に対して国家による強制を支持しているのだから、それがこの強制を拡張する理由が利己的であろうが利他的であろうが、トーリー主義であることには変わりがない。専制君主の恣意的支配の動機が善いものであれ悪いものであれ専制君主は専制君主であるように、トーリーが国家権力を使って、他の市民の自由の維持のために必要な程度を超えて市民の自由を制約する動機が利己的であれ利他的であれ、トーリーに属する——トーリーはやはりトーリーだ。利他的なトーリーも利己的なトーリーと同様、トーリーに属する——前者はその属の新種を形成するが。そして両方とも、リベラルが正しくそう呼ばれていた時代、その定義が「特に政治制度における拘束からのより大きな自由を提唱する人」だった時代の意味でのリベラルとははっきりと対立する。

かくして私が説き起こした逆説は正当化される。すでに見たように、元来トーリー主義とリベラリズムは、片方が軍事型社会から、他方が産業型社会から発生した。前者は身分の制度を、後者は契約の制度を代表した——前者は階級間の不平等に伴う強制的協力のシステムを、後者は諸階級の法的平等を伴う自発的協力のシステムを。そして何の疑問もなく、この二政党の初期の行動は、この強制的協力を行う諸機関の維持と、その諸機関の弱化あるいは制限をそれぞれ支持していた。このことの含意は明らかに、今リベラリズムと呼ばれているものは、それが強制のシステムを拡張している限りにおいて、トーリー主義の新しい形態だということだ。

このことがどのくらい正しいかは、事実の別の面をひっくり返して眺めればもっと明らかにわかるだろう。われわれは今やそれに取りかかる。

本論文が最初公刊された時、それに触れたいくつかの新聞は、直前の文章の意味はリベラルとトーリーは位置を取り換えたという意味だと考えた。だがこれは決して私の言いたかったことではない。トーリーの新種が発生してもその元来種が消滅するわけではない。私が今日「保守派もリベラルも競って干渉を倍増させようとしている」[三の第二パラグラフ]と書いた際に明らかに含意していた信念は、リベラルは強制的立法に取りかかったが、保守派はそれを捨てていない、というものだった。それにもかかわらず、リベラルが作る法律は市民たちに対して行使する強制と拘束を激増させているので、この激しさに苦しむ保守派の間にはそれに抵抗しようとする傾向が成長しつつあるということは真実だ。その証拠に、多くが保守派からなる〈自由と財産の防衛連盟(Liberty and Property Defense League)〉[一八八二年結成。スペンサーはこの団体がトーリーの組織とみなされているという理由から会員にならなかったが、それが発行した論文集『自由への訴え』(一八九一年)に序論「自由から隷属へ」を寄稿するなどして支援した]がモットーとして「個人主義対社会主義」を掲げているという事実がある。だからもし現在の時流が続くなら、リベラルが民衆の福利と考えるものを追求する際に足元に踏みにじっている自由をトーリーが擁護するという事態が、次第に起きるかもしれない。

迫りくる奴隷制

一

憐憫が愛情と似ているということは、なかんずく次の点に表われている。それはその対象を理想化するのだ。苦しむ者への共感はしばらくの間、彼の非行を忘れさせる。苦しんでいる人を見たときの「かわいそうに!」という感情は、別の時なら生ずるかもしれない

「悪人め！」という考えを排除する。すると自然なことだが、困っている人が見知らぬ人かあまりよく知らない人である場合、彼らが持っているかもしれないすべての欠点は無視される。このようにして、貧しい人々の悲惨さが語られるとき、彼らは同情に値しない貧民ではなく、同情に値する貧民（the deserving poor）として考えられるのだが、実際には前者であることが多い。パンフレットの中に登場し、社会中に反響する説教や演説の中で大きく取り上げられる貧しい人々は、すべて立派な人たちで不当に苦しめられていると想定されている。彼らの誰一人として、自業自得の報いを受けているとは考えられていない。

ロンドンの街路で馬車を呼び止めると、誰かがおせっかいにもドアを開けてその代償として何かをもらおうと期待している、ということがいかに多いかは驚くほどだ。しかし居酒屋のドアの前にうろついている人々がいかに多いか、また街頭芸人や行列が来ると近くのスラムや馬小屋から暇な人々がどれほど速く出てくるかを見れば、その驚きは小さくなる。どんな小さな地域にもそのような人々がどれほどたくさんいるかを知れば、こんな人々がロンドン中に何万人もいるということは明らかだ。「彼らには仕事がない」と言われるが、むしろ彼らは仕事を拒んでいるか、仕事からすぐに逃げているのだ。彼らは単純に何の役にも立たない人々（the good-for-nothings）で、何かの役に立つ人々に何らかの仕方でたかって生きている。――浮浪者や飲んだくれや犯罪者や犯罪者予備軍や、働き者の親の負担になっている若者や、妻の賃金を使いこむ夫や、売春婦にたかるヒモたちだ。またそれほど見えやすくも多くもないが、彼らに対応する女性たちもいる。

どちらの方が自然だろう、幸福がそのような人々の境遇であることか、それとも彼らが不幸を自分やその関係者に招くことか？　われわれの間には非行の正常な結果であってそれから切り離すべきでない多くの悲惨な状態が存在するに違いない、ということは明らかではないだろうか。社会のあらゆる苦しみは除去することができて、それを除去することは誰かの義務だ、という考えが常に多かれ少なかれ有力で、それは今日声高に主張されている。そういう考えは間違いだ。非行から苦しみを切り離すことは事物の構造に反対する闘争であり、さらに多くの苦しみをもたらすだろう。人々を自堕落な生活がもたらす自然な刑罰から救うことは、最後には独居房や踏み車［かつて刑罰のために用いた］や鞭打ちのような、人為的な刑罰をもたらさずにはおかない。現在の信仰と科学の教えとが一致するある言葉ほど高い権威を持つものはないと私は信ずる。そう、「働かざる者食うべからず」という命令は、生命を現在の高みにまで引き上げた普遍的な自然法則――自らを維持するほどの活力のない生物は死ぬに違いない、というもの――のキリスト教的表現に他ならない。両者の間の唯一の相違は、片方にあっては人為的に強制されるものが、他方にあっては自然な必然であるという点だけだ。それでも科学がこれほど明白に正当化しているキリスト教のこの特定の教えは、キリスト教徒が一番受けいれたがらない教えであるようだ。現在では、苦しみは存在すべきでなく、存在する苦しみの責任を負うのは社会だ、と想定されている。

「しかしたとえ価値のない人が苦しむとしても、われわれにも確かに責任があるのではないか？」

この「われわれ」の中に、われわれだけでなくわれわれの祖先、特に祖先のうちの立法者を含めるならば、私は賛成する。かつての救貧法を制定し、改定し、施行した人々こそが恐るべき道徳の堕落をもたらしたので、その除去のためには一世代では足りないだろうということを私は認める。私はまた、救貧院から救貧院へと回遊する永遠の浮浪者群を生み出した法律について、また重罪犯人を、彼らがほとんどいつも再犯を繰り返さざるをえないような社会の中に送り返し続けることについて、最近と現在の立法者に部分的な責任があるということも認める。それに加えて、慈善家たちに責任がないわけではないということも認める。というのは、彼らは価値のない人々の子孫を助けるために、価値ある人々に一層多額の地方税を支払わせることによってその子孫に不利益を与えているからだ。いやそれどころか、公私の諸機関によってはぐくまれ増大しているこれらの役に立たない人々は、さまざまのおせっかいな干渉のため必要以上に苦しむはめに陥ってきたとさえ私は認める。だが言われるところの責任とはこういったものだろうか？　そうではなかろう。

しかしここでは、責任——それをどう解するにせよ——の問題は放っておいて、害悪それ自体だけを考慮することにしよう。われわれはその取扱いについて何を言うべきだろうか？　一つの事実から始めよう。

二

今は亡き私の叔父トマス・スペンサー師はバースの近くのヒントン・チャーターハウス［イングランド南西部サマセットにある村］の牧師を約二十年間勤めたのだが、彼は教区の任務に就くや否や、何軒かの模範住宅［ヴィクトリア時代、労働者階級のために民間で新築された住宅］を建てるほかにも、学校と図書館と衣服クラブ［貧しい人々に衣服を供給するための団体］と土地割当計画とを設立することによって、貧しい人々の福利への配慮を示した。彼はさらに、一八三三年まで貧民の友人だった——いつも監督官に対して貧民を守ったのだ。

しかしすぐに救貧法論争が生じた。そのため叔父は当時のシステムの害悪に強い印象を受けた。彼は熱心な慈善家だったが、臆病な感傷家ではなかった。その結果、新救貧法［これによって一八三四年から救貧行政は中央政府の支配下に置かれるようになった］の通過直後、彼は自分の教区内部の福祉給付を進んで行おうとした。皆が彼に反対した。貧民だけでなく、重い救貧税を負わされる農民までが彼の敵になったのだ。というのは、奇妙なことだが、農民たちの利益は彼らにそれほど重い税を課するこのシステムの維持と一致するように見えたからだ。そのことを説明するのは、税金の中から個々の農場使用人の賃金の一部を支払うという、「仮想賃金（make-wages）」と呼ばれていた慣習が生じていたという事実だ。

この「仮想賃金」の原資の大部分を支払うのは農民だが、他のすべての納税者も支払うので、農民はこの制度から利益を得るように見えた。しかしながら私の叔父はたやすく屈する人ではなく、この反対すべてに抵抗して法律を実行した。その結果、二年後には税金は年間七〇〇ポンドから二〇〇ポンドに減少し、教区の状態も大いに改善された。「それまでは街角や酒場のドアの前をうろついていた人々は何か他のことをするようになり、次々と職を得た。」かくして八〇〇人の住民のうち、バースの救貧区連合が設立された時に労働能力のない貧民としてそこに送られざるをえなかったのは十五人にすぎなかったが、少し前には一〇〇人もの人々が戸外で給付を受けていたのだ。その数年後、叔父の教区民が彼に贈った二十五ポンドの望遠鏡は納税者たちだけの感謝の念を示したのだろうが、彼が人々の福利を追求して過労で死亡し〔一八五三年〕ヒントンに埋葬された際の葬列は、豊かな人々だけでなく貧しい人々も含んでいた。

この短い叙述を行った動機はいくつかある。一つには、人々への同情と彼らのための自己犠牲的努力は無償の援助を是認するとは限らない、ということを証明したいという願いがある。もう一つは、苦しみを緩和しようとする人為的な工夫を重ねることからではなく、逆に、それらの工夫を減らすことから恩恵が生ずるかもしれない、ということを示したいという欲求もある。私が意図するさらなる目的は、アナロジーへの道を用意するというものだ。

別の形と別の領域において、今やわれわれは旧救貧法下の「仮想賃金」システムと性質上同一のシステムを毎年拡張しつつある。政治家たちはこの事実にほとんど気づいていないが、彼らが納税者に費用を支払わせて労働者階級の福祉のために行っているさまざまの公共政策は、過去において農民の使用人を半分労働者で半分貧民として取り扱った政策と性質上変わらないということはやはり証明できる。いずれのケースでも、労働者は自分の労働の代償として、自分が望む物のいくつかを購入すべき金銭を受け取る一方で、彼に対してそれ以外の望む物を与えるために、税金でできた共通の基金から支払いがなされる。雇用主が支払う代わりに納税者が無償で提供する物が、あの種類の物かこの種類の物かは重要でない。原理は同じだ。受け取られた金額に代えて、購入された商品を代入すればよい。そうしたら事態はどうなるだろうか。古い救貧法時代には、農民はなされた仕事への対価として、たとえば家賃やパンや衣服や燃料を与えた。他方納税者はその人と家族に、事実上靴や紅茶や砂糖やロウソクや小さなベーコンなどを供給した。むろんこの区分は恣意的だ。疑いもなく、農民と納税者がこれらの物を提供してきた。現在職人は自分の雇用主から賃金の形で、自分が必要とする消費財に等しい金額を受け取る一方で、公金から自分のそれ以外の必要と欲求の満足を得ている。彼は納税者の負担において時価よりも低い値段で家を持つことがよくあるし、それは近い将来もっとよくあることだろう。というのは、むろんリヴァプールのような所で、市当局が下層階級の住居の破壊と再建築のために約二十万ポンドを使い、さらにそれ以上を費やそうとしている時代には、納税者は貧しい人々に、後者が買ったならば支払うであろう金額以上の住居を供給することになるからだ。職人はさらに自分の子どもの教育費の点でも、自分が支払う以上の利益を納税者から受けている。彼がもうすぐ無料でそれを受け取るようになるだろうということも、十二分にありそうだ。納税者はまた職人が本や新聞を読もうとする欲求やそのための場所も満足させている。マンチェスターのようないくつかの地域では、職人の男女いずれもの子どものための運動場や体育館が提供されている。つまり職人は地方税によって、自分自身の労働の代償では買えないほどの利益を得ているのだ。するとこのシステムと昔の「仮想賃金」との間の唯一の相違は、それによって得られる満足の種類にすぎないが、その相違は制度の性質を少しでも変えるものではない。

さらに、両者には実質的に同じ幻想がつきまとっている。いずれにおいても、無償の利益のように見えるものは実際にはそうでない。旧救貧法の下で半ば貧民化された労働者が糊口をしのぐために教区から毎週得ていた金額はボーナスのように見えたが、実際にはそうでなかった。なぜならその一方で、彼の賃金は実質的に同じ額だけ低下したからだ。このことはそのシステムが放棄されて賃金が上昇した時、すぐに証明された。現在都市で労働者が得ている一見した恩沢も同様だ。私が言っているのは、彼らは（自分自身が納税者でないときも）知らず知らずのうちにその住居の賃料の上昇を通じて金を支払っているという事実だけでなく、これらの公的負担が雇用主に課せられるために、農業労働者の賃金と同じように彼らの賃金が減少するという事実のことでもある。最近綿工場ストライキについてランカシャーから来た報告を読むとよい。それは職人たち自身が書いたものだが、利幅が極めて小さいために、技術や資本の乏しい工場主は廃業し、彼らの競争者である会社もほとんどやっていけないということを立証している。このことが賃金についていかなる意味を持つかを考えてみよう。生産費用の中には国税や地方税が含まれる。わが国の大都市におけるように、もし地方税が賃貸料の三分の一あるいはそれ以上に及ぶならば——もし雇用主が自分の私宅だけでなく、自分の事務所や工場や倉庫などについてもその税金を支払わねばならないならば——結果として、その金額だけ彼の資本からの利益は減少するか、賃金から支払わねばならないか、あるいはその両方だ。そしてもし、同一のビジネスあるいは別のビジネスの中で資本家間の競争のために利益が低下して、勝者と敗者が生まれ、少なくない資本家が破産するならば——もし資本が十分な利益を生まずにどこか別の所に流れ、労働者が失業するならば——そのような状況下の職人にとっては、仕事の量が減るか賃金の率が減るかの選択しかないということが明らかだ。さらに、同じような理由から、これらの地方税は職人が消費するもののコストを引き上げる。卸売業者の手数料は、平均すれば、卸売業に投下される資本の現在の利率によって決まるが、そのようなビジネスにかかる余分のコストは、余分の価格によって支払わなければならない。だから過去において地方の労働者がある仕方で得たものを別の仕方で失ったのと同じことを、現在は都市の労働者がしている。いずれの場合においても、行政コストとそれに伴う無駄とが彼の損失になるのだ。

「しかしこのことすべては『迫りくる奴隷制』と何の関係があるのだ?」とおそらく質問されるだろう。直接の関係はないが、間接の関係はたくさんある。われわれはそのことを、もう一つの前置きの節の後で見ることになろう。

三

こう言われている。――スペインで初めて鉄道が開通した時、線路上に立っていた小作人がひかれることが少なくなかった。その責任は停車しなかった運転手が負った。田舎の経験では、高速度で走る巨大な物体の力を想像できなかったのだ。

この事件は私にいわゆる「実際的」な政治家のことを考えさせる。彼の頭の中には政治の勢い (political momentum) というものの観念がはいりこむことはないし、ましてや、小さくなることも変わらずにいることもなく大きくなっていく政治の勢いなどというものは考えられない。彼の日々の行動が基づいている理論は、彼の取る手段がもたらす変化は彼が意図したところで止まるというものだ。彼は自分の行為がもたらすであろう事柄について注意して考えるが、それが生み出す運動の遠い結果についてはほとんど考えないし、それに随伴する問題については一層考えることをしない。［対仏］戦争中に「弾薬の餌食」は人口増大によって提供されると言われたとき――ピット氏［William Pitt. 一七五九―一八〇六年。弱冠二十四歳で首相に就任した政治家］が「何人もの子どもがいる場合に救済を与えることを、非難や軽蔑の対象ではなく正しく名誉ある事柄にしよう」[*1]と言ったとき――救貧税が十五年の間に四倍になり、慎み深い女性よりも何人もの私生児を生んだ女性の方が教区から収入を得られるので妻として選ばれ、そうして多数の納税者が貧民の階級に引き下げられることになるとは、予想されていなかった。一八三三年に小学校建設のために年間三万ポンドを支援することを可決投票した立法者たちは、その措置が地方と全国における強制的な寄付になり、現在では年間六〇〇万ポンドにもなるとは考えていなかった。[*2]彼らは、ある人が別の人の子どもの教育に責任を負わされるべきだという原則を打ち立てることを意図していたわけではなかったし、貧しい寡婦からその成人の子どもによる助けを奪うような強制を考えてもいなかった。ましてその後の立法者たちが、貧しい親は学校委員会の支払わない授業料の免除のために救貧委員会に申請しなければならないと定めることによって、救貧委員会への申請という習慣をつけさせ、かくして貧民化をもたらすことになる、などとは夢想だにしなかった。[*3]また一八三四年に一定の工場における女性と子どもの労働を規制する工場法を通過させた立法者たちは、自分たちの作り出す制度が五十人以上の人を雇用するあらゆる種類の工場労働の規制と検査に至るとは想像しなかった。またその検査は、「青年」が工場に雇用される前に、外科医が個人的な診察（それについては何の制限も課されていない）によって深刻な病気も虚弱体質もないと役所に保証しなければならないようなものなので、外科医の判断がその「青年」が賃金を稼げるか否かを決定することになるのだが、[*4]そのことも予想されていなかった。ましてや自分の目標が実際的だといって自負している政治家がその手段の直接的結果から生ずる間接的結果を考えてみるなどということは、すでに述べたようにもっと少ない。すでにあげた例と関係する一例をあげてみれば、「結果による支払い」というシステムは、教師に効果的な刺激を与えることだけを意図しているのだが、多くの場合この刺激の下で教師の健康が悪化し、彼らは詰め込み方式をとって劣等生に不当なプレッシャーを与え、しばしば後者に害を与えるということはわからなかった。多くの場合、どんな文法や地理の知識でも代償にならないような身体的虚弱性が生ずるということも予見されなかった。[*5]小学校の認可は公共の秩序の維持のためだけにあるので、この制度を立案した人々は、不健全な仕方で選挙に影響を与える利益集団がそこから生ずるとは想像もしていなかった。また商船に満載喫水線を義務づけた「実際的」な政治家たちは、船主の利益集団の圧力のために満載喫水線が最高の高さにまで上げられるということ、そして高級な船種では次第にますます同じ方向で上昇するということを思いつかなかった――私は権威ある筋からそれがすでに起きたということを学んだ。約四十年にわたって議会立法によって鉄道会社に安価な輸送を強制している立法者たちは、彼らの法律が輸送を改善した鉄道会社を最終的には罰することになっているという見解がもし提唱されたらそれを嘲笑するだろうが、事実はまさにその通りで、三等旅客を速い列車で運び始めた会社には、そのようにして輸送した三等旅客ごとに課される旅客税というペナルティが科されたのだ。鉄道に関するこの例に加えて、イギリスとフランスの鉄道政策の比較によって明らかになる、はるかに顕著な例をあげよう。フランスの鉄道の最終的な国有化をもたらした立法家たちは、その結果として旅行施設が劣悪化するという可能性を考えなかった。最終的に国庫にはいる金額を減らしたくないために、競合する路線の認可を否定する結果は、鉄道輸送が相対的に高価で、遅く、数が少なくなることだ、と彼らは予見しなかったのだ。トマス・ファラー卿［Sir Thomas Farrer. 一八一九―九九年。商務省の高級官僚で自由貿易論者］が最近示したように、イギリスの旅行者はフランスの旅行者よりも経済性・速度・便利さの点ではるかに大きな利益を得ている。

しかし「実際的」な政治家は、世代ごとに繰り返されるこのような経験にもかかわらず、近接の結果だけを考えているので、当然ながら今あげた例よりもさらに遠く、さらに一般的で、さらに重大な結果を考えない。さっきあげた比喩を繰り返せば、この政治家は、自分の手段がもたらす政治的な勢い――それはあるときは強まり、別のときは弱まる――が他のそのような勢いと一緒になって同じ一般的な方向に向かうか否か、また他の勢いと一緒になって、考えもしなかったような集合的変化を近い将来ひき起こすか否か、それを決して自問することがない。彼は自分の特定の立法の流れの影響だけを考えて、そのような他の既存の流れや、将来続くであろうまた他の流れがどのようにして同じ平均的な道筋をたどるかを観察しないので、それらの流れがそのうち合流して地表を一変させる大氾濫になるかもしれないということが決して念頭に浮かばないのだ。あるいは比喩を離れてもっと文字通りに言うと、この政治家は自分がある種の社会組織を作っており、さまざまな組織変化に影響を与えるさまざまな方策はその種の組織をますます力ずくで一般的なものにする傾向があるという真理に気付いていない。ある点を越えると、この方向への変化には歯止めが効かなくなる。それぞれの社会は、可能とあらば自らに似た構造を他の社会にも作り出そうとする——ちょうど古代ギリシアでは、スパルタとアテナイがそれぞれ政治制度を広めようとして争い、フランス革命の時代には、フランス共和国が他の共和国の成立を奨励する一方で、ヨーロッパの絶対君主国はフランスにおける絶対君主政の復活をめざしたように。そのようにしてあらゆる社会の内部でも、各種の組織が自己増殖する傾向がある。ビジネスやその他の目的を達成するための会社や協会や組合による自発的な協力のシステムが社会共同体の内部で拡がるように、国家機関の下にある、それと反対の強制的協力のシステムも拡がる。そしてそれが拡大すればするほど、拡大する力も大きくなる。だから政治家にとっての一番重要な質問は「私はいかなるタイプの社会組織を生み出そうとしているのか?」であるべきなのだが、これは政治家が決して問わないものだ。

ここでわれわれは政治家のためにこの質問をしてみよう。最近の変化の一般的な傾向をそれに伴う思想潮流とともに見て、それらがわれわれをどこに連れていくかを考えよう。日々問われる質問の定式はこうだ――「われわれはすでにこれを行った。なぜあれを行わないのか?」そしてこれが示唆している前例尊重精神は規制立法を促進する一方だ。ますます多くのビジネスを支配下においた労働時間・労働条件規制立法は、今では商店にも適用されることになった。宿泊者の人数と衛生条件の検査から、一家族を超えるメンバーを含む一定の賃料以下のあらゆる家屋の検査に至り、今ではすべての小さな家屋の同様の検査に移りつつある。[*6] 国家による電信事業の買取りと運営は、国家が鉄道を買取って運営すべき理由とされている。公機関が子どもに精神への糧を与えるのに引き続き、いくつかの場合には食糧を与えるようになり、この慣行が次第に一般化してくると、一つの場合の無料の供給が他の場合にも拡張されるように提案されるだろうと予期できる。善き市民を作るためには善き精神だけでなく善き身体も必要だという議論が、この拡張を支持する理由として論理的に主張されている。[*7] そして、すべて公的に供給されている教会や学校や読書室の前例に従うという建前で、「現在一般的に認められている意味での娯楽は、少なくとも労働と同じくらいに立法と組織化を必要とする」[*8] と言われる。

この拡張を推進するのは前例だけでなく、不効率な手段の実施と常に生み出される人工的害悪とから生ずる必要性でもある。失敗はそれを用いた諸機関への信頼を失わせることなく、そのような機関によるもっと峻厳な実行かもっと広範囲な細分化を考えさせるにすぎない。飲酒を抑制する法律は昔からあり現代に至っているが意図された結果をあげていないので、酒の販売を全面的に禁ずる地域を作るといった、はるかに徹底的な法律を求める声がある。そしてアメリカと同様にわが国でも、その次には酒の販売をどこでも禁止せよという声が上がるに違いない。伝染病を「根絶」するためのたくさんの努力はすべて天然痘や熱病やその他の病気の防止に成功しなかったので、病人がいないかどうか家を捜査する警察権や、医務官が自分が相当だと考える人なら誰でも伝染病にかかっていないか検査する権限という形で、さらなる対策が講じられる。何世代にもわたって救貧法のおかげで将来のための節約をしないという習慣が生じ、そのような人々が倍増したが、強制的慈善の生み出したこのような害悪には、今では強制保険によって対処することが提案されている。

この政策の拡大はそれと対応する観念の拡大をもたらし、何かうまくいかないことがあればどこでも政府は介入すべきだという暗黙の想定をどこでも涵養している。もしあなたが、現在言われたり行われたりしていることの多くに疑念を示すなら、誰かが「だがあなたはこの窮状を放っておこうとはしないだろう！」と叫ぶ。この叫びが何を含意しているかを見てみよう。それは二つのことを当然視している。第一は、あらゆる苦しみは予防されるべしというものだ。これは真ではない。苦しみの中には治癒的なものがあって、それを防ぐことは治療を防ぐことになってしまう。第二は、あらゆる悪は除去することができるというものだ。しかし真理は、人間性の現実の欠点を前提すると、多くの悪はある場所から排除すると必ず別の場所に移るか別の形をとるに違いない——しばしば変化によって増大さえする——、ということだ。前記の叫びはまた、国家があらゆる種類の悪に対処しなければならないという不動の信念も含意している。ここではこれが特に重要だ。さまざまな悪に対処できる他の組織が機能していないだろうか？　また問題になっている悪にはこういった他の組織が一番よく対処できるのではないか？　こういった探求はなされていない。そして明白なことだが、政府による介入の数が多くなればなるほど、この思考の習慣は強化され、介入を求める叫びは騒がしく、絶え間なくなるのだ。

規制政策のいかなる拡大も規制機関の増加——官僚制のさらなる成長と公務員組織の権力の増大——を含んでいる。片方の皿に多くの錘、他方の皿に少ない錘を乗せた秤を考えてみよう。前者から一つ一つ錘を取り上げて後者に移していくなら、そのうちに秤は平衡に達し、それから秤の向きが逆転するだろう。秤の竿を不均等に二分して、軽い秤の方をとても長いアームの端につけるならば、一つ一つの錘の移動ははるかに大きな効果を生むので、秤の向きの逆転がずっと早く起きるだろう。私がこのたとえを用いるのは、一人一人の人物を、共同体の中の規制される大衆から規制する組織へと動かすことからいかなる結果が生ずるかの例証のためだ。この移動は、人数の相対的な変化が意味する程度よりもはるかに大きな程度において一方を強め、他方を弱める。公務員集団は相対的に人数が少ないが、結合しており、共通の利益を持ち、ある権威の下に行動するから、結合していない人々よりもはるかに優位にある。後者は決まった政策を持っておらず、強い挑発を受けてはじめて統一行動に至るにすぎない。だから公務員組織がひとたび一定の成長段階を過ぎれば、それに対する抵抗がますます困難になる。これはわれわれが大陸の官僚制において見ることだ。

規制を受ける部分の力は、規制する部分の増大に伴って幾何学的な割合で減少する。だがそれだけではない。規制を受ける部分自体の中の多くの人々の私的利益のために、この割合の変化はさらに急になる。いたるところでの会話が示すところでは、公務員になるために競争試験の合格が必要とされる今日、若者はそれに合格して政府に雇用されるような教育を受けている。そのことの一つの帰結は、さもなければ官僚主義のさらなる成長を批判しそうな人々が、それを好意的にではなくても許してしまうようになる、ということだ。というのは、彼らの被扶養者や関係者が役人になるかもしれないからだ。自分の子どもたちを職につけようと懸命な上流階級と中流階級の人々の人数を思い出せば、そのような個人的利益がなければ立法による支配の拡大に敵対するであろう人々が現在はその拡大にかなり賛同している、ということを理解するだろう。

職へのこの切実な欲求を強化するのが、体面がよいと考えられている職への選好だ。

「たとえ給料が少なくとも、息子の職業は紳士らしい職業にしたい」と父親は考えて、その子のために政府の役人の職を得ようとする。そして行政組織が社会の中で一層大きく強力な要素になり、名誉の基準を決める傾向が強くなればなるほど、国家公務員はビジネス界の人々に比べて相対的に威厳が増す。フランスの若者の最近の野望は、まず自分の地方で何かささやかな公職につき、そこから政府の地方支部に位置を得て、最後はパリにある何かの機関の長に収まることだ。またロシアでは軍事型社会の特徴である国家統制の大学〔原文は university だが、universality（普遍性）の誤植か？〕が極端なので、この野望はその極に達している。ウォーレス氏〔Donald Mackenzie Wallace. 一八四一―一九一九年。スコットランドの著述家。そのロシア旅行記は広く読まれた〕はある劇の一節を引用してこう書いている。「誰もが――商店主や靴屋までも――公務員になることをめざしている。そして公務員にならずに一生を終えた人は人間扱いされない。」[*9]

上から下に働く、これらのさまざまの影響は、下から上に進む、期待と依頼という対応物の増大と軌を一にする。大部分を占める、勤勉で多くの負担を負っている人々は――またそれ以上に、いつも援助を受けることで一層多くの援助を求めるに至る、稼働能力のない人々は――国家機関によるあれこれの利益を彼らに約束する諸制度をすぐに支持する。彼らはまた、そのような利益を彼らに与えることができるし与えるべきだと彼らに語る人々をたやすく信ずる。彼らはオックスフォードの卒業生からアイルランドの頑固者までに至る政治的空中楼閣の建築者たちの言うことに熱心に耳を傾ける。そして彼らの福利のために税金によって支援された政策の追加はすべて、さらなる政策の希望をかきたてる。実際に、公的な機関が増えれば増えるほど、市民の中には、あらゆることが市民のために行われるべきだが何一つ市民によって行われるべきでない、という考え方が生まれてくる。世代ごとに、諸個人の行動や私的な協力による目的達成に親しむ程度が小さくなり、政府機関による目的達成に親しむ程度が大きくなる。最後には政府機関だけが唯一の可能な機関だと考えられるに至る。この結果はパリで開かれた最近の労働組合会議の中ではっきり示された。イギリスの代表団は会議参加者たちに報告してこう言ったのだ。自分たちと外国の友人たちの間の「相違点は、国家が労働を保護するために求められている程度にある。」ここで言及されているのは、フランスの代表団は自分たちの要求を満たしてくれる唯一の手段として常に政府権力を持ち出すという、この会議報告の中で顕著な事実のことだ。

教育の拡充も同じ方向に働いてきたし、またこれからは一層そうだろう。「われわれはわれわれの主人たちを教育しなければならない」とは、市民権の最新の拡張に反対したあるリベラル派の有名な発言だ。そう、もし教育が真にその名にふさわしいものであり、必要とされる政治的啓蒙に役立つならば、教育に期待できるものは大きいかもしれない。しかし文法の規則を知ったり、足し算が正しくできたり、地理の知識があったり、国王の即位や将軍の戦勝の年代を覚えたりすることが政治的結論への適格性を意味しないのは、スケッチの腕前が電信技術を意味せず、クリケットの能力がヴァイオリンの熟達を意味しないようなものだ。「読む能力が政治的知識への道を開くのは確かだ」と反論する人がいる。それは確かだが、ではその道を開くべきだろうか？　食卓での会話が証明するところでは、十人のうち九人までが学びをもたらすものよりも、娯楽をもたらすものを読んでいるし、彼らが一番読みそうもないのは、不愉快な真実を語ったり根拠のない希望をなくしたりしてしまうものだ。民衆の教育の帰結、それは疑いもなく、厳しい現実を教えるのではなく気持ちよい幻想を育てるような出版物が広く読まれるということだ。『ペルメル・ガゼット』一八八三年十二月三日号に「機械工」という人がこう書いている。

教育の改善は文化への欲求を植え付ける——文化は労働者に全然手が届かない多くのものへの欲求を植え付ける。……だが現在の激しい競争の中では、それらは貧しい階級には全く無理なものだ。そのため彼らは現状に不満を抱いており、それも教育を受ければ受けるほど不満を持つ。またそのために、ラスキン氏やモリス氏［いずれも政治的に社会主義者］がわれわれの多くにとって真の預言者と見なされるのだ。

そしてここで断定されている原因—結果関係が現実のものだということは、ドイツの現状からも十分見てとることができる。

かくして社会の再組織化がもたらすだろうと考えられている利益を強く期待するに至った大衆が選挙権を持っているので、その結果、大衆の投票を求める人は誰であれ、少なくとも彼らの誤った信念の暴露を差し控えなければならない――たとえ彼が大衆との明確な合意への誘惑に屈しないとしても。あらゆる国会議員候補者は何らかの人気取りのための立法を提案するか支持するように促される。いや、政党の党首――与党も野党も――は、それぞれ相手の上を行くことで支持者を得ようとする。最近われわれが見たように、両者とも相手が約束したよりも多くを約束することによって人気取りをする。そして議会内部の分裂が示すように、提案された施策そのものの適切さよりも、指導者たちへの伝統的な忠誠心の方が重視される。議員たちは非良心的にも、原理上間違っていると自分が信じている法案に賛成票を投ずるが、それは次の選挙のための政党の必要性からだ。またこのようにして、悪い政策はそれが悪いとわかっている人々によってさえ強められる。

その一方、これらの影響力すべてが助力している活動的なプロパガンダが、議会の外で行われている。共産主義的な諸理論が、立法ごとに部分的に擁護され、そして支持者を求める多くの公人によって、公然とではなくても暗黙のうちに支持されているが、それらの理論は民衆の指導者によって、また組織化された社会によって、ますます声高に提唱されている。抽象的な衡平を持った土地保有システムをめざす土地国有化運動があって、これは誰でも知っているようにジョージ氏〔Henry George. 一八三九―九七年。アメリカの社会改革家・経済学者。土地単一税を提唱〕とその友人が、現在の所有者の正当な権利主張を公然と無視して、国家社会主義に半分以上近づく制度の基礎として主張したものだ。それからハインドマン氏〔Henry Mayers Hyndman. 一八四二―一九二一年。イギリスの社会主義活動家で一八八一年に〈民主主義連盟〉〈Democratic Foundation〉を設立。これは八四年に〈社会民主主義連合〉となる。本論文の末尾注も参照〕の徹底した〈民主主義連盟〉もある。彼らは言う。「現在土地を占有している一握りの略奪者たちは、彼らの犠牲者である何千万人の人々に対して、暴力以外のいかなる権利も持っていないし、持ちえない。」彼らは「われわれの偉大な鉄道輸送に手をつける（!）ことを許されてきた株主たち」に反対して叫び、「何よりも、活動的な資本家階級、金貸し、農民、鉱山の搾取者、請負業者、仲買人――これら現代の奴隷使用者」が「彼らの雇用する賃金奴隷からますます大きな余剰価値」を取り上げると非難する。そして彼らは、通商が「個人の強欲の支配から外に移される」べき時が来たと考えている。*10

さらに指摘しておくべきだが、このようなさまざまの形をとる諸傾向は、日々一層激しくなる出版による提唱によって強化されている。自分たちの読者が嫌がることを言うのにはいつでも控え目なジャーナリストは、しばしば時流に乗ってその力を強化する。自分たちがかつて非難した立法による介入を、彼らは今では提唱しないにせよ黙認している。また彼らはレッセフェールを破綻したドクトリンとして語っている。「人々はもはや社会主義を考えても恐れない」とは、ある日の声明だ。別の日には無料図書館法を可決しなかったある町が、これほど穏健にしか共産主義的でない制度に脅えたとして冷笑されていた。それから、この経済の進化が生じていてそれは受け入れなければならないという編集部の主張とともに、その提唱者の寄与が大きく取り上げられていた。その一方で、立法の最近の傾向は破滅的で、その未来の道筋は一層破滅的になるだろうと考える人々は沈黙を強いられている。政治的酩酊の状態にある人々と議論しても無益だと信じられているからだ。

さて、現在の変化を加速させる恐れがある、多くの競合的原因を見てみよう。政策の促進に伴って権威を増していく、以下の前例が生み出した規制の拡大がある。以前の強制と規制の予見されなかった害悪と欠陥から生じた、行政的強制と規制の必要性が増加している。さらに、国家による介入の追加のどれ一つをとっても、それはあらゆる悪に対応しあらゆる善を保障することが国家の任務だという暗黙の想定を強める。行政組織の権力拡大には、そのさらなる成長と支配に抵抗する社会の他の部分の力の減少が伴っている。官僚組織の発展によって多様な職が生じたために、それによって規制される階級の人々がその拡大を支持するようになる。というのは、自分たちの親戚に安全で体面のよい場所を与えてくれる機会を増やすからだ。民衆一般は、公機関を通じて受け取る利益を無料の利益として見るように導かれているので、一層たくさんのものを得られるという希望に興奮し続ける。教育の拡張は厳しい真理ではなくて快い誤謬がはびこるのを助けるので、そのような希望を一層強力で一般的にさせる。さらに悪いことに、公職候補者は自分の選出される機会を大きくするためにそのような希望を与える。そして政治の指導者は党利のためにそれらの希望を実現することで人気取りをしようとする。自分たちの考えと調和するような新しい法律から繰り返し正当化を得て、政治に熱意を持つ人々や賢明でない慈善家たちはますます自信満々その情熱をかきたてることに成功する。いつも世論に応えようとするジャーナリズムは、日々それに声を与えることによってそれを強める。その一方、世論への反論はいつも抵抗を受けるのでほとんど発せられない。

かくしてさまざまな種類の影響が力を合わせて、団体の行為を増大させ、個人の行為を減少させる。そしてこの変化はあらゆる側面において計画家によって助長されている。彼らはそれぞれ自分自身のお気に入りの計画のことしか考えず、自分の計画が他の人々の計画と一緒になって全体としてどのような組織の変化をもたらすかを全然考えていない。フランス革命は自分自身の子どもたちを食い殺したと言われるが、ここでも同じような破局が待ち構えているのかもしれない。議会の法律が行うたくさんの社会主義的変化は、すぐになされるであろう多くの他の変化と一緒になって、段々と国家社会主義に統合されるかもしれない。少しずつ満ちてきた大波に飲み込まれるかもしれないのだ。

四

それでも多くの人は「しかしなぜこの変化が『迫りくる奴隷制』と呼ばれるのか?」と問うだろう。答は簡単だ。あらゆる社会主義は奴隷制を含んでいるからだ。

奴隷という観念に本質的なものは何か? われわれは一次的に、奴隷とは別人によって所有されている人だと考える。だがそれが単に名目的なものにとどまらないためには、その所有権は奴隷の行為の支配——普通はその支配者の利益になる支配——によって示されねばならない。奴隷の根本的な特徴は、彼が別人の欲求を満足させるために強制の下で労働するということだ。両者間の関係にはさまざまな程度の差がある。もともと奴隷というものは自分の命が征服者の意のままになった捕虜だったということを考えれば、過酷な奴隷制において奴隷は動物として扱われ、自分の所有者の利益のために全努力を捧げねばならないということはすぐにわかる。それほど過酷でない奴隷制では、奴隷は主として自分の所有者のために働いていたが、自分自身のために働く短い時間と余分な食物を育てるためのいくらかの土地を与えられる。もっと事態が改善されると、彼は自分の土地の生産物を売ってその儲けを保持する権利も与えられる。さらにもっと制限された奴隷制は、もともと自分の土地で働いていた自由人が征服によって、われわれが農奴(serf)と呼ぶものに変えられる場合に普通生ずる。この農奴は毎年一定量の労働か生産物あるいはその両方を自分の所有者に与えねばならない。最後に、農奴制廃止以前のロシアにおけるように、農奴は年貢を支払うという条件の下で、自分の土地を離れてどこか別の所で労働や商業に従事することが許される。これらの場合において、われわれが奴隷制の形態の過酷さを判断する基準は何だろうか？ それは明らかに、労働が自己利益でなしに別人の利益のために強制される程度だ。もし奴隷の労働のすべてがその所有者のためになされるならば、その奴隷制は過酷なのだし、ごくわずかの労働だけが所有者のためになされるならば、それは軽いのだ。さらに一歩を進めよう。奴隷所有者が死亡して、その財産が奴隷ごと信託者の手にはいったと仮定しよう。あるいは一切合財をある会社が買い取ったとしてみよう。もし奴隷の強制労働の量が変わらなかったとしたら、彼の状態は少しでも改善されたことになるだろうか？ 会社の代わりに共同体を代入したとしてみよう。奴隷が他人のために働かねばならない時間も、自分自身のために持っている時間も、前と量が変わらないとしたら、それは奴隷にとって何か違いがあるだろうか？ 本質的な問題はこうだ——彼はどれだけ自分自身ではなくて他人のために働くように強いられており、どれだけ自分の利益のために働くことができるのか？ その奴隷制の程度は、彼が強制されて生み出すものと保持することが許されるものとの間の比によるのであって、彼の主人が一人の人であるか社会であるかによるのではない。もし彼が選択の余地なしに社会のために働くならば、そして全体の蓄えの中から社会が彼に割り当てた取り分を得るならば、彼は社会の奴隷だ。社会主義的制度はこの種の奴隷制を必然的なものにする。そして多くの最近の政策が、さらにもっと多くの提言された政策が、そのような奴隷制に向けてわれわれを動かしつつある。まずそれらの政策の近接した効果を、それから究極的な効果を見てみよう。

労働者住宅法（Industrial Dwellings Acts）が始めた政策は開発を認め、それを促進する。地方自治体が住宅を建設すると、それは必ずそれ以外の住宅の価値を低下させ、さらなる住宅供給を抑止することになる。建築と設備の態様に関するあらゆる規制が建築者の利益を減少させ、建築者はそれ以外の領域で自分の資本を利用しようという気になる。そのようにして所有者も、小さな住宅は労多くして利益がないということをすでに知って――すでに検査と干渉とその結果の費用という面倒に巻き込まれ、自分の財産が日に日に投資に適さなくなっていくので――それを売りたくなるが、買主も同様の理由から買おうという気にならないので、所有者は損をしてでも財産を売らざるをえなくなる。そして今や増える一方のこれらの規制は、グレイ卿［Henry George Grey. 一八〇二―九四年。ホイッグの政治家］が提案するように、不潔な借家人を追い出すことで所有者が自分の家屋の健康性を維持するという結果になり、かくして所有者は他の責任に加えてニューサンスの検査官という責任も負うことになるだろうが、それは財産を売ることをさらに奨励すると同時に、買い取ることをさらに抑止もする。だから財産の価値低下は避けられない。すると何が起きるだろうか？　家屋、特に小さな家屋の増加がますます抑制されるから、地方当局に対して、不足している供給を満たせという要求が高まるに違いない。地方自治体あるいは類似の団体が、ますます多くの家を建てるか、上記の原因で私人には売れなくなった家――価値が低下せざるをえなかったので、新築するよりも買う方が安くつく家——を買い取るしかなくなる。いや、このプロセスは二重の仕方で働くに違いない。地方税の増加はすべて財産価値をさらに低下させるからだ。[*11] そして都市においてこのプロセスの結果として地方当局が住宅の主たる所有者になるほどだとしたら、このことは〈急進主義〉プログラムの中で提案され[*12]〈民主主義連盟〉が主張しているような、住宅の公的供給の前例になるだろう。〈民主主義連盟〉は「健康な工員や農業労働者の住宅をその人口に応じて建築するように強制する」ことを主張している。明らかなことに、これまでの傾向は今も将来も続き、最後には共同体が唯一の住宅所有者になる社会主義の理想に至るだろう。

土地の保有と利用に関する、日々強くなっている政策の影響もそのようなものに違いない。公衆に負担をかけて公機関を増大させることによって達成される多様な公的利益からは、土地からの収益が差し引かれなければならない。その価値がますます下がるので、その結果借地人を変えることへの抵抗がますます小さくなる。周知のように、すでに多くの場所では大幅に賃料を引き下げても借地人を得ることが難しくなり、痩せた土地の中には利用されないものも多く、所有者が農業を行っていてもそれはしばしば赤字になる。明らかに、土地に投入される資本から得られる利益は、行政の拡大を支えるためにそれへの地方税と国税を増税できるほど大きくはない。そんな増税をすれば、所有者は土地を売り、別の所に移って重い負担に服していない土地を買うことによって、売った土地の安い対価を最善の仕方で活用することになるだろう。これは実際今でもいくらか起きていることだ。このプロセスが進めば、やせた土地はもはや耕作されないという結果に至るに違いない。その後はアーチ氏［Joseph Arch. 一八二六―一九一九年。自由党の政治家で〈全国農業労働者組合〉の指導者］の要求がもっと広く提唱されるようになるだろう。彼はブライトンの〈急進主義連盟〉で演説して、現在の地主たちが彼らの土地を公共の利益にとって十分生産的なものにしていないと主張し、「現政府が強制的耕作法案を通過させることを望む」と言ったのだ。彼は強制的ワクチン注射の例を挙げることによって（これも先例の影響力の現われ）、この称賛された法案を正当化した。そしてこの要求は、土地を豊かにするという必要からだけではなく、地方の人々に雇用を与えるという必要からもなされるだろう。政府が失業者を雇用して、人の住んでいない地域あるいは名目的価格で買った土地で働かせるという慣習が広まった後、〈民主主義連盟〉のプログラムの中にある土地国有化の制度――「農業・産業の諸団体を協力の原理によって国家の支配下に組織すること」――に至るまでは小さな一歩にすぎないだろう。

そのような革命に至るかどうかを疑う人のために、それがありそうだということを示す証拠をあげよう。ローマ帝国衰亡期のガリアでは「納税者と比較して受益者が極めて多く、そして課税負担が極めて重かったので、労働者は破綻し、沃野は荒地になり、かつて耕作されていた土地が森林になった。」[*13] 同様にして、フランス革命の直前には公的な負担が大変重かったので多くの農場が耕作されないままになり、多くは荒地になり、国土の四分の一は全く利用されず、いくつかの州では半分が荒野だった。[*14] わが国にも同じような出来事があった。旧救貧法の下では、税金が賃貸料収入の半分に及ぶ教区があり、多くの場所で農場が使用されていなかった。それを別にしても、あるケースでは税金が土地から得られる収益のすべてを吸収したという事実がある。

バッキンガムシャーのコウルズベリでは一八三二年、「地主がその地代を、農場主がその借地料を、牧師がその寺領と十分の一税を、それぞれ取り立てるのを諦めたため救貧税の徴収ができなくなった結果、突然救貧税が終了した。牧師のジェストン氏は、一八三二年十月に教区の書記がその帳簿を投げ出し、牧師が寝ている時に貧民が彼の家の前に集まって助言と食糧を求めたと述べる。部分的には牧師のささやかな資産から、部分的には隣人の寄付から、部分的には近隣の諸教区に課せられた救貧税から、彼らはしばらく支援を受けた。[*15]」

そして委員会は、「この善意ある牧師は、この土地の全体が健康な貧民たちの間で分配されることを推奨している」と付け加える。二年間支援を受けた後、彼らは自活できるようになるだろうと期待しているのだ。旧救貧法をさらに三十年間続けたら土地が耕作されないことになるだろうという議会内部の予言に生々しさを加えるこれらの事実は、公的負担の増大は公的管理下の強制的耕作に至るということを明示している。

それから鉄道の国有化がある。これはすでに大陸でかなりの程度まで存在している。わが国でも数年前にこれが声高に主張された。そして何人かの政治家や評論家があげたこの叫び声を、今や〈民主主義連盟〉が新たに取り上げている。連盟は「補償つきあるいは補償なしの鉄道国有化」を提案する。明らかに、上からの圧力と下からの圧力が一緒になって、至る所で広がっている政策が命ずるこの変化を実現に移しそうだ。それには多くの変化が附随するに違いない。というのは、鉄道の所有者は最初のうち鉄道だけの所有者と労働者にすぎなかったのだが、鉄道と直接あるいは間接に関係するたくさんの事業の支配者にもなったので、それらも買い取らなければならないからだ。国家はすでに独占的手紙配達者、独占的電報配達者であり、独占的小包配達者にもなろうとしているのだが、それは乗客と商品と鉱産物を独占的に運ぶだけでなく、現在のさまざまの事業に加えて他の多くの事業にも手を出すだろう。現在でも、国家は海軍と陸軍の基地や港湾施設や防波堤などの建設以外に、船や大砲や銃器や弾薬や軍服や軍靴などを作る軍事産業の仕事も行っている。そして〈民主主義連盟〉が言うように鉄道が「補償つきあるいは補償なし」で国有化された暁には、国家は機関車建設者、客車建設者、防水布・潤滑油生産者、客船所有者、鉱山主、採石場所有者、乗合バス所有者等にならざるをえないだろう。その一方、国家の副官である地方政府はすでに多くの地域で水道とガスを供給し、市街電車を所有・運営し、公衆浴場を所有しているが、疑いもなくさまざまな他の事業にも取りかかるだろう。また国家が直接にであれ代理人を通じてであれ、大規模な生産や卸売販売のための多数の事業を所有するか設立するとき、それは国家が小売販売をも行うためのよい前例になるだろう。たとえばフランス政府はずっと昔からタバコ販売を行ってきた。

すると明らかに、これまでなされた変化、現在進行中の変化、提唱されている変化は、土地と住宅とコミュニケーション手段のすべてを国家の代理人が管理・運営する国有化だけでなく、あらゆる産業の国家による簒奪にも至るだろう。それらの産業における私企業は、あらゆる制度を自分の都合のよいように変えられる国家との競争に敗れて段々と死滅していくだろう。それはまさに、公立学校が存在するために多くの私立学校がたどってきた道だ。かくして社会主義者の望む理想が達成されるのだ。

五

そして「実際的」な政治家が社会主義者を助けて到達させようとしている、社会主義者が想像する明るい面においてそれほど魅力的なこの理想が実現したとき、それに伴うに違いない、社会主義者が想像していない暗い面は何だろうか？　結婚が近づいているとき、強力な希望に取りつかれている人たちは約束されている喜びだけを考えるのが常で、それに伴う苦しみを何も考えない、と言われるのが普通だ。この真理の別の実例をこれらの政治的熱情家や狂信的革命家が与えてくれる。われわれの現在の社会制度の下で存在する悲惨な状態に強い印象を受ける一方で、これらの状態は社会状態に部分的にしか適応していない人々の行動が引き起こしたものだと考えない彼らは、それらの悲惨な状態が何かの変革によってすぐに治癒できるかのように想像している。しかし仮に彼らの計画が成功しても、それはある害悪が別種の害悪でとって代えられるからにすぎない。少し熟考すれば、彼らが提案する制度の下では人々の物質的福利が配慮されるにつれて人々の自由が失われるに違いない、ということがわかるはずだ。

というのは、いかなる形態のいかなる大きさの協力も、規制と規制機関への暗黙の服従なしには実行できないのだから。社会変化をもたらすための彼ら自身の組織の一つだけをとっても例証になる。それはそれ自身の協議会と地域と中央両方の役員と指導者を持たなければならないが、指導者に従わせることで混乱と失敗が必ず生ずる。そして政府の父権的支配下にある新しい社会秩序を一番声高に提唱する人たちの経験が示すところでは、私的な任意組織の中でさえ、統制組織の権力が抵抗不可能とまではいかなくても強大になり、支配される人々の間にしばしば不満と抵抗を生じさせる。使用者の利益に対して労働者の利益を守るための一種の産業戦争を行う労働組合は、効果的な行動を行うためには軍隊のように厳格な統制が必要だということを発見する。彼らの協議会が分裂することは成功にとって致命的だからだ。そして生産や分配の事業を行うために作られて、勝敗を争うときに必要とされるような指導者への服従がいらない協力者の団体の中でさえ、管理機関が至上の権力を得て、「組織の専制」についての不満が生ずるということが見受けられる。では、所属するもしないも自由な比較的小さい団体の代わりに、国家という団体ではどうならざるをえないかを考えてみよう。国家には個々の市民が組み込まれていて、出国しなければそこから離脱できない。そのような条件下で、共同体の資源を支配して、自らの命令を実現し自らが秩序と呼ぶものを維持するためのいかなる実力をも持っている、階層的な中央集権的官僚組織はどんなものにならざるをえないだろうか？　ビスマルク公が国家社会主義に傾斜するのももっともだ。

新しい社会組織をあれほど魅力的に描いて提唱した人たちは、自分たちの計画を考え抜くならば、その中で規制機関が持つ権力を認識したはずだ。この権力がいかなる目的のために用いられるかを彼らに問うてみよう。彼らは善意の行政が彼らに提供してくれる物質的福利や心理的満足ばかりを考えるのが常だが、その対価についても少し考えてもらおう。公務員は必要な財を作り出すことができない。公務員にできるのは、諸個人が共同して生産したものをその諸個人の間に分配することだけだ。もし公機関が諸個人のために財を供給するよう要求されるならば、公機関はその代わりに諸個人に対してその手段となる財を提供するように要求しなければならない。われわれの現在の制度におけるような、雇用者と被雇用者との間の合意はありない——彼らの計画はそれを排除する。その代わりに存在しなければならないのは、労働者に対する地方当局の命令と、当局の命令に対する労働者の受容だ。そして実際これこそ、〈民主主義連盟〉のメンバーがはっきりと、しかしおそらく不用意に、指し示している制度にほかならない。というのは、生産は「国家の支配下にある農業・産業軍（*armies*）」によってなされるべきだ、と彼らは提案しているからだ。彼らはどうやら忘れているらしいが、軍隊というものは兵士が服従しなければならない将官階級の存在を前提としている。なぜならそうでなければ秩序も仕事の効率も確保できないからだ。だから各人は政府機関に対して、主人に対する奴隷の関係に立つことになる。「しかし政府機関は主人とはいっても、各人が他の人々と一緒に作り、いつもチェックしてきたものだ。だからそれは各人と万人の利益にとって必要な以上に人々を支配するわけではない。」

この返答に対する第一の反論はこうだ。たとえその答が正しいとしても、共同体の個々のメンバーは、個人としては全体としての共同体の奴隷になる。そのような関係は、たとえ半民主的（quasi-popular）な統治形態の下でも、軍事的共同体の中で日常的に存在していた。古代ギリシアで受け入れられていた原則は、市民は自分自身に属するのでもなければ自分の家族に属するのでもなく、自分の都市——都市とはギリシア人にあっては共同体と同義語——に属する、というものだった。そして恒久的戦争状態に適したこの教説は、社会主義が純粋に産業的なものとしようと意図している国家の中に無意識のうちに再導入している教説だ。各人の労働は全員の集合に属する。そしてこれらの労働について、当局が適切と認めるだけの報酬が与えられる。だからたとえ行政が意図されたような善意あるものだとしても、その制度の結果は奴隷制にならざるをえない——いかに温和な奴隷制だとしても。

第二の反論はこうだ。すぐにでも行政は意図されたような善意あるものでなくなり、奴隷制は温和なものでなくなるだろう。社会主義の思弁は「実際的」な政治家の思弁と似た前提によって損なわれている。公務員は意図された通りに働くと想定されているのだが、そんなことは決してない。共産主義の機構は現存の社会機構と同じように、現に存在する人間によって形成されざるをえない。そして現に存在する人間性の欠陥はいずれの機構においても同一の害悪を生み出すだろう。権力欲、利己性、不正、欺瞞——これらはしばしば比較的短期間に民間の組織を破壊させるが、その影響が世代から世代へと積み重なっていくところでは、一層大きく治癒しがたい害悪を生み出すに違いない。というのは、ひとたび発展して統合された行政組織は巨大で複雑であらゆる資源を所有しているので、それに対しては何も抵抗できなくなるからだ。そして選挙権力の定期的行使もそれを防止できないということを証明する必要があるなら、フランス政府の例を見るだけでよい。それは起源においては極めて民主的で、短期間ごとに人民の判断に服したが、それでも市民の自由を踏みにじっている。その程度は、最近の〈労働組合国際会議〉においてイングランド代表が「共和制国の恥辱であり異常事だ」と言ったほどだ。

その最終的帰結は専制政治の再生だ。訓練された公務員の集団は、軍隊と同じようにその首長に至上の力を与える。その力は、中世ヨーロッパや日本におけるようにしばしば権力の簒奪に至ってきた——いや、現代の隣国においてもそうなった。ド・モーパス氏[Charlemagne de Maupas. 一八一八—八八年。フランスの政治家。パリ警視総監としてルイ・ナポレオンに協力した]の最近の告白は、国民全体によって選ばれて信任を受けた憲法上の首長が何人かの良心を欠いた仲間の助力を得れば、いかにして代議政治を麻痺させ自らを独裁者にできるかを示した。社会主義制度の中で権力の座に上りつめた人々はどんな費用を払ってでも自分たちの目的を達成することをためらわない、という結論には十分な理由がある。鉄道会社の株主たちは時には金を儲け、しかししばしば損をしながら、わが国をこれほど繁栄させてきた鉄道システムを作り出してきたのだが、〈民主主義連盟〉の委員会は彼ら株主が運輸手段に「手をつけた」と言う。このことを見ると、社会主義的な管理を行う人々は自分たちが支配している諸個人や諸階級の権利をほとんど尊重しないだろうということが推測される。さらにまた、この委員会のメンバーが、国家は鉄道を「補償つきで、あるいは補償なしに」国有化すべきだと主張していることを見ると、彼らが望む理想社会の首長は彼らが必要だと考える政策の実施にあたって衡平の考慮にほとんど煩わされないだろうとも思われる。その政策は常に彼ら自身の至上性と同一視されるだろう。社会主義的管理を古代ペルーのような暴虐な専制政治に変化させるためには、隣国との戦争、あるいは強制的な抑圧を要請するような国内の不満さえあれば足りるだろう。その専制政治の下では、人民大衆は何層もの役人によって支配され、戸外でも屋内でも監視され、自分たちを規制する組織を維持するために働いたが、自分たちの単なる生存に必要なものしか残されなかった。そして今や、あの身分制度、あの強制的協力のシステムが別の形をとって完全に再生するだろう――古いトーリー主義はそのシステムの衰亡する伝統を代表しているが、新しいトーリー主義はわれわれをそこに連れ戻しつつある。

「しかしわれわれはそれらすべてに対して警戒するだろう――そのような破滅が起こらないように予防措置をとるだろう」と情熱家はきっと言うだろう。彼らが新しい規制手段を支持する「実際的」な政治家であれ、あるいは労働の再組織のための計画を持っている共産主義者であれ、彼らの回答はいつも同じだ。「予見されなかった原因や不運な事故や関係者の問題行動のためにこういった種類の計画が失敗に至ってきたということは事実だ。しかし今度こそわれわれは過去の経験から学んで成功するだろう。」社会の福利とその制度の正しさは根本においてそのメンバーの性格に依存しており、そしていずれの改善もこの性格の改善なしには不可能なのだが、この性格の改善は秩序ある社会生活が課する拘束の下で行われる平和な産業活動から生ずる、ということは顕著な真理だ。だが人々にこの真理を受け入れさせることはできないらしい。社会主義者だけではなく、彼らのためにせっせと道を切り開いているリベラルと言われる人々も、適切な訓練さえすれば、間違った人間性も正しく機能する組織へと形作ることができると信じている。だがこれは幻想だ。市民たちの欠陥ある性質は社会組織がいかなる形を取ろうが、その悪しき活動の中に現われるだろう。鉛の本能から黄金の行動を作り出すような政治の錬金術は存在しないのだ。

［プラトン『国家』五四七あたりへの言及か。］

本論の発表後、それに対する社会主義者の二つの返答が現われた。H・M・ハインドマンの『社会主義と奴隷制』［一八八四年］と、フランク・フェアマン［不詳］の『ハーバート・スペンサーの社会主義論』［一八八四年］である。ここでは両者について、多くの反対者と同様、彼らは私が奉じていない見解を私に押しつけていると言うにとどめておかねばならない。社会主義に賛成しないからといって、ハインドマン氏が想定しているように必ず現行の制度を是認するはずだということにはならない。彼が非難するものの多くを私も同じくらい非難しているが、私は彼の提唱する解決策に賛成しない。そして「フランク・フェアマン」という仮名で書いている紳士は、彼が『社会静学』の中に見出す労働者階級への共感に満ちた弁護から私が撤退したとして私を叱責する。だが私は彼が断言するようないかなる変化にも気付いていない。厳しい生活をしている人々の規律のなさを温かい目で見るからといって、何の役にも立たない人々に対して寛容であることにはならない。

立法者たちの罪

一

人間が邪悪の中で形作られ罪の中で生まれる［旧約聖書『詩篇』五一・五］ということが真理であるかどうかはともかくとして、政府が侵略の中で侵略によって生まれるということは疑いなく真理だ。長い間完全な平和が続いてきた小さな未開社会の中には、われわれが政府と呼ぶようなものは何一つ存在しない。強制的な機関はなく、せいぜい名誉職的な首長がいるにすぎない。侵略的でなく特別の原因のおかげで侵略を受けることもないこれらの例外的な共同体の中では、信頼とか正直とか正義とか寛大といった諸徳からの逸脱がほとんど存在しないので、非公式に集まった長老たちが折に触れて述べる公的意見の表明以上のものは何一つ必要でない。[*1]それと反対に、最初は戦争中のリーダーシップとして一時的にしか認められなかった酋長の権威が、戦争の継続によって永続的に確立され、そして戦争が成功して近隣の部族を征服するとその権威が強くなる、という例をわれわれは見出す。その後引き続きあらゆる人種が提供してきた実例が疑問の余地なく示す真理は、酋長の強制的権力が国王になり、征服が常態化して支配下の国々が広がると国王たちの王（古代の東洋で多かった称号）が強大化する、というものだ。[*2]さまざまな比較は、いつもわれわれの身近にある、さらなる真理を明らかにする。――社会内部における支配権力の攻撃性は社会の外への攻撃性とともに増大する、という真理を。効率的な軍隊を作るためには兵隊がその指揮官に服従しなければならないように、効率的な戦闘的共同体を作るためには市民が政府に服従しなければならない。彼らは命じられるだけの新兵を提供し、求められる財産を何でも与えなければならない。

このことが明らかに意味するのは、元来戦争の倫理と同一だった政治の倫理は長期にわたって前者と似ているに違いない、ということだ。政治の倫理が前者から離れられるのは、戦争とその準備が減少するからにすぎない。現在の状態がその証拠だ。現在ヨーロッパ大陸の市民が自由でいられるのは、兵士としての勤務が要求されないときに限られる。その生涯の残りは、軍事組織を支えるためにたいてい奴隷化されている。わが国でさえ、深刻な戦争が起きれば、必然化された徴兵が多数の人々の自由を停止し、残りの人々からは何でも必要なものを課税によって取り立てる――つまり、彼らをその分だけ一層国家のために働かせる――ことによって彼らの自由を侵害するだろう。避けられないことだが、政府が市民たちとの関係で行動する際の確立した掟は、政府間相互の行動の掟と結びついているに違いない。

私は本論の題名の下でそれらの侵害者たちと彼らに対する復讐を取り扱うつもりはない――その記述が歴史の多くを構成しているのだが。私はまた、外部への不正に伴ってきた内部への不正の跡をたどることもしない。ここで無責任な立法者の犯罪のカタログを編むつもりもない。そのカタログはクフ王——その巨大墳墓ピラミッドの石を運ぶために、多年にわたり何十万人もの奴隷が鞭の下で血の汗を流して働いた〔ヘロドトス『歴史』二・一二四を参照〕——に始まり、さらにエジプト、アッシリア、マケドニア、ローマ、その他の征服者に続き、ナポレオンに終わる。彼の野望は文明世界を蹂躙することだったのだが、それは二百万人以上の人命を犠牲にした。[*3]そして私はまた、支配階級の利益のためになされた立法に責任がある立法者たちの罪を列挙することもしない。それらの法律の長いリストは、わが国では、長い間奴隷制と奴隷貿易を維持して、毎年約四万人もの黒人を熱帯地方の航海の間狭い空間に閉じ込めて苦しめ彼らの多くを死なせることになった法律に至り、アースキン・メイ卿が「高い収益を維持するために大衆が飢えることを命じた」[*4]と評した穀物法で終わる。

立法者たちに責任があろうがなかろうが、彼らの悪事を数えあげることは実際無益でないだろう。それはいくつかの役に立つが、その一つは、すでに指摘した真理に関連している。軍隊とは動員されている社会のことであり、社会が休暇中の軍隊に他ならなかった原始時代には、政治の倫理と軍事の倫理とは必然的に同一のものだったが、どれほどその同一性が長い時代にわたって続き、今でもかなりの程度までわれわれの法律や日常生活に影響を及ぼしているかが、そのような列挙によって明らかになるだろう。それはたとえば以下のことを示す。——多くの未開部族の中では、酋長が裁判する機能は存在しないか、名目的なものにとどまる。ヨーロッパ文明の初期の段階では、各人ができる限り自分を守って闘い、自分の受けた私的不正を正さなければならないのがごく普通だった。中世には軍人身分に属する成員間では私戦を行う権利が停止されたが、それは支配者が、調停することは自分の義務だと考えたからではなくて、私戦が公的戦争における支配者の軍隊の効率性を損なうからだった。それ以降の時代にも、法の執行はその原始的な性質を決闘裁判においてかなりの程度示していた。それは審判としての国王あるいはその代理人の前で闘われて、わが国では代替的な裁判の形式として一八一九年まで名目上続いていた。そして次のことも指摘しておいてよかろう。今日でさえ決闘裁判は別の形で生き残っている。弁護士が〔当事者のために戦う〕闘士で、財布が武器なのだ。民事訴訟においては、昔と同様裁判機関は被害者の受けた不正にあまり関心を持たず、その代表者〔裁判官〕の仕事は事実上闘いのルールを執行することでしかない。その結果は正義の問題であるよりも、資力と弁論能力の問題だ。いや、裁判機関は正義の執行にほとんど関心を示さないので、その代表者の目前で行われる法的な闘いのため倒れ伏すまで、競技者は金銭的に痛めつけられる。そして片方の当事者から上訴がなされて判決が覆された場合、敗者はその裁判官かその前の裁判官の間違いのために金を払わせられる。そして保護か賠償を求めた被害者の方が無一文になって裁判所から追い出されることも稀ではない。

政府の作為と不作為による悪事のこのような描写を適切に行い、戦争状態に始まりそれにふさわしい倫理が今でも部分的に生き残って政府の行動を腐敗させているということを証明すれば、それは政府による支配を拡張しようとやっきになっている人々の希望を大いにくじくことができるかもしれない。慢性的戦争状態が生み出すその原始的政治構造の今でも見られる特徴と一緒に、その原始的な諸原理も生き残っている、ということがわかった後では、改革者や慈善家は万能の政府から善きものが来るとそれほど確信できなくなるかもしれない。そして非政府機関にもっと信頼を置くようになるかもしれない。

しかし私は本論の題名に含まれる大きなトピックの大きな部分を放っておいて、ここでは残りの相対的に小さな部分だけを取り上げたい。——それはつまり、立法者たちの個人的な野心や階級的な利益から生ずるのではなくて、彼らがなすべき道徳的義務を負う研究を怠っていることから生ずる罪悪だ。

二

病人が苦痛を訴えるのを聞いた薬剤師の助手が、それを腹痛によるものだと誤って信じたものの、実際には盲腸炎によるものだったので、彼が処方した強力な下剤のために病人が死んでしまったとしてみよう。この助手は故殺［manslaughter．過失致死も含まれる］の罪について有罪と判断される。彼は自分が病人を傷つけるつもりはなく助けようとしたという理由で弁明することができない。自分は診断において間違ったにすぎないという言い訳は通らない。彼は自分の知識が不十分である事柄に手を出すことによって破滅的な結果をもたらす危険を冒す権利を持っていなかったのだ、と言われる。彼が自分の無知がいかに大きかったかを知らなかったという事実は判決の場では容れられない。そこでは次のことが暗黙のうちに想定されている。――経験者でさえ――ましてや未経験者は――身体の不調の同定とその適切な処置において間違いを犯すことがあるということを、彼は万人に共通の経験から学んでいるべきだったのであり、そしてこの経験から導き出される警告を無視した彼はその結果に責任がある。

われわれは立法者が犯しうる間違いについての責任を、これよりもはるかに甘い仕方で判断している。大部分の場合、われわれは政治家を無知な立法が引き起こした災いに責任があると考えるどころか、批判に値するとさえめったに考えない。薬剤師の助手は、訓練を受けていないとはいえ、自分が介入すべきでないということを経験から学ぶべきだったと考えられているが、立法者は自分が訓練を受けるまでは介入すべきでないということを経験から学ぶべきだったとは考えられていない。わが国や他の国々の立法の記録の中には間違った措置が引き起こした巨大な害悪の事実がたくさん載っていて、立法者はそれに印象づけられるべきなのに、彼は性急な介入に対するこれらの警告を無視しても非難されない。事実はその逆だ。彼が――おそらくは最近大学を卒業して、おそらくは一群の猟犬を飼っているために自分の地方で人気があって、おそらくは田舎町で一財産を得て、おそらくは弁護士として名を成し法曹界から転じて――議会にはいり、気軽な仕方で国家運営のあれやこれやの方策を助けたり妨げたりし始めるのは立派なことだと考えられている。この場合、立法者は自分がいかに無知かを知らないという弁明さえしなくてよい。なぜなら公衆一般も彼と同様に、彼は提案された手段について討論で言われている以上のことを知る必要はないと考えているからだ。

それでも無知な立法がもたらす害悪は無知な医療がもたらす害悪と比べて量の点で甚大なので、歴史を少しでも知っている人々にとっては明白なものだ。私がいくつかの周知の実例をあげても許していただきたい。何世紀にもわたって政治家は利息制限法を制定してきたが、それは借り手の状況を悪化させてきた――ルイ十五世［在位一七一五―七四年］治下におけるように「利率を五分から四分に引き下げようとして六分に上げて」*5。また遊休資本の再生産的使用を妨げ、「小地主にはたくさんの永続的奉仕役務を押し付ける」*6などのことによって予想もしなかったような多くの種類の害悪を間接的に作り出して――。そしてまた、イングランドでは五百年間買占めを禁止し続け、フランスではアーサー・ヤング［Arthur Young. 一七四一―一八二〇年。イギリスの農業経済学者］が証言するように「市場で二ブッシェル以上の大麦」*7を買うことを妨げた、その努力は何世代もの間、枯渇のために苦難と死亡率とを増大させてきた。というのも、今では誰でも知っているように、「パン屋について（De Pistoribus）」の法律で「貧しい人々の公然たる抑圧者」*8として非難されている問屋の機能は、急速すぎる消費を抑えることによって商品の供給を平均化させるというものにすぎないからだ。一三一五年に飢饉を緩和するために取られた手段も同じような性質を持っていた。それは食物の価格を規定したが、さまざまな種類の食物が市場から全く姿を消してしまうとすぐに撤回された。またもっと長続きした、行政命令によって旅館主の「合理的な利益」を決定する措置も同様の性質を持っていた。[*9] 同じような精神から来ていて同じような害悪をもたらしたのは、賃金を固定しようとする多くの試みで、それはエドワード二世［在位一三〇七―二七年］時代の労働者法に始まり、わずか六十年前に終わったばかりだ。その時、スピタルフィールズの衰退産業にてこ入れしてその地域のみじめな住民を養うことを長いこと続けていた貴族院と庶民院は、絹織物職人の収入を施政者の決定によって固定することをようやく断念したのだった。

ここで私はいらいらした人がさえぎる声を聞くような気がする。「われわれはそれをすべて知っている。その話はもう古い。商業への介入の弊害の話は耳にたこができるほど聞きあきた。そんなことをまた新しく教えてもらう必要はない。」それに対する私の第一の回答は、大多数の人はまだこのことを全然習っていないし、習ったことがある人々の多くもこれを忘れてしまった、というものだ。というのも、かつてこれらの命令を支持して言われたことの多くがまた今でも言われているからだ。エドワード二世の法律第三十五号はニシンの価格の値上がり防止をめざしたものだが（しかしそれが価格を上昇させたのですぐに廃止されたが）、そこでは「人々が市場に来てニシンを取引すると、誰もが悪意と嫉妬から他人よりも高い値をつける。誰かが四十シリングをつけると、別の者が十シリングをそれに加え、第三の者が六シリングを加え、そのようにして誰もが取引で他人を負かそうとする」と嘆かれていた。そして今でも「市場の競り合い」とその原因とされる「悪意と嫉妬」がまた非難されている。競争の害悪はどこでも社会主義者たちのお決まりの話題だ。そして〈民主主義連合〉の協議会は、交換を「個人と利益欲の支配下」で行うことを批判している。私の第二の回答はこうだ。――需要と供給の法則への介入は、一世代前には有害な性質を持っていると認められていたのだが、今では議会の立法によって新しい領域で日々行われている。そしてこれから述べるように、これらの介入はこの新しい領域において既存の害悪を増加させ新たな害悪を作り出している。それは今ではもはや介入がなされていない領域において、かつて立法が害悪をもたらしていたのと同じようにしてである。[10]

本題に戻って、私が上記の法律をあげるのは、無知な立法者たちが過去に人々の苦しみを緩和しようとして逆にそれを増大させ続けてきたことを読者に思い出してもらうためだった、ということの説明を続けよう。またここで付言するが、立法によって強化され、あるいは作り出されるこれらの害悪を十倍かそれ以上にふやせば、社会科学によって導かれていない立法のもたらす害悪の集合がどれほどのものかがわかるだろう。一八七三年五月の〈統計学学会〉で報告された論文において、〈法学協会〉の副会長ジャンソン氏は、マートン法（ヘンリー三世法律第二十号）から一八七二年の終わりまで一八、一一〇件の一般法律［public Acts. 特定の地方あるいは個人にのみ適用されるのではなく一般的に適用される普通の法律］が立法されてきたと述べた。彼の見積もりでは、そのうち五分の四が全面的あるいは部分的に廃止されたのだった。彼はまた、一八七〇年から七十二年の三年間に全面的あるいは部分的に廃止されるか改正されるかした一般法律の数は三、五三二件で、そのうち全面的廃止は二、五七九件だったとも述べた。法律廃止のこの状態が今も続いているかどうかを知るために、私は最近の三期について、毎年刊行される「一般法律集」を調べてみた。多数の法改正については何も言わないことにして、最近三期には、［ヴィクトリア女王の］**現在の治世に属する**法律のうち、全面的あるいは部分的に廃止されたものが六五〇件あった。これにはそれ以前の治世に属する多くの廃止された法律は含まれない。これはむろん標準的な割合よりもかなり高い。それは最近法令集の積極的な改廃が行われているからだ。しかしこの点をいくら考慮に入れても、われわれ自身の時代には廃止法令の数が数千件に及んでいると考えねばならない。疑いもなく、その中には古くて意味がなくなったものもあっただろうし、状況の変化が要求したものもあっただろうし（もっともそれらの多くがごく最近の法律だということを考えると、これは主原因ではないが）、あるものは単に効果を持たなかったのだろうし、あるものは単一の法律に統合された結果なのだろう。だが疑いもなく多くの場合、法律の廃止の理由はそれが有害だとわかったからだ。われわれは気軽にそのような変化について語る――立法の撤回ということを気軽に考えているのだ。法律が廃止される前、一般にそれらの法律は程度の差はあれ深刻な害悪を及ぼしていた――あるものは数年間、あるものは数十年間、あるものは数世紀にわたって――ということをわれわれは忘れている。悪い法律という漠然たる観念を、人々の生活に働きかける機関という具体的な観念に変えてみれば、それがいかにたくさんの苦痛と病気と死とを意味しているかわかる。たとえば裁判手続の悪しき形態は、それが制定されたものであれ許容されているものであれ、当事者にとって訴訟の費用と遅延と敗訴を意味する。これらは何を意味するだろうか？　元々しばしば乏しい金銭の損失、大きな長引く不安、頻繁に結果として生ずる不健康、家族と親戚縁者の不幸、子どもの食べ物と衣服の不足――これらはすべて、将来何倍にも増大する悲惨さだ。それに加えて、はるかにたくさんの人たちは、訴訟を行う資力か勇気を欠いていて、不正行為に甘んじて貧乏になり、それから生ずる体と心の苦痛に耐えざるをえない。ある法律が単純に邪魔だったというだけでも、それは無用な時間の損失と苦労と心配とをもたらしたことになる。そして重い負担を負った人々の間では、余計な苦労と心配はここでもかしこでも心身の衰弱をもたらし、直接・間接に人を苦しめることになる。悪い立法が人々の生活への損害を意味するということを知った上で、これらの廃止された数千の議会立法がもたらす精神的な苦悩と身体的苦痛と死亡率の上昇の総計がどれだけになるかを考えてみよ！　十分な知識によって導かれない立法が法外な害悪をもたらすという真理を実感するために、最近の一問題が思い出させてくれる例を取り上げよう。

三

すでに述べたように、需要と供給の関係への介入は、ある領域においては何世紀にもわたって大きな害悪が生じてきた後で放棄されたが、現在他の領域で生じつつある。需要―供給関係が実際に成立するのは、それを無視することの害悪がその関係を立証した場合だけだと考えられている。人々がこの関係を信ずる程度はそれほどまでに小さい。この関係が成立しないように見える場合には、自然な因果関係が人為的に妨げられているのではないか? そう疑われることはないようだ。しかし私がこれからあげる例――貧しい人々への住宅の供給――では、概嘆されている恐るべき害悪が大部分法律の作り出したものだということを知るためには、法律が過去長い間にどのようなことをしてきたかを見るだけで足りる。

一世代前のこと、労働者住宅の不足と劣悪さについて議論が起こって、私はこの問題を取り扱う機会があった。以下はそのときに書いた文章だ。

ある建築家・検査官はそれ〔建築法〕が次のような仕方で機能してきたと述べてい

る。新しい建築法が改良しようとする不十分な仕方で建てられた劣悪な住宅からなるロンドンの地区では、平均的な賃料が妥当するが、それは新建築法以前に経済的に運営されていた住宅の家主にとって十分に利益になるものだ。この現在の平均的賃料は、これらの地区では同じ部屋数の新しい住居にも適用されねばならないが、それらの住宅の住人として想定されている人々は、帯鋼 (hoop-iron bond) によって補強された家に住むことによる安全の増加を評価しない。今や試行の結果わかったことだが、現在の規制に従って建てられてこの規定の賃料で賃貸される住宅は、何もよい結果をもたらしていない。その結果として、建築業者は［規制がない］もっとよい地区の住宅建設だけを行うようになり（そこでは既存の住宅と実入りのよい競争ができるということは、それらの既存の住居もまずまず十分だったということを示している）、大衆のための住宅建設をやめてしまった――差し迫った衛生上の問題が存在しない郊外を除いては。その一方、前記の低級な地区では結果として過剰な居住が生じた――一つの家に六家族、一つの部屋に二十人の下宿人。いやそれ以上のことが生じた。貧しい人々のこれらの住居が陥ったその荒廃状態は、新しい住宅供給による競争が存在しなかった結果だ。家主はよりよい住宅の供給のために下宿人が転居していくという懸念を持たない。修繕は最大の利益を上げるために必要がないから行われない。……実際のところ、衛生問題について騒いでいる人々が法律によって解決しようとしている、恐るべき状態の

多くに責任がある人々は、かつて同じようにして騒いでいた人々なのだ。(『社会静学』三八四頁〔第二十八章〕一八五一年版)

そのような害悪を法律が原因となって作り出した例はこれだけではない。次の文章が示すようにまだ他にもたくさんの例がある。

煉瓦税の廃止以前に『ビルダー』誌は書いていた。「週二シリング六ペンスあるいは三シリングで賃貸される住宅のコストの四分の一は、その建設に使われる木材と煉瓦の権原証券の費用と税金だ。むろんそのような財産の所有者はその代金を得なければならないから、彼はこれらの負担をカバーするために週七ペンス半あるいは九ペンスを賃料に加える。」〈労働者階級住宅改善協会〉の書記であるC・ガトリフ氏は窓税〔家屋の窓に課された税金。何個目の窓からどれだけの額で課税されるかは時代により異なる。通気と採光への経済的負担となった。一八五一年に廃止されて住居税にとって代わられた〕の効果について言っている。「われわれは今セント・パンクラスにあるこの組織のために、窓税を総額一六二ポンド一六シリング支払っている。これは年支出の一パーセントに当たる。本協会の賃借人が支払う賃料の平均は週五シリング六ペンスで、窓税はここから週七と四分の一ペンスを取り去ることになる。」(『タイムズ』一八五〇年一月三十一日——

『社会静学』三八五頁)

当時の新聞が与えてくれる証拠はこれがすべてではなかった。一八五〇年十二月七日の『タイムズ』(一八五〇年の最後の週に発行されたこの『社会静学』の中では使うことができなかった)は「建築家」という署名のある〈改革クラブ〉からの投書を載せている。その中には次のような文章がある。

キンネイド卿は昨日の貴紙において、二軒か三軒の家を一つにすることによる模範的下宿施設の建設を推奨している。

私はキンネイド卿と卿が名をあげているアシュレイ卿に次のことを申し上げたい。——もし

一. 窓税が廃止され、

二. 建築法が廃止され(外壁が耐火性であることを規定する部分を除く)、

三. 木材税が均一化されるか廃止され、そして

四. 財産の移転を容易にする法律が立法されるならば、

模範的船舶や模範的紡績工場や模範的蒸気エンジンが必要でないように、模範的下宿施設も不必要だろう。

第一の制度は、貧しい人々の家に七つしか窓を開けられないようにしている。

第二の制度は、貧しい人々の家の大きさを二十五フィート掛ける十八フィート（大体紳士のダイニングルームの大きさ）に制限して、建築業者はその中に階段と入口と客間とキッチンを押し込めなければならない（壁とパーティションも含む）。

第三の制度は、建設業者が貧しい人々の家を建築に適さない木材で建てるように導く。良質の木材（バルト産）にかかる税金は劣悪な木材（カナダ産）にかかる税金の十五倍もするからだ。政府はすべての政府契約から後者を排除すらしている。

第四の制度は、貧しい人々の現在の悲惨な住宅状況にかなりの影響を及ぼすだろう。そうなれば小さな自由土地保有権が不動産賃貸権と同じくらいたやすく譲渡可能になるだろう。建築リースの効果は劣悪な建築への直接の導因になってきた。

私は間違いや誇張を犯さないように、ベスナル・グリーン、ヴィクトリア・パーク・スクエア十七番地、ミュージアム・ワークスのC・フォレスト氏の意見を仰ぐという注意を払った。氏は四十年の経験を持つイーストエンドの大きな建築業者で、建築業に関する広い知識に加えて、教会執事、教区委員、救貧委員会委員として地域の公共問題に関する広い知識も持っている。名前を出すことを私に許可して下さったフォレスト氏は、前記の言明を事実だと肯定したが、一つだけ例外点を強調した。氏の言うところでは、「建築家」

氏は「四流の家」という定義が含んでいる害悪を過小評価しているという。というのは、家の大きさは「建築家」氏が言っているよりもずっと小さいからだ（おそらくもっと最近の建築法の規定に従うためだろう）。フォレスト氏はそれ以上のこともして下さった。他の原因と一緒になって、氏自身が意図していた労働者用住宅の建設計画を放棄させた地代の大幅な上昇（四流の家について、六十年間に一ポンドから八ポンド十シリングに）の悪影響を示し、またこの害が法律の定める信託と限定相続のシステムのため不動産譲渡が困難になっていることで増大しているという点で「建築家」氏に賛成するだけでなく、フォレスト氏は小さな家を建てることには地域的な負担（氏は「禁止的課税」と呼んだ）がさらにペナルティとして課せられているということを指摘した。氏があげた例の一つは、新しく家を一軒建てるたびに舗装や車道や下水の費用を負担しなければならないということで、その費用は家の間口の長さに比例するから、その結果として、大きな家よりも小さな家にとって、価値に対する割合が大きくなる。

法律が生み出すこれらの害悪は一世代前にすでに大きく、それ以降も増大しているが、今度はもっと最近の法律が生み出す害悪に移ろう。四流の家の増大の人為的抑止と、そこから当然生ずる既存のそのような家屋の過密化のために、「貧民窟（rookeries）」の悲惨な状態と病気と死亡率が引き続いて悪化してスキャンダルになると、政府はその害悪の除去に乗り出し、労働者住宅法によって対応した。この法律は地域の当局に対し、悪い家を取り壊し良い家の建築を行う権限を与えた。その結果はどうだっただろうか？　一八八三年十二月二十一日付の〈首都公共事業委員会〉の事業報告によれば、委員会は昨年九月までに、一二五万人の納税者の負担において二万一千人の人々から住宅を奪い一万二千人に住宅を供給した——今後住宅を供給されるべき残りの九千人は、今のところ家がないままだ。それだけではない。地方当局の別の高官である〈都市下水道委員会〉も同様の方針で働いている。彼は立法の強制によって、ゴールデン・レインとペティコート・スクエアにおいてたくさんの小さな家を取り壊したが、そこには全部で一七三四人の貧しい人々が住んでいた。そしてこのようにして五年前に空き地にされたスペースのうち、一部は国によって鉄道の駅のために売却され、残りには現在労働者用住宅が建てられているが、それは追放された人々の半分を収容することになるだろう。すると現在までの結果はこういうことになる。——〈首都公共事業委員会〉によって追い出された人々と五年前に追い出された前記の一七三四人とを合わせて、約一万一千人の人々が人為的に家を奪われて、彼らはすでに過密であるみじめな場所にねぐらを探さざるをえないのだ！

では立法が何を行ってきたかを見てみよう。それは課税によって煉瓦と木材の値段をつり上げて住宅費用を上昇させ、節約のために、劣った材料を少しだけ使用することを促進した。その結果生ずる劣悪な住居の建設をチェックするために立法は規制を行ったが、それは中世風に生産物の品質を規定するものだった。それはより高い品質を命じ、それゆえより高い価格を命ずることによって需要を限定し、最終的には供給を減少させる、ということがわかっていないのだ。立法は最近地域的な負担を加えることによって、小さな家の建設をさらに妨害している。最後に、次から次の手段で最初は劣悪な家を生み出し次は良い家を不足させることによって、とうとう立法は貧しい人々を人為的に溢れださせるようになった——彼らをすでに収容しきれなかった住宅容積を減少させることによって！

ではイーストエンドの悲惨さの責任はどこにあるのか？「見捨てられたロンドンの怒りの声」は誰に向けられるべきなのか？*11

ドイツの人類学者バスティアン〔Adolf Bastian. 一八二六―一九〇五年。世界の諸民族の風俗・習慣を採集した〕は、強情に回復しないことによって呪物の面目をつぶしてしまうギニアの病人の原住民は絞殺されると言っている。*12 するとギニア人の中で呪物の力を大胆にも疑うような者はすぐに犠牲に捧げられるだろうと想定できよう。政府の権威が強力な手段によって強制されていた時代には、政治的呪物について何か不敬なことを言うことにも同様の危険があった。しかし今日では、政府の万能性を疑う者が受けるであろう最悪の刑は、レッセフェールを説く反動家だとして非難されることだろう。彼が持ち出す事実が既成の信仰をいくらかでも弱めるなどということは期待できない。というのは、この信仰がいかなる反対の証拠も受け入れないということをわれわれは毎日見ているからだ。見過ごされている膨大なそのような証拠の一部を見てみよう。

「役所とはさかさまのフィルターのようなものだ。そこにきれいなものを入れると、汚くなって出てくる。」これは私が昔、故チャールズ・フォックス卿［十八世紀後半の同名の有名な政治家ではなく、スペンサーが最初就職した鉄道会社の鉄道技師］が言うのを聞いた例えだ。彼はその職務上公機関についてかなりの経験を持っていた。彼の比喩は独特だが彼の意見は独特でないということは誰もが知っている。新聞による暴露と議会における批判を知っていれば、役所仕事の害悪について誰も無知ではいられない。その遅延についてはいつも苦情が寄せられていて、フォックス・モール氏［Fox Maule-Ramsey. 一八〇一―七四年。スコットランドの政治家。海軍大臣も務めた］は、通常「軍隊の将校の辞令は二年ほど遅れる」とさえ書いたほどだが、その新たな例証は、一八八一年の詳細な国勢調査の結果が情報収集後二年以上たってようやく第一巻が出たということだ。そのような遅延の説明を求めるならば、その原因の一つは信じられないほどの混乱に求められる。国勢調査の場合、戸籍本庁長官は「その困難は、考慮に入れられるべき異なった領域の膨大さだけでなく、それらの領域の驚くべき複雑さに存する程度が大きい」と言っている。三万九千の行政区画が存在し、それは二十二種類にわたるが、相互に重なり合っている――ハンドレッド［州の下級区分］、教区、自治区、選挙区、小開廷区、副知事区、都市および地方の保健区、主教管区、戸籍区、等々。そしてまた庶民院議員のラスボーン氏が指摘しているように、*13 交差する境界を持つこれら多くの重なり合う地域は、それぞれに管理組織を持っていて、その権限は相互の地域にはいりこんでいる。なぜ議会は行政組織を加えるたびに新たな地域区分を作り出すのか、と問う人がいるだろうか？　それに対する自然な答は、「方法の一貫性を保つため」というものだ。というのは、この組織的な混乱は議会が毎年増大させている組織的な混乱と完全に軌を一にしているからだ。毎年議会は古い法律の山の上に百もの新しい法律を加えることによって混乱を作り出すのだが、それらの新法の規定は、それまでの無数の法律の規定をあらゆる仕方で覆し制限している。法が一体どうなっているのかを確定する重荷は私人に委ねられて、彼らは裁判官の解釈の結果自らの財産を失うことになる。そしてまた、地区のネットワークを別のネットワークの上に重ねてそれらの権限を衝突するがままにしておくというこのシステムは、一八七二年の公衆衛生法の方法と首尾一貫している。この法律を読んで自分の上に行使される諸権限が何であるかを知ろうとする者は、さまざまの種類と多くの制定時にまたがる二十六もの既存の法律を参照しなければならないのだ。[*14] 行政の惰性もこれと変わらない。官僚が改善に抵抗することを示すケースは常に生ずる。たとえば電信の利用が提案された時、海軍省の回答は「われわれは極めてよい手旗信号システムを持っている」というものだった。また以前故チャールズ・シーメンズ卿は、郵政省は改善された電信方法の採用を妨げ、またその後は電話の利用を妨害していると言った。労働者住宅に似たケースは、昔も今も国家が一方では減少させようとしている害悪を他方でどのようにして増大させているかを示している。たとえば国家は火災保険に課税する一方で、よりよい消火のための規制を課している。またある建築方法を指令しているが、それはショー大尉が示すようにさらなる危険を含むものだ。[*15] さらにまた、厳格である必要がない時に厳格で、厳格であるべき時にいい加減な役所仕事の不条理は、スキャンダルをひき起こすほど明白なものになることがある。たとえば重要な秘密政府文書が、政府に一時雇用されているにすぎない薄給の筆記者の手にわたって公開されたり、ムアソム信管の製造法が陸軍の砲兵隊の最高の将校たちにさえも秘密にされていたのに、それを知ることを許されたロシア人から教えてもらうことになったり、「ブリテンと外国の甲鉄艦をわが軍の大砲が貫通できる距離」を示す図が、職務熱心な大使館付き武官から本国政府に発信された時、それが「ヨーロッパのすべての政府」の知るところとなったのに、わが国の将校がその事実を知らなかったりした。[*16] 国家による監督についても同じことが言える。検査による銀の品質証明は無用だということが証明されているが、この制度が銀の取引を減少させている。[*17] 品質保証の他のケースでは、それを上回っても無益になるような基準を設定することによって、品質を低下させてきた。たとえばコーク［アイルランド南部の州］のバター市場においては、最高品質のバターはそれ以上のよい評判を得てもうけることができないので不利になる。[*18] また別の例は（今では選択的な）ニシンの品質付けだ。その結果として、公的な許可のレベルにちょうど届くだけの程度の多数の低級な燻製業者とそれを超える少数の高級な業者とが同等に並べられたので、後者の業者の意気がくじかれた。しかしこのような教訓は生かされていない。検査の失敗がごく明白な場合でさえ、それが注意を集めることはない。たとえばテイ橋で乗客を満載した列車が破壊された惨事［一八七九年スコットランドのダンディーにおける鉄道橋崩壊事件］が一例だ。無数の容赦ない声高な非難が技師と建設業者に向かって浴びせられた。しかし国家による許可を与えた政府の役人についてはほとんど何も言われなかった。病気の予防についても同じだ。国を代理する人の監督あるいは指令の下で最悪の災厄のいくつかが起きるということは重視されていない。たとえば〈アクリングトン〉号事件で兵士の妻子八十七人が犠牲になった時[*19]や、エジンバラにおけるように国家の命じた灌漑システムが腸チフスやジフテリアを伝染させた時[*20]や、公的に強制される衛生施設がいつも故障して、それが減少させるはずの害悪を増大させる時[*21]がそうだ。そのような証拠はたくさんあるのに、衛生検査が引き起こす信頼はゆらがない。実際その検査はますます増えている。このことは、あらゆるパブリック・スクールが衛生関係の官吏の監督下に置かれるべきだという最近の提案の中にも示されている。いや、国家が明らかに災厄の原因だった時でさえ、国家が役に立つ機関だという信頼は減少しない。その証拠に、一世代前、国は下水を河に流す下水システムを諸都市が設立することを認可し、あるいはむしろ要請し、かくして水道の源泉を汚染したが、その水道水の汚れに対する怒りの声は水道会社に向けられた。——その怒りの声は、これらの都市が巨額の費用をかけて下水システムに大変革を加えざるをえなかった時以降も続いている。そして今、唯一の救済策として、国家はその地方の代理を通じてこの全事業を引き受けるべきだという要求がなされている。労働者住宅のケースと同様に、国家のしでかした失敗は、国家にもっと多くのことをしてほしいと願うべき理由になるのだ！

立法府への崇拝は、実際ある点では、私が暗黙のうちに比較した呪物崇拝よりも弁明の余地が少ない。呪物は沈黙している――自らの無能力を自認しない――という弁明が、野蛮人にはできる。しかし文明人は、自分の手で作り出したこの偶像に、それが持っていないことを何らかの仕方で自認している力を与え続けている。私が言いたいのは、日々の議論は善よりも悪をなす立法府の手段をわれわれに教えているとか、過去の法律を廃止する議会の何千もの法律はその分だけ失敗があったという事実を暗黙のうちに認めているということだけではない。私はまた〈救貧法委員会〉の報告の中に含まれているような半‐政府的自認だけに言及しているのでもない。それはこう言っている。――「公的救済の執行に関係する法律であって立法府が計画した効果を作り出したようなものはほとんど一つもない一方で、それらの法律の大部分は新たな害悪を作り出し、それらが予防することを意図されていた害悪を悪化させたということをわれわれは認めた。[*22]」私が言及しているのはむしろ、政治家と国家機関による自認だ。たとえばここに、故リトルトン卿〔George Lyttleton 一八一七―七六年。保守党の政治家〕が議長を務めた影響力ある委員会が採択し、グラッドストン氏に向けられた覚書がある。そこには次のように書かれている。

下に署名したわれわれ、貴族院議員、庶民院議員、納税者、首都住民は、一八六六年に庶民院でなされた貴下の以下の声明が説得力ある真理であると強く感ずるものである。「公共事業に関するわれわれの制度全体はいまだに嘆かわしい状態にある――動揺、不確定性、高価さ、逸脱、卑劣さ、および列挙できる限りのあらゆる衝突する悪徳が、わが国の現在の制度の中に結合している」[*23]……

また次の例は〈貿易委員会〉の最近の覚書（一八八三年十一月）から取ったものだ。そこでは「一八三六年の〈難破委員会〉以来、この問題（難破の防止のこと）について立法府あるいは政府によって何らかの立法がなされたり手段が取られたりせずに会期が終わることはめったになかった」が、「一八五四年に一つの法律に統合されたたくさんの法律は、またもスキャンダルになり非難されたものである」と言われている。それぞれの方策は以前の方策が失敗したから採用されたのだ。そして今では「人命と船舶の喪失は一八六七年以降の方がそれ以前よりも大きい」[*24]と自認される。その間、行政コストは年間一万七千ポンドから七万三千ポンドに上昇した。

知識の改善にもかかわらず、特定の仕方で用いられる人工的装備がどうして想像力をかきたてるのかは驚くべきものだ。それは人類史全体を通じて――野蛮人がその敵を驚かせるために体に塗る絵具から、宗教的儀式と国王の行列を経て、庶民院議長の礼服や制服を着た廷吏の職杖まで——見られる。私は思い出すが、怖ろしい死体のような顔をしたマスクを手に取っている時はかなり平気で見ることができた子どもが、それを自分の父親が顔に着けると叫び声をあげて逃げ去ったことがある。同じような感情の変化は、議員が選挙区や州から立法府に出ていく時の選挙民にも生ずる。彼らが候補者として選挙民の前にいた時には、嘲笑や揶揄や野次をはじめあらゆる無礼な仕方で取り扱われていたのに、ひとたびウェストミンスターに集まると、それまで新聞や演説台から悪口雑言の対象となって無能な馬鹿者呼ばわりされていた彼らが無限の信頼をかきたてることになる。彼らに向けられる祈りから判断すると、彼らの英知と力が達成できないことなど何一つ存在しないかのようだ。

四

これらの主張すべてに対する返答は、疑いもなく次のようなものだろう。——「集団の知恵」が与えるよりも良い指導はありえない。国民から選ばれ、そこからまた選ばれた少数者によって指導される人々は、その時代のあらゆる知識を持っており、彼らが直面する問題に関して自らの最善の力を発揮する——。「それ以上の何が望めようか?」とほとんどの人が問うだろう。

それに対する私の反論はこうだ。立法者たちが彼らの義務を行うにあたって備えていると言われる、この現時点の最高の知識なるものは、その大部分が明らかに重要でないもので、彼らは何が本当に重要な知識なのかわかっていないということについて責任がある。立法者の多くは外国語のすぐれた教養を持っているが、それは彼らの判断をいささかも助けないだろうし、そういった教養が利用可能にしてくれる文献もたいして彼らの役に立たないだろう。戦争が常態で、奴隷制度が同じように必要であると同時に正当でもあり、女性がいつまでも監督下に置かれねばならないと想定していた哲学者を通じて、小規模な古代社会から引き出された政治的経験と思弁は、議会の立法が現代の大国においていかに機能するかを判断する際には、ほとんど無益だろう。立法者は、カーライル的［英雄崇拝の］理論によると社会を形作っている偉人たちすべての業績について思いを巡らすかもしれないし、歴史書を満たす国際紛争や裏切りや陰謀や条約の説明をめぐって多年にわたって論じているかもしれないが、それは社会構造と社会的行動の態様と原因や、諸法則がそれらに影響を与える仕方を理解することにはあまりつながらないだろう。また工場や取引所や法廷で得られるような情報が、立法者の任務に必要なことも多くない。

本当に必要なこと、それは社会の中に集まっている人々の間に見られる自然な因果性の体系的研究だ。因果関係をはっきりと意識することは知性の進歩がもたらす最後の特徴なのだが――野蛮人にあっては、単純な機械的原因さえもそのようなものとしては考えられないのだが――ギリシア人の間では、槍の飛行は神によって導かれると考えられていたのだが――彼らの時代からほとんど現代に至るまで、伝染病は超自然的な原因を持つとみなす習慣があったのだが――そしてあらゆる現象の中で最も複雑な社会現象間における因果的関係は一番あとまで認められないままだろうと思われるかもしれないのだが――、それでも今日ではそのような因果的関係の存在が十分明白になってきたので、それらの関係に介入する前にそれらを熱心に研究するべきだという議論が、すべての考える人々にとって避けられないものになった。結婚の数と穀物価格との間には関係があるとか、同一社会内部の同一の世代の中では人口当たりの犯罪率がほぼ一定しているといった、今ではおなじみの事実だけでも、人間の欲求というものがそれと結びついた知性をガイドとして使い、ほぼ一様に働くという事実を万人に知らしめるには十分だ。社会的な原因の中で、立法による原因は同様に平均的な規則性をもって、人々の行動を変えるだけでなく、その結果として彼らの性質をも変えてしまう――おそらくは意図されざる仕方で――ということも推論される。社会的な因果関係はそれ以外のあらゆる因果関係にもまして重要な結果をもたらすという事実が認識されるべきだし、間接的な影響や遠い影響も近接した影響と同じくらい不可避だ、ということもそうだ。私はこれらの言明や推論を否定する人がいると言うつもりはない。しかし世の中には実にたくさんの信念があって、その中には単に口先だけでしか唱えられていないものもあるし、ある程度まで人間行動に影響するものもあるし、あらゆる状況において抵抗できないような仕方で行動を支配するものもある。そして不幸なことに、社会事象における因果関係について立法者たちが持っている信念は浅薄なものにとどまる。誰もが暗黙のうちに認めてはいるが立法においてほとんど注意を払われていない真理をいくつか見てみよう。

個々人はある程度まで身体的にも心理的にも変えることができるという、論議の余地のない事実がある。算術からボクシングに至るまで、あらゆる教育理論が、あらゆる学問領域が、また美徳への報償と悪徳への処罰のあらゆる提案が、身体的能力であれ心理的能力であれ、個々の能力の活用あるいは不使用には適応的変化が伴う――要求に従って能力の喪失あるいは獲得が生ずる――という信念を含んでいて、それはさまざまの諺の中にも体現されている。

これまた普遍的に広く認められている事実だが、構造の変化というものは何らかの仕方で遺伝される。世代ごとの小さな変化が積み重なって体質が状況に適合するということは、誰も否定しない。だから適応した人種にとって無害な気候が他の民族にとっては命取りになるのだ。元来同一の種族に属していても、異なった生活を送る異なった居住地に拡散していった人々が時を経るうちに異なった適性と異なった傾向性を獲得するということも否定できない。新たな条件の下では新たな国民性さえも形作られるということを否定する人はいない。アメリカ人はその好例だ。また適応がいつでもどこでも続いているならば、適応的変化は社会的条件のいかなる変化によっても生ずるに違いない。
それに次の否定できない結論も加わる。――新しい仕方で強制したり抑制したり援助したりして人々の行動様式を変えているあらゆる法則は、時が経つにつれて、人々の性質の新しい調整をもたらすように人々に影響する。直接の影響を越えて、ほとんどの人々が完全に見逃している遠く離れた影響があって、それは平均的性質の再形成だ。この再形成は望ましい性質のものもあれば望ましくない性質のものもあるが、いずれにせよ、考慮されるべき結果の中で一番重要なものだ。

市民が、そしてそれ以上に立法者が、自分の頭の中にしっかり留めておくべき他の一般的な真理は、社会的活動がいかにして生み出されるかをわれわれが問うときに明らかになる。そのときにわれわれが認める自明の答は、それらの活動は諸個人の欲求の集合的な結果であって、諸個人はそれぞれに欲求の満足を求めており、普通は自分の既存の習慣と思考によって一番容易に見える仕方で――一番抵抗が少ない仕方で――その手段を追求している、というものだ。政治経済学のさまざまの真理は、この一般的真理の帰結にすぎない。社会的構造と社会的行動が、何らかの仕方で諸観念――祖先のものであれ、同時代人のものであれ――によって導かれる人間の感情の結果に違いない、ということを証明する必要はない。そしてそこから、社会現象の正しい解釈は世代ごとのこれらの要素の協力の中に求めなければならないという結論が必然的に出てくる。

そのような解釈がすぐにもたらす結論は、満足を求める人々の諸欲求の中で、彼らの私的活動と自生的協力を促してきたものの方が、政府機関を通じて働いてきたものよりもはるかに社会の発展に寄与してきた、ということだ。かつては野生の果実しか採集できなかった所で今では豊富な収穫が得られるのは、何世紀にもわたる個人的満足追求のおかげだ。テント小屋から良質の住居への進歩は個人的福利を増大させたいという欲求に起因しているし、都市も同じような動機から生じた。祭礼の際の集まりにおける交易から始まって、今ではこれほど広範で複雑になった通商の組織は、すべて人々が自分の私的目的を達成しようとする努力から生み出された。いつでも政府はその成長を邪魔してきて、決して促進しなかった――部分的に政府の適正な機能を遂行して社会秩序を維持する場合は別として。これらの社会組織の変化と活動の増大を可能ならしめた知識の進歩とその応用の改善についても、同じことが言える。鍬から電話に至るさまざまの有用な発明は、国家のおかげではない。天文学を発達させて航海ができる範囲を拡大させたのは、国家ではない。現代の製造者を導いた物理学や化学やその他の領域での発見を行ったのは、国家ではない。あらゆる種類の繊維を製造したり旅客や貨物を輸送したり、何千もの仕方でわれわれの要求に応えたりする機械を考案したのは、国家ではない。商人の事務所で行われる世界規模の取引、われわれの街を埋める繁華な交通、あらゆるものを容易に手の届くところに取り寄せ、生活に必要なものを日々われわれのドアまで送る小売配達システムも、政府によるものではない。これらはすべて、個別的あるいは集団的な市民たちの自生的活動の結果だ。いやそれどころか、政府がその義務を果たす手段自体がこれらの自生的活動に負うている。科学と技術が政府に与えた助力をすべて政府機構から奪ったら――政府の公務員が発明した手段だけを残せば――その機能は停止するだろう。政府の法律が公定され公務員が日々命令を与える際に使われる言語自体、立法者に全く負うことがなく、人々が自分の個人的満足を追求する際の交渉において知らず知らずのうちに成長してきた道具だ。

そして以上のことがわれわれに教える真理は、自生的に形成される社会組織は、われわれがその一部だけに対して働きかけても多かれ少なかれあらゆる部分に対して働きかけることになるほど緊密に結びつけられている、ということだ。綿の凶作が、最初はある工業地域を麻痺させ、それから王国中の卸売・小売業界と消費者に影響し、続いて羊毛とかリンネルといった他の繊維の生産者・販売者と利用者にまで影響を及ぼすとき、われわれはその真理を誤解の余地なく知る。また石炭価格の上昇があらゆるところで家庭生活に影響するだけでなく、わが国の多くの産業を害し、生産される商品の価格を上げ、その消費を変化させ、消費者の日常習慣を変えるときにも、われわれはその真理を知る。われわれがこれらの顕著な場合に明確に見てとることは、あらゆる場合に生じている――気づきやすい仕方であれ、気づきにくい仕方であれ。そして明らかに、議会の立法は、直接の効果を超えて、多様で無数の他の影響をもたらす要素の中に含まれる。十分な判断手段を与えてくれる研究を行っているある立派な教授が言っているのを私が聞いたところによると――「ひとたび人が自然の秩序に介入すると、その結果がどうなるかを知ることはできない」［出典不明］。そしてもしこのことが教授の言及していた人間以下の自然界の秩序について真ならば、それは人間の社会制度の中に存在する自然の秩序について一層真である。

ではここで、立法者は自分の仕事において、自分が対処することを提案する社会に関するこれらやその他の広範な真理を強く意識すべきだという結論をはっきりさせるために、まだ指摘していなかった真理の一つをいささか詳しく述べることにしよう。

五

あらゆる高等動物の種の存続は、二つの根本的に対立する原理の、時には一方に、また時には他方に、従うことに依存している。種の成員の幼年期と成年期とは反対の仕方で取り扱わなければならない。われわれは両者をその自然な順序で考えてみる。

最もなじみ深い事実の一つは、高等動物は成熟に達するのが相対的に遅く、そして成長したときは、下等動物がするよりも自分の子孫に多くの助けを与える能力を持っている、ということだ。成獣はその幼獣を多かれ少なかれより長期にわたって育てるが、幼獣は自分自身で生きていくことができない。明らかに、種の維持は親のこの世話があってこそ可能になる。目も見えず羽も生えていない幼鳥や仔馬は、たとえ目が見えるようになった後でも、自分自身で暖をとり食べ物を取らなければならなかったら、たちまち死んでしまうだろうということは証明を要しない。幼獣は自分自身にとっても他の個体にとってもほとんど役に立たないが、その役に立たない程度に比例して、無償の援助は大きくなければならない。そしてその援助は、幼獣が最初は自己保存でき、そして段々と他の個体の保存もできるように次第に発達すれば、直ちに減少しても構わない。つまり未成熟期を通じて、個体が得られる利益はその個体の能力に反比例して変わらなければならないのだ。明らかに、生涯のこの最初の段階を通じて利益がメリットすなわち功績への報償に比例していたら、種は一世代の間に消滅してしまうだろう。

家族集団のこの体制から、種の成獣メンバーから形成されるもっと大きな集団に移ろう。新しい個体が、その能力を完全に使用できるようになり、親からの助けを必要としなくなり、一人にされた時に何が起きるだろうか？　今や上記の原理と正反対の原理が働くことになる。残りの一生を通じて、それぞれの成獣はメリットに比例した利益――功績に比例した報償――を得ることになる。個々の場合におけるメリットと功績とは、生活に必要なことすべてを実現する――食べ物と棲みかを得て、敵を避ける――能力として理解される。自分自身の種のメンバーと競争し、他の種のメンバーと敵対している成獣は、能力に恵まれているか否かに応じて、繁栄して繁殖するか衰えて殺されることになる。明らかに、これと反対の体制は、たとえ維持できるとしても時間が経つうちには致命的なものになるだろう。各個体の得る利益がその無能力さに比例していたら――もしその結果として無能力な個体の増殖が続き、優れた個体の増殖が妨げられたら――、能力の低下が進むだろう。そして最後には、能力が衰えた種は敵対する種や競争する種が存在する中で存続できなくなるだろう。

するとここで注意すべき一般的な事実は、〈自然〉が動物を取り扱う方法は家族集団の内と外で相互に正反対であり、片方の方法を他方の領域に持ち込むと遅かれ早かれ破滅をもたらすだろう、ということだ。

同じことは人類にあてはまらないと考える人がいるだろうか？　下等動物の家族におけるように、人間家族でも利益がメリットに比例するのは致命的だということは否定できない。家族の外の成人間で、動物界全体におけるような利益とメリットの比例性があるべきでないと断言できるだろうか？　能力の低い人々が高い能力を持つ人々と同様に、あるいはそれ以上、繁栄し繁殖することができても悪い結果は生じない、と主張できるだろうか？　他の社会と対立関係あるいは競争関係にある人々の社会は、一つの種、あるいはもっと文字通りには種の変種とみなすことができよう。そしてある社会が劣ったユニットに利益を与えるために優秀なユニットに不利益を与えるならばそれは他の社会との闘争において生き残れないだろうということは、他の種や変種についてと同じように、この種についても真であるに違いない。家族生活の原理が社会生活の中でも採用され完全に実行に移されるならば——報償の大きさがいつでも功績に反比例するならば——、社会にとって致命的な結果がすぐに生ずるだろう。またもしそうだとしたら、家族制度が国家制度に部分的にでも侵入するならば、致命的な結果がゆっくりと生ずるだろう。社会がその集団としての能力において、この二つの対立する原理の働きに介入するならば、遅かれ早かれ悲惨な事態が生じざるをえない。あらゆる種はこの両者の原理の下で、それが現に持っているような生活様式への適合に達して、それを維持しているのだ。

私は注意して、「社会がその集団としての能力において」と言った。私は優れた人々が彼らの個人としての能力において、劣った人々に援助を与えることを排したり非難したりするつもりは全くない。劣った人々が増えることを可能にするような仕方でそのような援助が無差別に与えられると、そこには害がある。しかしそれでも、社会が「集団としての能力において」与える援助がなければ、個人的な援助は——現在よりも広く要求され、そして一層大きな責任感と結びつくだろうから——、平均としては、本来的に能力のない人々よりも不運のせいで能力のない人々を助けるという効果を持つだろう。またそれに伴って、共感の涵養から生ずる社会的利益もあるだろう。だがこれらのことをすべて認めても、家族倫理と国家倫理との間には根本的な区別がなければならず、気前の良さが前者の本質的原理である一方で、正義は後者の本質的原理でなければならない、と断定しよう。かくして市民間の通常の関係の厳格な維持の下では、各人は自分の労働——熟練労働であれ、非熟練労働であれ、肉体労働であれ、頭脳労働であれ——に対する需要が示すだけのその価値の対価を得ることになる。それゆえその対価は、各人を自分自身と他の人々にとって価値あるものたらしめる優秀性に比例して、各人が繁栄し子孫を残すことを可能にするだろう。

しかしそれでも、誰もが辞典や法律文書や会計帳簿から目を転じて、われわれを取り囲んでおりわれわれが従わざるをえない事物の自然な秩序を見ればわかる、これらの顕著な真理にもかかわらず、父権的政府が引き続いて提唱されている。国家倫理の中に家族倫理を侵入させることは、社会にとって有害だと見なされるどころか、社会に利益をもたらす唯一の効果的な方法としてますます要求されている。この幻想は今や、他の誰よりもその幻想から安全だと思われるかもしれない人々の信念までも蝕むに至っている。［自由貿易を提唱する］〈コブデン・クラブ〉が一八八〇年に賞を与えた論文の中には次のような断定が現われている。「自由貿易という真理はレッセフェールの誤謬によって曇らされている。」そして「われわれははるかに父権的な政府——昔の経済学者たちが恐れたもの——を必要としている」のだそうだ。[*25]

六

今主張した真理は、それを受け入れるか否かが、形成されてきた政治的結論の構造全体に影響するために死活的な重要性を持っているので、ここで私は一八五一年に出版した自著の中からいくらかの文章を引用することによってその真理を強調しても許されるだろう――ただ前置きとして、読者は以下の文章の中に含まれる目的論的な含意に今の私が賛同していると考えないでほしいとだけ付言する。私は「下等動物の中に存在する普遍的戦争状態」を記述して、そこから平均として利益が生ずることを示した後、次のように続けた。

草食獣の群れの中から、その敵である肉食獣は、盛りを過ぎた者だけでなく、病んでいる者、栄養不足な者、足の遅い者、非力な者を餌食とする。繁殖期において普遍的な争いとともに、この浄化の過程によって、劣った個体の繁殖による種族の弱体化がすべて防止される。そして周囲の環境に完全に適合した体質が維持され、最も幸福を生み出す体質が確保される。

高等動物の発展とは、これらの短所によって減少されない幸福を可能にする形態への進歩だ。それが最高に実現されているのが人類で、文明とはその達成の最終段階だ。そして理想的な人間とは、その達成のすべての条件が実現されている人のことだ。さて現在の人類の福利と、この究極の完成への人類福利の発展とは、ともに同一の、厳しくはあるが仁愛ある規律によって確保される。その規律とは、生物一般が従っているものであり、善を行うにあたって容赦せず、部分的な苦しみや一次的な苦しみを避けようとしてぶれることがない福利追求法則だ。無能力な人々の貧困、無思慮な人々の苦難、怠け者の飢餓、弱者の敗北――これらは多くの人々を「艱難辛苦の中」〔シェイクスピア『ジュリアス・シーザー』四幕三場のブルータスの台詞〕に遺すが、それは広い観点から見れば大きな仁愛の命ずるところだ。

社会状態に適合するためには、人はその野蛮さを捨てるだけでなく、文明生活に必要な能力も獲得しなければならない。勤勉さを発展させ、知性の新たな任務にふさわしく知性を涵養し、そして何よりも、将来の大きな満足のために現在の小さな満足を犠牲にしなければならないのだ。この移行の状態はむろん幸福でない状態だろう。性質と条件との不一致からは困苦が生まれざるをえない。これらすべての害悪は、われわれを苦しめ、事情をわきまえない人々にとってはあれやこれやの回避可能な原因から生ずる明白な結果のように見えるが、それが現在進行中の適応過程の避けられない附随物だ。人類はその新たな地位に必ず伴う境遇に直面して、それと調和するように形成されているところであり、その結果生ずる不幸をなるべくうまく乗り越える必要がある。この過程は必ず通らねばならず、この苦しみは必ず耐えねばならない。地上のいかなる権力も、政治家がいくら巧妙に考え出した法律も、人道家のいかなる世界改良案も、共産主義のいかなる万能薬も、これまで人間が提案してきた、あるいは提案するであろういかなる改革も、この辛苦をいささかも減少させることはできず、かえって悪化させるだろうし、実際にそうなっている。慈善家はそこに活動の余地を見いだすだろうが、変化には苦しみがつきもので、生命法則自体を変えることなしにはそれを減らすことができない。

むろん、人々相互間の自発的な共感によってこの過程の厳しさが和らげられる限り、そうするのは適切なことだ。究極的な結果を配慮することなく共感を示すときには害が生ずるに違いないが、そこから生ずる短所は、他の点で得られる利益とは比べものにならない。ただこの共感が衡平を侵害するときに限って――平等な自由の法則が禁止している介入を生み出すときに限って――そうすることによって、生命のある特定部門において性質と条件との間の関係を停止するときに限って――それは純然たる害をなす。そのときそれは自らの目的に失敗する。苦しみを減少させる代わりに、結果的に増大させるのだ。それは生存に一番適しない人々を大量に生み出し、その結果として、生存に一番適した人々の繁殖を妨げる――彼らにより小さな余地しか与えない。それは生きていることが一番苦痛をもたらすような人々で地球を一杯にして、生きていることが一番喜びをもたらすような人々を地球にいなくする傾向がある。それは積極的な害悪をもたらし、積極的な幸福を妨げる。――『社会静学』三二二―三二五、

三八〇―三八一〔二十五章§6、二十八章§4から〕

これらの文章が公表されてから三分の一世紀が経ったが、私がここで述べた立場を取り消す理由は何もない。逆にその立場を強化する証拠はたくさんある。適者生存の有益な結果は、ここで述べた結果よりもはるかに大きいことがわかった。ダーウィン氏の言う「自然選択」の過程は、変異の傾向および変異の遺伝と協力するものだが、氏はそれが生物進化の主たる原因(ただし唯一の原因ではないと私は信ずる)だということを示した。この変化を通じて、あらゆる生物は、最も下等なものから始まり分化と再分化を繰り返して、現在の程度まで生活様式に適合し組織化されるに至ったのだ。この真理は極めて自明なので、わざわざ指摘することには弁明が必要だと思われるほどだが、それでも奇妙なことに、この真理が大部分の文明人に認められている現在――適者生存の有益な働きが過去の人々よりも現在の人々にはるかに強く印象づけられているので、その作用を打ち消すことをためらうだろうと期待できる現在――人々は世界史上かつてないほどまで、不適者の生存を促進するためにできることをすべて行っている!

だが人間は理性的な存在だという公準が、いつも人をはなはだしく見当外れの推論に導いている。[*26]

「確かにそうだ。あなたの原理は野獣の生活から導き出されている。それは野獣の原理だ。

動物を支配する掟の下に人間があるべきだというあなたの考えに私は説得されない。私はあなたの自然史的議論に全く賛成しない。弱い人々、苦しんでいる人々は助けられるべきだと私の良心は教える。そしてもし利己的な人々が彼らを助けないならば、法によって彼らを助けるように強制すべきだ。慈愛の感情は個人間の関係にとどめられるべきだ、政府は固い正義以外のものを何も執行すべきでない、などと言わないでほしい。同情心を持った人なら誰でも、空腹と苦痛と不潔は予防されるべきで、もし私的な機関で足りなければ公的な機関が設立されねばならないと感ずるに違いない。」

このようなものが、十人中九人までが行うと私が予想する返答だ。彼らの一部にあっては、疑いもなくこれは彼らが静観していられないほどの強い同胞感情から来ているのだろう。だがその他の人々の感受性について、われわれはいささか疑いを持ってもよかろう。政治家がわが国の「利益」あるいは国の「威厳」なるものを守るために何千人もの人を送り出してその一部を死なせ、さらに別の何千人もの人々を殺す——その理由は、われわれが彼ら外国人の意図を疑っていたり、その制度を嫌っていたり、その領土を欲しがっていたりするからだが——ということをしないと、怒りの声をあげる人々がいる。だが彼らは結局のところ、貧しい人々の困窮を静観することに耐えられないほどの優しい感情を持っているはずがない。進歩した社会を破壊する政策を支持し、その後生ずる苦しみと死亡を伴う混乱を無関心に冷笑して見ている人々が公言する共感には、いささかも感心する必要がない。ボーア人たちが自らの独立を主張してわが国に抵抗するのに成功した時〔一八八〇―一八八一年の第一次ボーア戦争への言及〕、敗北の仇を討つためわが軍の兵士と敵の両方にさらに多くの死傷者を出してでも闘ってブリテンの「名誉」を維持することをしなかったという理由で怒りの声をあげた人々もいたが、彼らは前記の抗議から期待されるほどの「人間性の情熱」を持っているはずがない。実際のところ、彼らは自分の周囲で静かに続く「生命の戦闘」の苦痛を見て耐えられないように見えるほどのこの敏感さと一緒に、文字通りの戦闘の苦痛を耐えるだけでなく、想像して楽しむような冷酷さを持っているようだ。それは戦場の死体の画面が満載の新聞への需要や、血なまぐさい戦闘の詳細な記述を読む際の喜びの中に見てとられる。大部分が怠け者で将来のことを考えない人々の苦境を考えることに耐えられないような感情を持つ一方で、『世界史上の十五の決定的戦闘』〔歴史家サー・エドワード・シェパード・クリージィの一八五一年の書物で、十九世紀ヨーロッパ人の世界観を代表するとされる〕の第三十一版の中の虐殺の記述を喜んで読むような人々について、われわれは疑いを持ってよかろう。いや、それ以上に注目すべきは、事態の正常な成り行きを転倒させ、将来生まれる惨事を大きくするというコストを払ってでも現在の惨事を予防しようとする人々の、公言されている優しさと実際の冷たさとの間の対照だ。というのは、彼らは他の機会には流血と死を全く無視して、劣等人種が根絶されて彼らの土地が優等人種に占領されるのは人類全体のためになるからよいことだ、と満足しているだろうから。だから驚くべきことに、彼らは自分自身の社会の中で暴力なしで行われる生存競争に伴う悪を考えることには耐えられないが、共同体全体に対して銃火によってもたらされる強烈で全面的な悪は平気で静観するのだ。すると外国の劣等者を非良心的に犠牲にする一方で国内の劣等者を優しく考慮するこの人々は、私にはあまり尊敬に値しないように思われる。

自分の同国人に極端に配慮しながら外国人には全く配慮しないこの態度は、その方法を観察すると一層尊敬できないように思われる。もしそれが苦しみを軽減するための個人的努力を促すならば、それは是認を受けてよいだろう。この安価な慈悲を表明するたくさんの人々が、不運か無能力のために困窮に陥った人々を助けたり励ましたり、時には楽しませたりするために自分の時間の多くを捧げる少数の人々にもし似ていたら、彼らは惜しみない称賛に値するだろう。貧しい人々の自助を助ける人々が多ければ多いほど――自分の同情を代理によってではなく直接に示す人々が多ければ多いほど――われわれは喜んでよかろう。しかし不成功者と不注意な人々の窮乏を法によって軽減しようと欲する人々の大部分が提案していることは、自分自身のコストではわずかしか助けず、主として他人のコストで助けること――時として後者の人々の同意を得てだが、たいていは同意なしに――だ。それだけではない。困窮者のためにそれだけのことをするように強制される人々は、そうするために同じくらいかあるいはそれ以上のものを必要とすることがよくある。［援助に］値しない貧民を助けるために課税される人々の中には、値する貧民がいる。旧救貧法下において、勤勉で将来を考慮する労働者が、役立たずの人々が困らないように金を支払わなければならず、しばしばこの余計な負担のために破産して救貧院に救いを求めたように――また現在、大きな町において公的目的のために徴収される税金が高騰して、「これを超過すると、もうすでに貧民という汚名を免れることが難しくなっている小商店主や職人に大きな負担をかけずにはいられない」[*27]ように――あらゆるケースにおいて取られている政策は、一番慈悲に値しない人々の苦しみが軽減されるように、一番慈悲に値する人々の苦しみを強化する、というものだ。値しない人々が自分の無能力や不品行の結果である苦しみを生存競争の結果として蒙ることを放っておけないほど同情心のある人々は、値する人々にとって生存競争を過酷にして、彼らとその子どもたちに、彼らが負わねばならない自然な苦しみに加えて人為的な苦しみをも負わせるほどに同情心がないのだ!

そしてここでわれわれは、立法者たちの罪という元来のトピックに戻る。ここまでで明らかになったのは、支配者が犯す任務違反の中で一番よくあるもの――それほどありふれていて、習慣によって神聖化されているので誰もそれを任務違反と思わないもの――だ。すなわち、冒頭で述べたように、政府は侵略の中で侵略によって生まれ、生まれつきの性質をその侵略性によって現わし続ける。そして近くから見ると善行のように見えることも、遠くから見ると、小さくない悪行――残酷さというコストを払った親切――だということがわかる。なぜなら悪しき人々の苦しみを減少させるために善き人々の苦しみを増大させるのは残酷でないだろうか?

事実の一面を示唆する一方で反対の面を示唆せずにおくような言葉やフレーズによってわれわれがいかにたやすく欺かれるか、それは実際驚くほどのものだ。この好例であり、差し迫った問題に関係するのが、自由貿易の敵による「保護」と「保護主義」という言葉の用語法であり、また自由貿易論者もこの用語法が正当だと暗黙のうちに認めているという事実だ。一方がいつも無視しており、他方がいつも強調しない真実は、いわゆる保護は常に侵害を含んでおり、保護主義者という名称に代えて侵害主義者という名称を使うべきだ、ということだ。というのも、確かに、もしAの利益を維持するためにBがCから物を買うことを禁止したり、Cからの購入に税金をかけたりしたら、そのときAが「保護される」ためにBは侵害を受けているからだ。いや、「侵害主義者」の方が、「保護主義者」という美名よりも反自由貿易主義者に二倍ふさわしい呼び名だ。一人の生産者に利益を得させるために十人の消費者が利益を奪われるのだから。

さて取引の一面だけを見ることによってもたらされるこの思考の混乱とまさに同じようなものが、ある人に無償の利益を与えるために別の人から強制的に財産を取り上げる立法のすべてを通じて見られる。通常この種のさまざまの方策が論じられるとき思考の中心になるのは、何らかの悪から保護されるべき憐れまれるべきジョーンズだが、侵害を受ける、しばしば一層憐れまれるべき勤勉なブラウンには考えが向けられない。金銭を(直接に、あるいは賃料の上昇を通じて）取り立てられるのは、爪に火をともしてようやく暮らしていける行商人や、ストライキによって失職する石工や、病気中に貯蓄を失う機械工や、朝から晩まで洗濯や裁縫仕事をすることによって父親のいない子どもたちを養う寡婦であり、それもすべて、怠け者が飢えから解放されるため、それほど貧しくない隣人の子どもたちが安価な教育を受けるため、そして大部分はもっと暮らし向きがよいさまざまの人々が無料で新聞や小説を読めるようにするためなのだ！　この名称の誤りは、ある点では、侵害主義者を保護主義者と呼ぶ誤りよりもまだ誤解を招く。というのは、すでに述べたように、悪しき貧者を保護することは有徳な貧者に侵害を加えることを含むからだ。取り立てられる金銭の多くが相対的に暮らし向きのよい人々から来るということは疑いもなく真実だが、そのことは残りの金銭を取り立てられる不運な人々にとって慰めにならない。いや、もしこの二つの階級が受けるプレッシャーを比較するならば、事態は一見するよりもまだ悪いということが明らかになる。というのも、暮らし向きのよい人々にとっては贅沢品が取り上げられるだけだが、不運な人々にとっては生活必需品が失われるからだ。

ここで立法者たちのこの慢性的な罪の後を襲うであろう復讐の神を見てみよう。彼らとその階級は、すべての財産所有者と一緒に、これら一つ一つの財産徴収立法が事実上断定している、あの一般的な原理の徹底的適用によって苦しむ恐れがある。というのは、そういった諸法律の基礎にある暗黙の前提はこういうものだからだ。――共同体の許可によらなければ、誰も自分の財産に対していかなる権限も持たない。額に汗して稼いだ財産に対してさえもそうだ。そして共同体はそれが適当だと考える範囲でいくらでもその権限を取り消すことができる――。Ｂの利益のためにＡの占有物を没収することは、社会全体が個々のメンバーの占有物に対する絶対的な権利を持っているという想定がなければ擁護できるはずがない。さてこのドクトリンは暗黙のうちに想定されてきたのだが、今や公然と提唱されつつある。ジョージ氏とその友人たち、またハインドマン氏とその支持者たちはこの理論を論理的に突き詰めている。彼らは毎年数を増しつつある実例から、個人が持つ権利であって共同体が正当に乗りこえられないようなものはないと教えられてきた。そして彼らは今や「必ずわれわれはその教え以上のことをするだろう」〔シェイクスピア『ヴェニスの商人』三幕一場。シャイロックの台詞の利用〕と言って、個人の権利というものをすべて廃止するのだ。

七

遠くから事態を見れば、今述べたような種類の立法の害悪はかなりの程度まで説明でき、それに対する非難も緩和される。この害悪の根源は、社会とは作り出されたもの（manufacture）だという誤謬にある。だが社会は成長したもの（growth）だ。過去の文化も現代の文化も、社会に関する科学的な見方を多くの人々に与えてこなかった。その科学的な見方とは、社会をあらゆる制度――統治制度、宗教制度、産業制度、商業制度など――が相互依存的に結びついた自然な組織、ある意味では有機的な組織としてとらえるものだ。またそのようなとらえ方を名目上とる場合でも、それは行動に影響するような仕方ではとらえられていない。その逆に、団体としての人類は、あたかもコックが自分の好きなようにパイ皮にも焼きパンにもタルトにもこねあげることのできる煉り粉でもあるかのように考えられるのが常だ。誤解の余地なく、共産主義者は政治体は意図的に形成できるものだと考えている。そして多くの議会立法の暗黙の含意は、人々の集合は、あれやこれやの制度の中に入れられても、意図された通りにとどまっているというものだ。

社会を有機体ではなく可塑的な塊として見るこの誤ったとらえ方を別にしても、日常の事実はあれやこれやの提案された変化が人々の行動を変えられるかどうかを疑わせずにはおかない、と言えるだろう。市民にとっても立法者にとっても同じように、日々の家庭の経験は人間行動が計算のままにならないということの証拠を与える。夫は妻を管理しようという考えを捨てて、妻によって自分が管理されるがままになる。今彼が叱ったり罰したり説き聞かせたりほめたりしようとした子どもたちは、いかなる方法に対しても満足すべき仕方で応えないし、子どもたちの母親をいくら諫めても、彼女は彼が有害だと考えるような仕方で子どもたちを育てることをやめない。召使の取り扱いも同じで、説いて聞かせるにせよ叱りつけるにせよ、それがいつまでも成功することはめったにない。注意が足りない、時間を守らない、清潔でない、酒に酔う、といった召使の行動は、常に取り扱いの変更に至る。人は個々の人間の取り扱いにこれほどてこずるのに、人類全体を取り扱う自分の能力を信じて疑わないのだ。自分では市民たちの千分の一も知らず、見たことだけでもある人々は百分の一に足らず、そして大多数の人々は自分が考えもしないような習慣や考え方を持つ階級に属しているのに、人はこの市民たちが自分の予想する仕方で行動し、自分の欲する目的を実現するだろうと確信している。前提と結論との間に驚くべき不調和があるのではなかろうか?

人々が家庭内のこれらの失敗の含意を理解しようがしまいが、また社会生活はおぼろげにも想像できないほど広く多様で込み入っているという証拠をあらゆる新聞の中に見出していようがいまいが、彼らは立法という仕事に取りかかるにあたって最大の躊躇を感じてもよさそうなものだ。ところが人は他の何にもまして、この領域では自信に満ちている。他のどこでも、任務の困難とそれにたずさわる人々の準備の欠如との対照がこれほど驚愕させることはない。異様な信念の中でも最も異常なものの一つは、疑いもなく、靴屋のような単純な手作業にも長い年月の修業が必要なのに、修業を全く要しない唯一の仕事は一国の法律の制定だというものだ!

八

これまでの議論の結果を要約して、われわれはこう言ってもよかろう。――立法者の前にはいくつかの公然たる秘密があるが、それらはあまりにも公然たるものなので、何百万人もの人々を相手にするという巨大な恐るべき責務を負う人にとって秘密のままであるべきではない。彼らがその際に用いる手段は、もし人々の幸福に資さなければ、人々の窮状を増大させ、死を早めるものだから。

第一に、顕著であるにもかかわらず完全に無視されている、否定しがたい真理がある。それは、社会の中のいかなる現象もその起源を個々人の現象の中に持ち、また生命現象一般の中に持っている、ということだ。そしてそこから出てくるに違いない含意は、これらの生命現象は、身体にかかわるのであれ心理にかかわるのであれ、その関係が無秩序でなければ（生命の維持自体から、それが無秩序だとは想定できないのだが）、その結果生ずる現象が完全に無秩序だということはありえない、というものだ。つまり、結びついた人々が協力しなければならないときに人々の中から発生する現象の中には何らかの種類の秩序が存在するに違いない。すると明らかなことだが、社会秩序の結果生ずるそのような現象を研究したことがない人が社会を規制しようとしたら、彼はきっと害悪を生じさせるだろう。

第二に、アプリオリな推論を別にしても、この結論は立法者が複数の社会の比較から引き出さざるをえないものだ。社会組織の細部に介入する前に社会組織が自然史を持つか否かを研究すべきであり、この研究のためには最も単純な社会から始めて、社会組織がいかなる点において一致するかを見るのがよい、ということは十分に明らかだ。このような比較社会学をごくわずかでも行うならば、社会の生成の際の実質的な統一性が見られる。酋長の習慣的存在、戦争による長の権威の確立、あらゆる場所における呪術師（medicine man）と司祭の発生、どこでも同じ根本的特徴を持つ礼拝の存在、早くから存在するが段階的に顕著になる分業の痕跡、戦争によって集団が繰り返し組織化されるのに伴う、政治・教会・産業のさまざまな複雑化——これらを比較する人の誰にとっても、あらゆる個別的相違にもかかわらず諸社会はその生成と発展の仕方において一般に類似しているということがわかるはずだ。社会構造のこれらの諸特徴は、社会組織は諸個人の意志を乗り越える法則を持っていて、その法則を無視すると災いが生ずるということを示している。

そして第三に、わが国と他の国々の立法の歴史から得られる有益な情報がたくさんあって、それは一層明らかに注意を要求している。わが国でも他の所でも、国王や政治家が行った多種多様な試みは意図された善をもたらさず、意図されざる悪を生み出してきた。何世紀にもわたって、古い手段も新しい手段も、原理上類似の他の手段も、繰り返して希望を打ち砕き、災いをもたらしてきた。しかしそれでも、選挙人も被選挙人も、過去の時代に人民の福利実現をめざしながら人民に不幸をもたらし続けた立法を体系的に研究する必要があるとは考えていない。立法の機能のためには、過去が遺したそれらの立法の経験に関する広い知識が欠かせない。

さて冒頭で述べたアナロジーに戻って、立法者はこれらのいくつかの種類の事実に通じているか否かによって、道徳的非難に値しないかそれに値する、と言わなければならない。何年もの学習のあと、生理学と病理学と治療法について役に立つだけの知識を得た医師は、自分が診ていた患者が死んでも刑事責任を負うことはない。彼はできるだけの準備をしたのだし、自分の判断に従って最善を尽くしたからだ。同じように、自分の決定に役立つような広範な組織的研究をしたにもかかわらずその方策が善ではなく害を生み出した立法者も、推論の誤り以上のことを行ったとは考えられない。その逆に、法律案に対する自分の意見が何らかの意味を持つ前に自分が検討すべき多くの事実について全くあるいは大部分情報を持っていない立法者は、もしその結果人が死んだり悲惨な状態に陥ったりしたら、責任を逃れることができない。それはちょうど、薬剤師が自らの無知のために処方した薬がもたらした死について責任を逃れることができないのと同じことだ。

巨大な政治的迷信

一

過去の巨大な政治的迷信は王権神授説だった。現代の巨大な政治的迷信は議会の権利神授説（the divine right of parliaments）である。塗油の聖油が知らず知らずの間に国王の頭から多数の議員の頭にしたたり落ちて、彼らとその命令にも神聖さを与えたかのようだ。

われわれが両者の信仰のうちの前者をいかに不合理だと考えるにしても、それが後者よりも首尾一貫していたということは認めなければならない。国王が神だった時代、または神の子孫だった時代、あるいは神の塗油を受けていた時代、それらどの時代にさかのぼっても、国王の意志に消極的に服従すべき十分な理由がわかる。ルイ十四世の治下、ボシュエ〔Jacques-Bénigne Bossuet. 一六二七—一七〇四年。フランス史上最高の説教家と評価される神学者〕のような神学者たちが「国王は神であり、神の独立性を分かち持っている」と説いた時、あるいはかつてわが国のトーリー党が「君主は天の代理人である」と考えた時、その前提を受け入れれば避けられない結論は、政府の命令にはいかなる限界も課せられないというものだった。しかし現在の信仰についてはそのような保障が存在しない。神に由来するとか神の塗油を受けたとか自称しない立法府は、無制限の権威を主張するために超自然的な正当化に訴えかけられない。そして自然的な正当化もかつて試みられていない。従って、それが無制限の権威を持つという信仰は、国王の無制限の権威へのかつての信仰の特徴だった首尾一貫性を欠いている。

人々が言葉の上では斥けてきたドクトリンを実際にはこれほど広く持ち続けている――形式を捨てた後も実質を保持している――のは奇妙なことだ。〈神学〉においてカーライル［Thomas Carlyle. 一七九五―一八八一年。評論家・歴史家。功利主義・物質主義に反対してロマン主義的な英雄崇拝を唱えたが、スペンサーは終始その思想に批判的だった］が一例を与えてくれる。彼は学生時代に父祖の信仰を捨てたと自分では考えていたが、捨てたのはその殻だけで、中身は持ち続けていた。そして彼の世界観・人間観・行動からは、彼が最も厳格なスコットランド・カルヴィニストに属することがわかる。同様にして〈科学〉の分野の好例は、〈地質学〉における自然主義と〈生物学〉における超自然主義とを結びつけたサー・チャールズ・ライエル［Charles Lyell. 一七九七―一八七五年。地質学者。ダーウィンの進化論に影響を与えた］だ。彼は斉一説（uniformitarianism）［過去と現代の地質現象を統一的に説明する見解］の指導的論者として、旧約聖書の宇宙論を無視することはしたが、生物の諸類型について特殊創造説［『創世記』の天地創造を文字通りに取る説］を長い間擁護した。その根拠は旧約聖書の宇宙論以外に何もなかったのだが。そして彼がダーウィン氏の議論に屈したのはようやく晩年になってからのことだった。〈政治〉においても、すでに述べたように同じような例がある。政府の権威は無制限だという、トーリーにもホイッグにも急進派にも共通する暗黙のドクトリンは、立法者が神からの委任状を持っていると信じられていた時代にさかのぼり、今なお生き残っている——もっとも立法者が神の委任状を持っているという信仰は死に絶えたが。「おお、議会の法律は何でもできるんだよ」というのが、恣意的な国家介入の正統性を疑う市民に与えられる回答だ。かくして市民は無力になる。物理的不可能性だけによって限定されるこの断定された万能性が、いつどこからどのようにして生じたのか、それを問うことが市民の念頭には浮かばない。

ここでわれわれはお許しを願ってその質問をしてみよう。地上の支配者は天上の支配者の代理であり、あらゆる点で彼に従うことは義務であるという議論は、かつては論理的に妥当だったが今では存在しない。それだから、立憲的であれ共和政的であれ、天上に由来する至上性を持つわけでない支配権力にあらゆる点で服従すべき義務があるという主張にいかなる理由があるのかを質問しよう。明らかに、この探求は政治的権威に関する過去と現在の諸理論の批判に至る。大昔に解決した問題をむしかえすことには弁明が必要だと考えられるかもしれないが、すでに明らかにした含意の中に十分な弁明が存する。——広く受け入れられている理論は十分な根拠を持たないか、そもそも全く根拠を持たないのだ。

二

主権という観念は最初に出てくるものだ。この観念の批判的検討は、主権に超自然的な起源があると想定しない人々によって行われるが、それはわれわれをホッブズの議論に立ち戻らせる。

「人々が、彼らすべてを畏怖のうちに支配する共通の権力を持たずに生きている間は、彼らは戦争と呼ばれる状態の中にある。……それは万人の万人に対する戦争である」[『リヴァイアサン』第十三章]*1という、ホッブズの仮定を受け入れることにしよう。もっともこの仮定は真でない。というのは、「彼らすべてを畏怖のうちに支配する共通の権力」など存在しなくても、そんな権力が存在する社会よりも平和と協調を保っている、文明化されていない小さな社会がいくつもあるからだ。そしてまた、連合した人々の上に一人の支配者が君臨するのは、彼ら自身の間に秩序を維持したいという彼らの欲求からの帰結だ、と想定する点でもホッブズが正しいとしてみよう。もっとも実際にはその支配は、防衛的であれ攻撃的であれ、戦争において指導者に服従する必要があるという理由から来るのが普通で、連合した諸個人間の秩序の維持とは本来必然的な関係がなく、しばしば現実の関係もないのだが。さらにまた、さもなければ共同体のメンバーの間で続くに違いない慢性的闘争という悪を避けるために彼らは「協定あるいは信約(pact or covenant)」にはいり、彼らのすべてはそれによって自分たちの原始的な行動の自由を譲渡するように彼ら自身を拘束し、彼らの合意した専制君主の意志に服従する[同上第十八章冒頭]*2、という弁護できない想定も認めることにしよう。そこには、彼らの子孫も遠い祖先が結んだこの信約によって永遠に拘束されるという含意もあるが、これも受け入れよう。というわけで、これらの前提には異を唱えずに、ホッブズが引き出す結論に移ろう。彼は言う。

何の信約も先行しなかった所ではいかなる権利も譲渡されず、誰もがあらゆるものに対する権利を持っている。その結果として、いかなる行為も不正ではありえない。しかし信約がなされたならば、それを破ることは**不正**だ。そして〈**不正義 INJUSTICE**〉の定義は、**信約の不履行**に他ならない。……それゆえ正と不正という名称がその場を持ちうる前に、人々が自分の信約の違反から期待する利益よりも大きな刑罰の恐れによって、彼らに等しく信約履行を強いるような、何らかの強制権力が存在しなければならない。[*3] 〔同上第十三章冒頭〕

強制権力と刑罰の威嚇がなければ誰も自分の信約を履行しないだろうというホッブズの想定を支持するほど、彼の時代の人々の性格は本当に悪かったのだろうか? われわれの時代には、いかなる強制権力をも承認することなしに、「正と不正という名称がその場を持」つことができる。「刑罰の恐れ」がなくても自分の信約を履行するだろうと私が暗黙のうちに信頼し、そして強制権力があってもなくても同じように正義の要請の命令に従うであろう人々を、私は友人の中に何人もあげることができる。しかしながら、この証拠のない想定が国家の権威を支持するホッブズの議論の欠点だということを心にとどめるだけにして、ホッブズの前提も結論もともに受け入れよう。だがわれわれは二つの重要な含意を見てみなければならない。その一つは、このように導出された国家の権威はある目的のための手段であって、その目的に仕えなければ効力（validity）を持たない、ということだ。つまり、その目的の役に立たなければ仮説によって国家の権威は存在しないのだ。もう一つの含意は、このように特定された権威の存在の目的は正義〔司法〕の執行——公正な関係の維持——だ、ということだ。この推論によると、市民に対する強制を正当化できるのは、直接的侵害行為と契約違反による間接的侵害行為を予防するために必要なものに限られる。これらの侵害行為の予防に外敵からの保護を加えれば、ホッブズによる統治者の権威の導出が含意している国家の全機能はそれに尽きる。

ホッブズは絶対君主政のために論じた。現代における彼の崇拝者であるオースティン［John Austin. 一七九〇—一八五九年。分析法学派の法理論家で、ベンサム門下の功利主義者でもあった］は、一人の人、あるいは多数であれ少数であれ一部の人々が共同体全体に対して持つ、無制限の主権から法の権威を導き出すことを自らの目的としていた。オースティンはもともと軍人だった。彼の『法理学の領域』［一八三二年］にはその「永遠の痕跡」が見られると言われてきたのは正しい。腹立たしい衒学趣味——彼の本質的ドクトリンを覆い隠す役にしかたっていない、果てしない区別と定義と反復——にめげることなくそのドクトリンを確認してみると、彼が国家の権威を軍隊における権威に似せて考えていることが明らかになる。いずれの権威も、起源と範囲の両方において疑問をいれないということが当然視されているのだ。実定法の正当化を得るために、オースティンは実定法を課する絶対的な主権者にまでわれわれを連れ戻す。それは君主や貴族階級、あるいは民主政ならば有権者の多数派で、オースティンは最後のものも主権者と呼ぶ。彼らは無能力かそれ以外の原因で服従し続ける共同体内部の他の部分と対照される。そして自分が主権者と呼ぶ団体――それが単一であろうが複合的であろうが、小さかろうが大きかろうが――は無制限の権威を持つと断定した、というよりもむしろ当然視したオースティンは、むろん主権者の布告の法的効力を苦もなく引き出す。彼はそれを実定法と呼ぶ。だが彼は問題を一段上に引きあげて、未解決のまま残したにすぎない。真の問題はこうだ。――主権はどこから来るのか？　一人であれ、少数の人々であれ、多数の人々であれ、彼らが残りの人々に対して持つとされるこの無制限の至高性を保障するものは何か？　こう評したら適切かもしれない。――「あなたによる無制限の主権からの実定法の導出はなくてもすむ。その移行は十分に明確だ。だがまずあなたの言う無制限の主権を証明してくれ。」

この要求に対しては何の応答もない。オースティンの想定を分析してみれば、彼のドクトリンはホッブズのドクトリンよりもよい基盤を持っているわけではないということがわかる。神の子孫だとか神に選ばれたとかいったことを認めなければ、支配者は――ただ一人であれ複数であれ――無制限の主権の主張が含意しているような信任状を提出できないのだ。

三

「しかし確かに」と、返答が耳を聾するほどの合唱になってやってくるだろう。「多数派の疑問の余地のない権利というものがある。多数派こそが、その選出した議会に疑問の余地のない権利を与えるのだ。」

そう、今やわれわれは問題の根本に進んでいる。議会の権利神授説は多数派の権利神授説を意味している。ここで立法者も人民も同じように行っている根本的な想定は、多数派は無制限の権限を持つというものだ。これはあらゆる人々が証明もなしに自明の真理として受け入れている今日の理論である。それにもかかわらず、この通説は根本的な制限を必要とするということが批判によって明らかになると私は考える。

私は一八五四年十月に『エジンバラ・レヴュー』に発表した「鉄道道徳と鉄道政策」という論文の中で、公共的団体の行為という例をとって多数派の権力という問題を取り扱った。これから述べる結論の準備として、そこから一部を引用するよりもよい方法はない。

人々が協力するいかなる状況下でも、あるいはそれがいかなる目的のためであっても、もし意見の相違が内部で生ずるならば、正義は少数派の意志よりも多数派の意志の方が実現されることを要請すると考えられている。そしてこの規則はどんな問題にあっても一様に適用可能だと考えられている。この確信は大変強く、この問題についての倫理はほとんど考察されていないので、それをいささかでも疑うと大部分の人に驚かれるほどだ。しかしその意見は政治的迷信でしかないということを示すのには短い分析しか必要としない。多数派の権利というものは純粋に条件つきの権利であって、特定の限界の中でしか妥当しない。このことを帰謬法（reductio ad absurdum）によって証明する例をたやすくあげることができる。いくつかあげてみよう。ある慈善団体の総会で、その団体は貧困救済に加えてカトリックの教えを説教するために家庭伝道師を雇うべきだという決定が行われたとしてみよう。慈善のためにこの教会に加入したカトリック教徒が支払った会費をこの目的のために使うことは正当だろうか？　ある読書会のメンバーの多数派が、現在の状況下では読書よりもライフル射撃の方が重要だと考えて、その会の目的を変えて、現在の基金を弾薬や火薬や標的の購入に充てるように決定するとしたら、他の人々はこの決定に拘束されるだろうか？〈自由土地保有協会〉の多数派がオーストラリアからのニュースに興奮して、金の採掘のために出発するだけでなく、蓄積してきた資金をその装備を買うために使うことも決めたら、この財産使用は少数派に対して正当だろうか？　少数派もこの遠征に参加しなければならないのか？　これらの質問のうち最初の質問に肯定で答える人はほとんどいないだろうし、ましてや他の質問に対しては一層そうだろう。それはなぜか？　誰にせよ、他の人々と結びつくことによって、その結合の目的と全く無縁な行為に巻き込まれるのは公正ではありえない、と万人が考えるに違いないからだ。これら想像上の少数派の誰でも、彼らに強制を加えようとする人々に対して、こう正当に返答できる。「われわれははっきり決められた目的のためにあなた方と結合した。われわれはその目的のために金銭と時間を与えた。そこから生ずるあらゆる問題において、われわれは多数派の意志に従うことに暗黙のうちに同意した。しかしそれ以外のいかなる問題についても、従うとは同意しなかった。もしあなた方がある目的を公言することによってわれわれを引き入れ、それからわれわれが聞いていない何か別の目的に取りかかるならば、あなた方は虚偽の口実によってわれわれの支持を得ることになる。われわれ自身が結んだ明示的あるいは黙示的契約を逸脱することになる。われわれはもはやあなた方の決定に拘束されないのだ。」明らかにこれしか合理的な解釈はない。あらゆる法人組織の正しい統治の基礎にある一般原則は、そのメンバーはその法人化がなされる目的の実現に関するすべての事柄において多数派の意志に従うことを相互に個別に契約するが、他の事柄においてはそうでない、というものだ。この範囲においてしか契約は拘束しない。というのは、契約締結者は自分が契約でいかなることをするのかを知っていなければならないということが、契約の性質自体に含意されているからだ。また、特定された目的のために他の人々と結合する人々はその結合が取り組むことが仮説的には可能であるすべての不特定の目的を想定することができないので、締結された契約をそのような不特定の目的にまで拡張することはできないからだ。そしてもし、不特定の目的について組合とそのメンバーとの間に明示的あるいは黙示的な契約が存在しないなら、多数派が少数派を強制してそれに取り組ませることは露骨な専制にほかならない。

法人の定款が暗黙のうちに多数派の権限を制限しているところでさえ、多数派の権限についてそのような混乱した考えが存在するとしたら、まして法人の約款が存在しないところで混乱がもっと大きいのは自然なことだ。それにもかかわらず原理は変わらない。私はもう一度この命題を強調する。――法人組織のメンバーは「**その法人化がなされる目的の実現に関するすべての事柄において多数派の意志に従うことを相互に個別に契約するが、他の事柄においてはそうでない。**」そして私は主張するが、これは会社という法人と同じように、国家という法人にもあてはまる。

当然こういう返答が来る。「それはそうだが、一国のメンバーが法人化されるような定款はないのだから――その結合がなされた目的を特定することなど今も昔も決してないのだから――従って多数派の権限についてはいかなる限界も存在しない。」

明らかに、社会契約の仮説は、ホッブズ版であれルソー版であれ、根拠を欠いている。いやそれどころではない。仮にそのような契約がかつて結ばれたことがあるとしても、それが締結者の子孫まで拘束することはできないと認めなければならない。さらにもし誰かが、法人の定款が含んでいるかもしれないような権限への制限が存在しないから、多数派が力ずくで少数派にその意志を押しつけることを妨げるものはないと言うならば、次の主張にも同意しなければならなくなる。それはすなわち、もし多数派の力が強いということがその正当化になるならば、十分な軍隊に守られた専制君主の力が強いということもまた正当化になる、という主張だ。問題はそんなことではない。われわれが求めているのは、物理的強制に抵抗する能力がないという事実から生ずる正当化ではなくて、少数派が多数派に服従すべきだということを保証する、もっと高次の正当化だ。オースティンは実定法の疑うべからざる権威を確立しようとして、何らかの絶対的主権――それが君主であれ貴族であれ憲法であれ人民であれ――をその疑うべからざる権威の源泉とみなしたのだが、その彼でさえ最終的には、共同体に対する主権者の行為が道徳的限界を持つということを認めざるをえない。オースティンは自分の厳格な主権理論に従って、人民から発する主権は「それが望むままに彼らの政治的自由を縮小することが法的に自由だ」と主張する一方、「政府は、それが臣民に残すか与えるかする政治的自由の縮小を実定道徳によって妨げられることがある」と認める。[*4] われわれはそれゆえ、多数派が持つとされる絶対権力の物理的正当化ではなく道徳的正当化を見出さねばならない。

するとすぐに反論が来るだろう。——「むろん、それを制限する含意を持つ合意が存在しないからには、多数派の支配は無制限だ。少数派の言うことが通るよりも、多数派の言うことが通る方が正しいのだから。」とてももっともな反論に見えるが、それは再反論が来るまでの間だ。われわれはその反論に対して、同じように支持可能な命題で対抗できる。それはつまり、そのような合意が存在しないからには、少数派に対する多数派の至上権は全く存在しないというものだ。多数派と少数派のこれらの権力と責務が生ずるのは、何らかの種類の協力からだ。そして協力するという合意が何も存在しないのだから、そのような権力と責務もまた存在しない。

ここで議論は一見したところデッドロックに至る。現状においては、多数派の至上権にもその至上権の制限にも、ともに道徳的源泉は認められないように思われる。しかしさらに考察してみると、この難問は解決に至る。協力しようというこれまでになされた仮定的な契約のことをすべて忘れて、市民が今事実上全員一致しているであろう合意はどのようなものか考えてみるならば、その答は十分明らかだ。ある範囲内では多数派の支配に十分明らかな正当化があるが、その範囲の外ではそうでない。すぐに明らかになる制限のいくつかを最初に見てみよう。現在イングランド人全体に、彼らは宗教教育に協力することを合意するか、信仰の条項と形式を定める権力を多数派に与えるか、と質問したら、多くの人々から極めてきっぱりとした「否」の返事が来るだろう。奢侈禁止法の提案に続いて、彼らは衣服のファッションと数量の点で多数派の意志に従おうと自らを拘束するだろうかと問えば、ほとんど全員が拒絶するだろう。同じようにして、(現在の実際の問題を取り上げれば)人々の飲み物に関して彼らが多数派の決定を受け入れるかと質問されたら、彼らのうち半数は確実に、そしておそらくそれ以上は、そのつもりがないだろう。大部分の人々が今日純粋な私事だとみなしている他の多くの行為についても同様だ。それらの行為を行ったり規制したりしようとするいかなる欲求が存在するとしても、それは全員一致の欲求からはるかに遠い。そうすると明らかに、われわれがそのような社会的協力を始めて、協力への同意が得られる前にその目的を特定するとしたら、協力が拒まれるであろうような人間行動の部分がたくさんあるに違いない。従ってその部分において、少数者に対する多数者の権威の行使は正当ではありえない。

今やその逆の問題に移ろう。——いかなる目的のためならば、万人が協力に同意するだろうか? 外敵への抵抗のためならば実際上全員一致の合意が得られるだろうということを否定する人はいない。かつては大変有用な仕事をしたが今では死に絶えつつあるクエイカー教徒だけを除けば、誰もが防衛戦争のために力を合わせるだろう(しかしながら攻撃戦争のためではない)。そして彼らはそうすることによって、その目的のための手段に関しては多数派の意志に従うという自己拘束を暗黙裡に行うだろう。また外敵だけでなく国内の敵に対する自衛にも協力するという同意においても、実際上の全員一致がある。犯罪者を別にすれば、誰もが人身と財産の十分な保護を望むに違いない。各市民は自分の生命を保全し、自分の生命の維持と享受に資する事物を保全し、これらの事物を使いさらに獲得する自由を無傷のまま保全することを欲する。各市民にとって、自分が一人で行動するだけではこれらのことすべてを行えないということは明らかだ。外国の侵略者に対して、彼は同胞と連合しなければ無力だ。そして国内の侵略者に対する自衛の仕事も、同じように連合するのでなければ、やはり面倒で危険で不効率なものになるだろう。また別の協力についてもすべての人が関心を持っている――彼らが住んでいる領域の利用だ。未開の共同所有が生き残っているならば、諸個人やその集団による土地利用の未開の共同的コントロールも生き残っているだろう。そしてその土地のどの部分を食糧栽培にあてるか、連絡手段を作るのにあてるか、あるいは別の目的にあてるかに関して、多数派による決定が支配するのは正当だろう。私的な土地所有が発展したため事態が複雑化した今日においてさえ、国家はやはり至上の所有者だから（あらゆる地主は法律上国王の借地人だ）、占有を回復したり公正な価格による強制的な購入を認可したりすることができる。そこに含意されているのは、地表であれ地中であれ、その一部を利用する仕方やその条件については多数派の意志が有効だ、ということだ。その中には、公衆のために私人や私的団体と結ばれるある種の合意も含まれる。

ここでは細部は不要だし、この二種類の場合の間に広がる境界領域を論じて、後者にはどれだけが含まれ前者からどれだけが排除されるかを言う必要もない。現在の目的のためには、次の否定できない真理を認めるだけで十分だ。――人々が質問されたら、そこにおいて多数派の意志に拘束されることに事実上全員一致で同意しないような、行為の種類がたくさんある。ただし彼らが多数派の意志に拘束されることにほぼ全員一致で同意するような種類の行為もある――。さてここでわれわれが明確に保証されたことを見出すのは、ある限界内における多数派意志の強制と、その限界を超えた多数派意志の権威の否定だ。

しかし明らかに、分析すればこの問題は次の問題に解消される。――集合体とそれを構成する単位とが持つ相対的な権利は何か？　共同体の権利は個人に対抗して普遍的に妥当するのか、それとも個人は共同体に対抗して妥当する何らかの権利を持つのか？　この論点について与えられる判断が、政治的確信、特に政府の適正領域に関する確信の構造全体の基礎になっている。ではここで、私は中断していた論争を再生させて、現在人気のある結論とは異なった結論に到達したいと期待する。

四

ジェヴォンズ教授［William Stanley Jevons. 一八三五―八二年。限界効用理論の提唱で有名な経済学者。初めは自由放任主義者だったが、下記の『労働と国家』（一八八二年）で国家による介入を容認した］

は著書『労働と国家』の中で言う。「最初の一歩は、社会の事柄の中に抽象的権利などというものが存在するという考え方を捨て去ることでなければならない。」同じような信念は、マシュー・アーノルド氏〔Matthew Arnold. 一八二二―八八年。教養の重要性を説いた評論家・詩人〕もコピーライトに関する論文の中で述べている。「著作者は自分の産物に関する財産へのいかなる自然権も持たない。だがそれを言うなら、自分が生産したり獲得したりするいかなるものについても、自然権を持たない。」[*5] そして最近私は高い評価を受けている週刊誌の中で、「『自然権』などというものは存在しないともう一度説明することは哲学の無駄遣いだ」と書いてあるのを読んだ。そしてこれらの文章の中で表現されている見解は一般に政治家や法律家が述べているところで、その含意は、反対のことを信じているのは物を考えない大衆だけだというものだ。

大陸の一法学派全体はイングランドの学派の提唱するその信念と正反対の信念を持っているということを知れば、そのような発言はこれほど独断的でなかっただろうと期待できよう。自然権（*Natur-recht*）という観念はドイツ法学の基本的観念だ。さてドイツ哲学一般についてどう考えるにしても、それを浅薄と呼ぶことはできない。他の国民よりも重厚な研究によって知られており、確かに迷信家とは言えない国民の間で通用しているドクトリンは、大衆の思い違いとして一蹴されるべきではない。だがこれは余談だった。右の引用の中で否定された命題と反対の命題が同時に提唱されている。それは何か、またその背後にある論拠を探すとそこから何が生ずるのか、それを見てみよう。

ベンサムに戻ると、この反対命題が公然と表現されていることをわれわれは見出す。彼は言う。政府がその職務を果たすのは「それが個々人に付与する諸権利を作り出すことによってである。それは個人的安全の権利、名誉の保護の権利、財産権などである。」[*6]もしこのドクトリンが国王の神権から来ていると主張されたならば、そこには明らかにおかしな点は何もないだろう。古代ペルーではインカが「あらゆるものが発する源泉」[*7]で、ショア（アビシニア）では「王が人間と世界の物質の絶対的な主人」[*8]で、ダホメでは「あらゆる人間は国王の奴隷」[*9]だったが、そこからこのドクトリンが来たならば、十分に首尾一貫しているだろう。しかしベンサムはホッブズのような絶対主義者ではなく、人民による統治のために書いた。彼は『憲法典』[*10]の中で、こう論じて主権を人民全体の中に置いている。「主権を人々の中で可能な限り大きな部分に与えるのが最善だ。その人々の最大の幸福が、適切な選ばれた目的である。」なぜなら「その目的の達成のためには、この部分が他のいかなる部分よりも適しているからである。」

さてここで、［自然権の否定と人民主権という］この二つのドクトリンが結びつくと何が起きるかを見てみよう。主権者たる人民は協同して代表者を選任し、かくして政府が作られる。このように作られた政府が権利を作る。そして、政府は権利を作り出してから、それをそれ自身の創造者である主権者たる人民の個々のメンバーに付与する。これは驚くべき政治的手品だ！　アーノルド氏は上記の論文の中で「財産は法の創造だ」と述べ、われわれに「財産それ自体という形而上学的幻影」を警戒せよと言う。確かに、形而上学的幻影の中でも一番疑わしいものはこれだ。それは行為者〔政府〕を作り出すことによってあるもの〔財産〕が得られるとするのだが、その行為者がそのものを作り出し、そしてそのものを行為者の創造者〔人民〕に付与するのだ！

いかなる観点から見ても、ベンサムの命題は考えられないものだ。政府は「権利を作り出すことによって」その任務を果たすとベンサムは言う。「作り出す」という言葉には二つの意味を与えることができるだろう。それは何物かを無から生産することを意味することもありうるし、すでに存在する何物かに形式と構造を与えることを意味するかもしれない。何物かを無から生産するということはたとえ万能者でもできないと考える人は多いし、おそらく誰もそれが人間の政府にできると断言する人はいないだろう。もう一つの解釈は、人間の政府は既存の何物かを形作るという意味でのみ作り出すというものだ。その場合、次の問題が生ずる。――「それが形作る、既存の何物かとは何か？」明らかに「作り出す」という表現は問題の先取りで、不注意な読者に幻想を与えるものだ。ベンサムは表現の明確さについてはやかまし屋で、彼の『誤謬の書』には「詐欺師語（Imposter-terms）」という一章がある。詐欺師語が生み出すであろう謬見のこれほど印象的な例を彼自身が与えるとは奇妙なことだ。

だが今はこれらのさまざまの不可能性を見逃して、ベンサムの見解の一番弁護しやすい解釈を探してみよう。

あらゆる権能と権利は主権者たる人民の中に不可分の全体として元来存在していて、この不可分の全体は、主権者たる人民が指名した支配権力に、分配のために信託として与えられる（とオースティンなら言うところだ）、と言われるかもしれない。もし権利が作り出されるという命題がわれわれの見たように言葉の綾にすぎないなら、ベンサムの見解の唯一理解可能な解釈はこうなる。――おのおの自分の欲求の満足を欲し、その満足のための資源のすべてとあらゆる個別的行為への能力を総計として保有している、諸個人からなる集団が政府を任命する。その政府は個別的行動がなされて満足が達成される際の仕方と条件を定める――。これが何を意味するかを見てみよう。各人は二つの資格において存在する。私的な資格においては政府に従い、公的な資格においては政府を任命する主権者たる人民の一人なのだ。それはつまり、私的な資格においては権利を与えられる人々の一人であり、公的な資格においては自分たちが任命した政府を通じてその権利を与える人々の一人である、ということだ。この抽象的な命題を具体化して、それが何を意味するかを見てみよう。その共同体が百万人からなっていて、彼らは仮定上、居住している土地の唯一の共同所有者であるだけでなく、行為と財産獲得のすべての自由の共同所有者でもあるとしよう。認められている唯一の権利は、あらゆるものに対するその集団の権利だけだ。するとどうなるか？　各人は自分自身の労働のいかなる生産物も所有しないが、主権者内の一単位として、他のあらゆる人々の労働の産物の所有権の百万分の一を持つことになる。これが避けることのできない含意だ。ベンサムの見解によれば政府は代理人に他ならないのだから、それが付与する権利は、主権者たる人民によって政府に信託として与えられた権利である。もしそうならば、そのような権利は、政府がその信託を果たすために諸個人に付与する前は主権者たる人民が集団として保有していたに違いない。そしてもしそうならば、各人はこれらの権利の百万分の一を公的な資格において持っているが、私的な資格においては何の権利も持っていないことになる。これらの権利を各人が得るのは、この百万人の他の全員が結合して彼にその権利を与える場合に限られ、そして彼は結合して百万人の他の全員にその権利を与えるというのだ！

このようにして、ベンサムの命題をどんな仕方で解釈するとしても、それはわれわれを不条理の網の中に巻き込むことになる。

五

ドイツとフランスの法理論家が反対の意見を持っているということを無視し、そして自分たちの見解が維持できないということを証明する分析を知らなかったとしても、ベンサムの弟子たちは自然権のドクトリンをもっと慎重に扱うようになってもよかったはずだ。

というのは、社会現象のさまざまのグループが一緒になって、このドクトリンは十分保証されていて、彼らがそれに対立させるドクトリンの方が保証されていない、ということを証明するからだ。

〔第一に〕世界中の部族が、確定された政府が発生する前は慣習が行動を規制していたということを示している。ベチュアナ人は「長期にわたって認められた慣習」[*11]に支配されている。コランナ・ホッテントット人は「彼らの酋長に従うというよりも、許容している」[*12]にすぎないのだが、「古来の慣習が禁じないときは、誰もが自分の目に正しいと思われる行動をするようだ。」[*13]アラウカニア人は「原初の習慣か暗黙の慣習だけに」[*14]導かれている。キルギス人の間では年長者の判断は「普遍的に認められた慣習」[*15]に基づいている。同様にダヤック族についてラジャ〔王〕ブルック〔James Brooke. 一八〇三―六八年。イギリスの探検家。ボルネオのサラワク国のダヤック族の反乱を鎮定してラジャに任ぜられる〕は「慣習が単純に法になったようだ。慣習を破ると罰金をとられる」[*16]と言っている。未開人にあっては、記憶に残らない昔からの慣習はその権威を疑うことを夢にも思わないほど神聖なものだ。そして政府が生じると、その権力は慣習によって制限される。マダガスカルにおいて国王の言葉が権威を持つのは「法も慣習も先例もない場合」[*17]に限られる。ラッフルズ〔Sir Thomas Stamford Raffles. 一七八一―一八二六年。ジャワの征服者、シンガポールの建設者〕の言うところによれば、ジャワでは「国の慣習」[*18]が統治者の意志を拘束する。スマトラでも、人々は彼らの酋長が「昔からの習慣を変える」[19]ことを許さない。それどころか時として、アシャンテにおけるように「ある習慣を変えようとする試み」[20]は国王の廃位をもたらした。さて、これらの政府以前から存在し政府権力を従属させる習慣の中には、ある個人権——ある仕方で行動する権利とあるものを占有する権利——がある。財産権の承認が一番発展していない所でさえ、武器や道具や個人的装飾品の所有権があり、一般にそれ以上の所有権が承認されている。政府を持たないスネイク族のような北米インディアンの中でも馬の私的所有は存在する。「正規の政府を持たない」チッペワヤン族においても、個人の罠にかかった獲物は「私有財産とみなされる。」[21]小屋や道具やその他の個人的持ち物に関する同じような事実は、アト族やコマンチ族やエスキモーやブラジル・インディアンに関する記述からも証拠として引き出せるだろう。文明化されていないさまざまの民族の間でも、慣習は整地した土地の穀物への権利を確立してきた——土地自体への権利ではないが。また政治的組織を全く持たないトダ族は家畜の所有権と土地の所有権を同じように区別する。「平和なアラフラ族」に関するコルフの記述が、証拠のよい要約になる。彼らは「財産権をその最も完全な意味において認めている。そこには祖先の慣習に従う年長者の決定以外の権威はない。」[22]しかし文明化されていない人々の間に証拠を探さなくても、文明化の初期の段階にも十分な証拠がある。ベンサムと彼の追随者たちは忘れているようだが、わが国のコモン・ローは主として「王国の慣習」を体現したものだ。それは現に存在するものに確定的な形を与えたのではない［「与えたものだ」の誤植か？］。かくして事実とフィクションは彼らの主張とは正反対だ。事実は、財産は法の存在する前から認められていたのだ。フィクションは、「財産は法の創造物だ」という方だ。無知な大衆を軽蔑して彼らに教えを垂れるこれらの著作者と政治家たちの方こそ、教えを必要としている。

［第二に］別種の考察だけでも彼らを立ち止まらせるかもしれない。ベンサムが主張したように、政府が「権利を作り出しそれを諸個人に付与することによって」その任務を果たすとしたら、それが含意として持つのは、別々の政府が付与する諸権利の中に統一的なものは何もないはずだ、ということだ。諸政府の決定の上位で支配するような確定した原理が存在しないのだから、それらの決定の間にかなりの一致が見られるなどということはありそうもない。ところがわれわれが見出すのは、諸政府が同一の種類の侵害を禁止して、暗黙のうちに同一の種類の権利を求めている、ということだ。諸政府は殺人と盗みと姦通を禁止するのが常であって、かくして政府は市民がある権利を侵害されてはならないということを断言している。そして社会が進歩すると、契約違反や誹謗中傷や偽証などへの救済方法も与えられて、比較的重要でない個人権も保護されるようになる。要するに、諸法典を比較してみると、それらは精緻化されると細部では異なってくるが、根本的な点では一致しているのだ。このことは何を証明するだろうか？　このような一致は偶然ではありえない。それは権利の創造と称されるものが実際にはそうでないからだ。権利の創造と称

されるものは、社会生活を営む人々の個人的欲求から自然に生ずる権利の主張と承認を形式的に裁可し、よりよく定義することにほかならない。

［第三に］〈比較社会学〉は同じ含意を持つ別の種類の事実を明らかにする。社会の進歩につれて、人々の権利を形式的に裁可するだけでなく、それを侵害に対して守ることも、ますます国家の仕事になってくる。永続的な政府が存在する前は、またそれがかなり発展した後でも多くの場合は、個々人の権利を主張し維持する主体はその本人か家族だった。現在の野蛮な部族の間や、過去の文明人の間や、さらに現在のヨーロッパでも人々が定住していない地域では、殺人の処罰は私的な事柄だ。「血讐の神聖な義務」は親族の誰かが負う。同様にして、財産的損害やその他の侵害行為に対する賠償は社会の初期の段階においては、個々人か家族が独立して求めるものだった。しかし社会組織の進歩につれて、中央の支配権力が諸個人のためにその人身の安全や財産の安全、さらにはある程度まで、契約による権利の執行の確保も引き受けるようになる。元来政府は全体としての社会を他の社会から守り、あるいは他の社会を攻撃すること以外にはほとんど関わってこなかったが、次第に諸個人を相互に守るという機能も果たすようになってきた。人々が日常的に武器を携えていた時代を思い出すだけでもよい。現代における警察行政の改善が人身と財産の安全を強化したということを念頭に置くだけでもよい。少額の債権を回収するために今日存在する便宜に気づくだけでもよい。そうすれば、生活の目的の妨害されない追求を、他の

人々の同様の追求が課する制限内で各個人に確保することが、国家の義務としてますます認められるようになっているとわかる。別の言い方をすれば、社会の進化とともに、政府はわれわれが自然権と呼ぶものを一層十分に認めるだけでなく、よりよく執行もしているのだ。政府は諸個人の福利のために本質的なこれらの必要条件のための召使にますますなってきた。

［第四に］これには関連するさらに一層意義深い変化が伴ってきた。国家が個人を攻撃から守ることをしなかった初期の時期には、国家自身がさまざまの仕方で攻撃者だった。古代社会の中で記録を残すほどに発展したものは、すべてが征服を行う社会だったから、どこでも軍事体制の特徴をわれわれに示している。兵士たちは軍隊の効率的組織化のためには絶対服従をしなければならないから、独立して行動しなければならないのはそう命じられた時に限られるが、市民たちもそれと同様に、戦闘的社会の効率的組織化のために彼らの個性を従属させなければならない。私的な主張を公的な主張が凌駕し、臣民はその行動の自由の多くを失う。その帰結の一つは、組織化のシステムが軍隊だけでなく社会に浸透して、行動の詳細な規制を生み出すということだ。神である祖先に帰されることによって神聖化される支配者の命令は、個人的自由のいかなる観念によっても拘束されず、人々の行動をどこまでも指示する——食べるべき食料の種類、それを用意する方法、ひげの形、服の裾、種蒔きなどに至るまで。東洋の古代の諸国が一般的に示していたようなこの遍在

する支配は、ギリシア人の中でもかなりの程度見出され、それは最も軍国主義的な都市であるスパルタにおいて最大に達した。同じようにして、それにふさわしい政治的形態と思想を伴う慢性的戦争によって特徴づけられるヨーロッパ中世を通じて、政府の介入への拘束はほとんど存在しなかった。農業・工業・通商は細部まで統制され、宗教の信仰と実践は強制され、支配者は誰が毛皮を着てもよいか、銀を使ってよいか、書物を発行してよいか、鳩を飼ってよいかを決めた。しかし産業活動の増大と、それがもたらす身分制度から契約制度への変化、それに結びついた諸感情の成長に伴って、(軍事活動への退行に伴う近年の反動までは)人々の行動への干渉は少なくなった。立法は、農地の収穫を規制したり、土地当たりの家畜の頭数を決めたり、使用すべき生産方法や原料を特定したり、賃金や価格を定めたり、衣服や(賭けが伴わない)ゲームに干渉したり、輸入品や輸出品に奨励金や税金をかけたり、人々の信念——宗教的であれ政治的であれ——を指図したり、人々が好きなように結びついたり旅行したりするのを妨げたりすることを次第にやめた。つまり、行動の多くの分野において、国家が市民を支配しようとする要求に対して、支配されない行動への市民の権利が実現されてきたということだ。支配する機関は、市民が生活の目的を追求する私的領域から侵入者を排除することを助けたが、それ自体もその領域から退去した。あるいは別の言い方をすれば、その侵入を少なくしたのだ。

同じ物語を語る事実はまだこれだけではない。[最後の第五に]その物語は法それ自体の進歩と改革の中でも、それをもたらした人々の発言の中でも、新しく語られている。ポロック教授〔Frederick Pollock. 一八四五―一九三七年。イギリスの法律家・法学者。契約法・不法行為・法制史などの著書多数〕は言う。「すでに十五世紀に、あるコモン・ローの裁判官は宣言している。――既知のルールが規定していないケースにおいて市民法学者も教会法学者も『あらゆる法の基礎である自然法』に従って新しいルールを発明するように、ウェストミンスターの裁判所も同じようなことを行えるし、また行うだろう、と」[*23]。またコモン・ローの欠点を補いその不公正を匡正するために導入され発展されたわが国のエクィティ〔衡平法〕の体系は、人々の権利は法による保障から独立に存在するものとみなされるという認識の上に徹頭徹尾進んできた。そして抵抗を排して現在次々に行われている法の変化は、正義の要請に関する現在の諸観念に従って行われている。その諸観念は、法から引き出されるのではなく、むしろ法に対立するものだ。たとえば既婚女性に彼女自身の収入への財産権を与える最近の法律は、費やされた労働と得られた利益との間の自然な結びつきはあらゆるケースにおいて維持されるべきだという意識に、明らかに根ざしている。この法改正が権利を新しく作り出したのではない。その権利を認めることが法改正を作り出したのだ。

かくして、五種類の歴史的な証拠が一緒になって、権利に関する一般の観念は混乱しており、排斥されるべきものをたくさん含んでいるとはいえ、ある真理を暗示している、ということを教えてくれる。

ここでまだ残っているのは、この真理の元来の源泉を考えることだけだ。私は前の論文の中で、いかなる社会現象もそれを根底までさかのぼって分析するならば生命の法則に至るので、生命の法則に言及しなければ社会現象を真に理解することはできないという、開かれた秘密について語った。そこで自然権というこの問題を政治学の法廷から科学――生命の科学――の法廷に移してみよう。といっても読者は驚くに及ばない。最も単純で明白な事実だけで十分だから。われわれはまず個人の生命にとっての一般的条件、そして社会の生命にとっての一般的条件を考慮する。われわれはいずれの考察も同じ評決を下すと知ることになる。

六

動物の生命は廃棄を含み、廃棄には修復が必要で、修復は栄養補給を含意する。そしてまた、栄養補給は食物の獲得を前提するが、食物は捕獲能力とさらに普通は移動能力なしには得られない。そしてこれらの能力がその目的を達成するためには、動き回る自由がなければならない。もし人が哺乳動物を狭い空間に閉じ込めたり、その四肢を縛ったり、それが獲得した食物を取り上げたりし続けたら、その動物は結局死ぬことになる。ある限度を超えると、これらの必要を満たすのを妨害することは死をもたらす。そして高等動物すべてにあてはまるこれらのことは、どれも人間にもむろんあてはまる。

もしわれわれがペシミズムを信念に採用し、それとともに生命一般は悪だから終わらせるべきだという含意を受け入れるならば、生命を維持する行為を支持する倫理的な根拠は存在しない。問題全体がなくなるのだ。しかしもしわれわれがオプティミズムか改善論の見解を採用するならば――つまり、生命は全体として苦痛よりも快楽を多くもたらすとか、そうなる途中だとか考えるならば――生命を維持するこれらの行為は正当化され、それらの行為を行う自由を支持する根拠も生ずる。生命は価値あるものだと信じている人々は、その含意として、人々は生命を維持する活動を続けることを妨げられるべきでないと信じている。別の言葉を使えば、人々がそれらの活動を続けることが「正しい」と言われるならば、置換によって、われわれは彼らがそれらの活動を続ける「権利を持つ」と言う断定を得るのだ。明らかに「自然権」という観念は、もし生命が正当化可能ならば、その保全のために欠かせない行為の遂行は――そしてそのような行為を可能ならしめる自由と権利も――正当化できるに違いない、という真理の承認に発している。

だがこのことは人間についても他の動物についても真理だが、それは倫理的な性質を持たない。倫理的な性質は、個人が自らの生命維持活動を続ける際にしてよい（*may*）ことと、してはならない（*may not*）こととの間の区別から初めて生ずる。この区別は明らかに個人の仲間の存在から来る。近接した人々の間で、あるいはいくらか離れた人々の間でも、各人の行為は他の人々の行為に介入しやすい。そしてある人々は限度なしに自分の好きなことをしてもよいが他の人々はそうしてはならないという証明が存在しなければ、相互の境界が必要となる。目的追求の権利の無・倫理的形態は、倫理的形態にはいる――境界侵犯なしになされうる行為とそれが不可能な行為との間の相違が認められたときに。

これはアプリオリな結論だが、非文明人の行動を考えてみるならば、アポステリオリな結論になる。最も漠然たる形態においては、行動領域の相互の限界、そしてそれに伴う観念と感情は、集団相互間の関係の中で見られる。各部族（tribe）がその生存を営む領域の境界が、慣習を通じて設立されるに至る。そしてこれらの境界は尊重されないとしても防御される。政治的組織を持たない森林ヴェッダ族〔スリランカの狩猟採集民〕の間では、小さな氏族（clan）は森のそれぞれの部分を持っており、「これらの慣習的な割り当ては常に承認されている」[*24]。タスマニアの政府なき諸部族の間では、「彼らの狩場はすべて決定されており、侵入者は攻撃を受ける」[*25]とのことだ。そして明らかに、他の部族の領域への侵入によって引き起こされる部族間の闘いは、長期的には境界を確定させ制裁を与える傾向がある。居住地と同じことが集団自体についても言える。ある集団内部の死亡が、正当であれ不当であれ、他の集団の誰かの責任に帰されるならば、それは「血讐の神聖な義務」を生み出す。復讐はかくして慢性化するが、新たな侵略にはある拘束が課せられる。文明社会の初期の段階でも、同じような原因が同じような効果をもたらした。その段階では個人よりも家族あるいは氏族が政治的単位であり、個々の家族あるいは氏族は相互に対して自らとその財産を維持しなければならなかった。小さな共同体の間で自然に生ずるこれらの相互的拘束は、個々の共同体内部の諸個人の間でも同じように生ずる。そして片方について適切な観念や慣行は他方についても多かれ少なかれ適切だ。各集団の間には強者が弱者を侵略しようとする傾向があるが、それでも大部分の場合、侵略的行動から生ずる悪の意識が拘束の役に立つ。未開人の間のどこでも、侵害には反対侵害が伴う。ターナー〔一八一七―九〇年。画家ジョージ・ターナーと同名異人のイギリス人伝道師〕はタンナ島〔現在バヌアツ共和国に属する火山島〕の住民について、「姦通とその他のいくつかの犯罪は実力法(club-law)の恐怖によってチェックされている」[*26]と書いている。フィッツロイ〔Robert FitzRoy. 一八〇五―六五年。ダーウィンによる航海記で有名なビーグル号の船長を務めた海軍軍人で、気象学者〕は、パタゴニア人は「隣人を傷つけたり迷惑をかけたりしなければ、他の人々からの干渉を受けることがない」[*27]と言っている。つまり個人的な復讐が傷害に対するペナルティになるのだ。ウアペス族〔Uapes はアマゾン川上流の支流の一つの名〕は「いかなる種類の法もほとんど持っていないが、彼らが唯一持っているのは厳格な応報の法――目には目を、歯に歯を[*28]――」だと言われる。そして同害報復法(lex talionis)が共同体の個々のメンバーが安全にしてもよいこととしてはならないこととの間の区別をする傾向があり、それゆえ諸行為にある範囲内で制裁を加えるが、その範囲を超える制裁は加えない傾向がある、ということは明らかだ。スクールクラフト〔Henry Rowe Schoolcraft. 一七九三―一八六四年。アメリカの探検家・

地理学者・民俗学者。アメリカ・インディアンの調査で有名〕はチッペワヤン族について、「どの男も自分の家族の中では首長で、通常の政府は存在しないが、彼らは多かれ少なかれある原理に影響されている。それらの原理は彼ら全体の利益をもたらす[*29]」と書いている。そこにあげられている諸原理の中には私有財産の承認がある。

行動の相互的制限が「自然権」というフレーズの含意する諸観念と諸感情をどのようにして生み出すか、それを一番はっきりと示してくれるのは、名ばかりの政府を持っているかあるいは全然持っていない、いくつかの平和的な部族だ。トダ族、サンタル族、レプチャ族、ボド族、チャクマ族、ジャクン族、アラフラ族〔すべて南・東南アジア、北オーストリアの部族〕などの内部における相互の権利への慎重な配慮を示す事実だけでなく、いかなる社会組織も持たない、全く文明化されていない森林ヴェッダ族も、「いかなる人にせよ自分に属さないものを取ったり自分の同胞を殴ったり、真でないことを言ったりするなどということは全く想像もできないと考える[*30]」という事実がある。かくして原因の分析からも事実の観察からも次のことが明らかになる。――生命を維持する権利の中の積極的な要素が生命の法則から生ずる一方、それに倫理的な性格を与える消極的要素は、社会的侵略がもたらす状態から生ずる。

実際、政府による権利の創造と称されるものは真理から遠く、逆に政府の発生以前から多かれ少なかれ明確に確立されていた権利が、政府が軍事的活動とともに発展するにつれて曖昧化されてくるのだ。その政府は奴隷の獲得と身分の創設の両方によって地位を作り出す。そして権利の承認が再び確固たる形をとるのは、軍事的活動が慢性的でなくなり、政府の権力が弱くなってからのことにすぎない。

七

個人の生命から社会の生命に移っても、われわれは同じ教訓を得る。

単なる親睦愛好が未開人を集団生活に促したのだが、そこに促す力が一番強いものは、協力から得られる利益の経験だ。協力が唯一生まれるのはどんな条件の下だろうか？　それは明らかに、協力する人々がそうすることでそれぞれに利益を得るという条件の下だ。最も単純なケースにおけるように、もし人々が自分だけでは全然あるいはあまりうまくできないことをなしとげるために協力するならば、そこには暗黙の了解があるに違いない。それはつまり、彼らが（集団で獲物を捕えるときのように）利益を分け合うか、あるいは（小屋を建てるとか土地を整地するときのように）誰か一人がその時はすべての利益を得るとしても他の人々もそれぞれ順番に同じだけの利益を得ることになっているという了解だ。このように彼らが同一のものに協力して従事する代わりに別々の物事に関わるとき──分業が行われ、それに伴って生産物の交換が行われるとき──、その制度が含意しているのは、各人が自分の寄与した量に応じて、自分のほしい物を大体同じ価値の分だけ得るということだ。もし人が前者を与えて後者を得られないならば、交換の提案は将来引き受けられないだろう。各人がすべてを自分自身のために作るという、最も粗野な状態に逆戻りしてしまうだろう。だから協力の可能性は契約の実行にかかっている——それが暗黙のものであれ明示的なものであれ。

さて今見たように社会生活を維持する産業組織化への最初の段階について妥当するに違いないことは、その発展の段階を通じて多かれ少なかれ妥当するに違いない。慢性的戦争が生み出す身分制度を伴う軍事的組織がこれらの契約関係を大幅に隠してしまうにしても、後者は部分的には力を持っている。それはなお自由人の間で、また初期の社会の単位を形成する小集団の首長たちの間で、妥当しているし、ある程度まではこれらの小集団の内部でも妥当している。というのは、それらの集団の生存は、そのメンバーが——たとえ奴隷でさえ——自らの労働への返礼として十分な食糧と衣服と保護を得る権利を承認されていることを含意しているのだから。そして戦争が少なくなり交易が成長するにつれて、自発的な協力がますます強制的な協力に取って代わるようになる。合意による交換に基づく社会生活は、しばらくの間中断していたが、次第に復興してくる。その再興のおかげで、偉大な国家を維持する巨大で複雑な産業組織が可能になる。

というのは、契約が妨害されずその遂行が確実である程度に比例して、成長が大きく社会生活が活発だからだ。今では契約違反の悪影響が及ぶのは、契約した二人の個人のどちらか片方だけではない。進歩した社会においては、分業から生じた生産者と配給者の階級全体に悪影響が及ぶし、最終的にはすべての人に及ぶ。バーミンガムが工業に、スタッフォードシャーの一部が陶器製造業に、ランカシャーが綿織物業に特化しているのはどうしてだろうか。ここで小麦を育て、あそこで家畜を飼う農村の人々がその特定の仕事だけでやっていけるのはどういうわけだろうか。これらの人々がそれぞれそのように行動できるのは、各人が自分の余剰生産物と引き換えに他の人々の余剰生産物を得られるからだ。各人が相互に生産物をそれぞれ得るのは、もはや直接の現物交換ではなく、間接的に金銭によってである。そしてそれぞれの生産者集団が必要な金銭をどうして手に入れているかと言えば、それは契約の履行による。もしリーズが毛織物を作っても、契約の履行によって農業地域から必要なだけの食糧を得る手段がなかったら、それは餓死して毛織物生産を止めるに違いない。もし南ウェールズが製鉄を行っても、衣服用の織物を得るための等価物がなかったら、その産業は消滅するに違いない。そしてどこでも同じことが言える――一般的にも、個別的にも。個々の組織の内部と同じように社会組織の中でも見られるそのような相互依存が可能なのは、個々の部分がそれに適した特定の仕事を行う一方で、他の部分のすべてがまとまって作り出した、修復と成長のために必要な物資を受け取るという条件の下だけだ。その物資の量は取引によって決められる。さらに、さまざまの用途を満たすためのさまざまの生産物――ナイフの大量の生産とランセット［外科手術用の刃物の一種］

の少量の生産、小麦の大量の収穫と辛子の種の少量の収穫——のバランスがとられるのは、契約の履行による。それぞれの商品が過大に生産されることを制限するのは、ある量を超えると誰も元の取れる価格ではその商品をもはや買わなくなるという事実の発見だ。このようにして、社会が必要としないものの生産に、必要もなく労働が投入されることが予防されるのだ。

最後に、われわれはさらに一層重要な事実に注目しなければならない。それは、共同体が特定の種類の労働を一層必要としているときにその特定の労働者の集団が成長できるのは、契約が自由でその実行が強制されるという条件の下でだ、ということだ。原料の欠乏のためにランカシャーが通常の量の綿織物を供給できないときに、ヨークシャーがその毛織物への需要の増大のゆえに毛織物にもっと高い価格を要求することを妨げるような契約への干渉がもし存在したならば、毛織物業により多くの資本を投入しようとする動機も生じなかったろうし、その分野の機械の量も職人の人数も増加しなかったろうし、毛織物の量もそうだったろう。その結果として、共同体全体は綿織物の欠乏を毛織物の増加で埋め合わせることができずに損害を受けただろう。もし一国の国民が相互に契約を結ぶことが妨げられるならばどんな損失がその国に生じうるか、それは鉄道に関するイングランドとフランスとの比較が明確に示したことだ。わが国では最初は立法府における支配的な階級がそれを妨害したが、その妨害も、資本家の投資や技術者の能力投下や業者の事業引受けを阻止するほどのものではなかった。そして投資から当初生じた高利息や、請負業者の得た大きな利益や、技術者が稼いだ多額の報酬のために、金銭とエネルギーと能力が鉄道建設に流れ込み、そのことがわが国の鉄道システムを急速に発展させ、わが国の巨大な繁栄をもたらした。ところが当時公共事業大臣だったティエール氏［Louis Adolf Thiers. 一七九七—一八七七年。フランスの政治家・歴史家］が視察のためわが国に来てヴィグノールズ氏［Charles Blacker Vignoles. 一七九三—一八七五年。イギリスの鉄道技師］に案内された後、ティエール氏は別れ際に彼に「私は鉄道がフランスに適しているとは思わない」*31と言った。その結果、自由な契約を妨げるという政策のために、フランスは鉄道建設の進歩において「八年から十年」の後れをとることになった。

これらの事実は何を意味するだろうか？　それは、社会生活を維持し助けるこれらの産業と職業の健全な活動と適切な配分のためには、第一に、契約の自由への制約がほとんどあってはならず、第二に、締結された契約の強制がなければならない、ということだ。すでに見たように、人々が連合するときに各人の行動について自然に生ずる制約は、相互的制限から生ずるものに限られる。だから人々が自発的に結ぶ契約への拘束は起こりえない。そのような契約への干渉は、他の人々の権利が十分に認められているときに各人に残されている自由な行為の権利への干渉だ。そしてすでに見たように、彼らの権利の強制は締結された契約の強制を含んでいる。契約違反は間接的な侵害なのだから。カウンターの片方にいる客が向こう側にいる店主に一シリング分の商品を求め、そして店主が後ろを向いたすきに、自分が与えることを暗黙のうちに契約した一シリングを残さずに立ち去るなら、この客の行為は本質的な点で盗みと違わない。どちらの場合でも被害者は自分が持っていた物を奪われるが、取引をした対価を受け取らない。そして利益を受け取ることなしにただ働きした——生命維持のための本質的な条件を侵害された——という状態にある。

かくして次の結論に至る。諸個人の権利を認めてそれを強制することは、同時に正常な社会生活の諸条件を認めて強制することでもある。両方ともに欠かせない必要性がある。

八

実践への適用を持つ結論に戻る前に、ここで引き出された複数の個別的な結論が最初に述べた一般的な結論にいかにして合流するかを見てみよう——それらを逆の順序で見ることによって。

個人の生にとって不可欠のものは社会の生にとって二重の意味で不可欠だということをわれわれは今見たばかりだ。社会の生は二つの意味のいずれにおいても個人の権利の維持に依存している。それが市民たちの生の総計にすぎないならば、この含意は明らかだ。またそれが、市民が相互に依存して行うそれぞれ異なった多くの活動からなっているとしても、やはりこの集合的な非個人的生は、諸個人の権利が執行されるか否定されるかに従って繁栄するか衰退する。

　人間の政治・倫理的観念と感情の研究も、これと結びついた諸結論に至る。さまざまなタイプの未開人が示すところでは、政府が存在する前から、記憶に残らないほどの昔から存在する慣習が私的な権利を認め、その維持を正当化している。別々の国家が独立に進化させてきた諸法典は、市民の人身と財産と自由へのある侵害を禁止するという点で共通している。そのような照応は、個人権の源泉が人工的でない自然なものだということを意味している。社会の発展につれて、慣習が以前から確立していた諸権利の法的定式化は一層確定して精密なものになる。それと同時に、政府は権利の執行という仕事をますます大幅に引き受けるようになる。政府が権利のよりよい保護者になるとき、それは侵略的でなくなる——人々の私的領域への介入がますます減少する。そして最後には、かつて法が当時の衡平の観念によりよく従うように改訂されたと言われたのと同じように、今では法の改革者は、法から導き出されるのではなく法が従うべき衡平の観念に導かれている。

　われわれはここにおいて、分析と歴史の両方が正当化する政治・倫理理論を持つ。それに反対しているものは何か？　純粋に独断的で、正当化できないことが証明された、流行の反理論だ。片方において、われわれは個人の生と社会の生がともに努力と利益の間の自然な関係の維持を含意するということを知るとともに、政府の発生以前から認められてきたこの自然な関係はそれ自身をずっと主張し続けて、法典と倫理学の体系との中でよりよく承認されているということも知った。他方では、自然権を否定して、権利というものは法が人工的に作り出したものだと主張する人々は、事実によってはっきりと反駁されている。それだけでなく彼らの主張自体が自己破壊的だ。その主張を証拠立てようとする試みは、反論に答えようとすると、彼らをいくつものばかげた主張に追い込むことになる。

それだけではない。人々が持っている漠然たる考えを科学的根拠に基づく確定的な形に述べ直してみると、それは多数者と少数者の意志の間の関係に関する理性的な見解に至る。万人が自発的に結びつきうる見解、そしてその実現において多数者の意志が正当に至高であるような見解、それは諸個人と社会の生にとって必要な諸条件を維持するための協力だ。社会全体を外部の侵略者から守るためには、その遠い目的を果たすべく、各市民が自分の欲求を満たすために持つ手段と、さらなる手段を得るために持つ自由とが保全されていなければならない。そして各市民を、殺人者から隣人に迷惑をかける人々にまで至る内部の侵略者から守ることも、明らかに同じような目的を持っている——犯罪者と厄介者以外の誰もが望む目的を。ここから次の結論が出てくる。——個人と社会の生の維持と同様にこの不可欠の原理をも維持するためには、少数者を多数者に従わせることが正当化できる。というのは、各人の自由と財産をよりよく保護するために必要であるような、各人の自由と財産の境界設定だけを行うのだから——。また同時に次の結論も出てくる。——そのように少数者を多数者に従わせることは、この境界を越えれば正当化できない。というのは、それは個人の保護のために必要である程度よりも大きな侵害を意味するので、維持されるべきその不可欠の原理の侵害を含むからだ——。

かくしてわれわれは、議会が持つと想定されている神授の権利とそこに含意されている多数者の神授の権利は迷信だ、という結論にまた戻ったことになる。人々は国家の権威の源泉に関する昔の理論を捨て去ったが、その旧理論に伴っていた無制限の国家の権威への信念は保持してきた。臣民に対する無制限の権力は、支配者が神の代理人とされていた時代ならば支配者に帰することが理性的だったが、今では支配する団体に帰されている——それが神の代理だなどと誰一人として主張しないのに。

反論者は、政府の権威の起源と限界に関する議論は衒学的議論にすぎないと主張するかもしれない。彼らは言うだろう。「政府は一般的な幸福を促進するために持っている、あるいは得ることができる、あらゆる手段を使わなければならない。その目的は効用に決まっていて、政府は有益な目的の達成のために必要な集団ならどんなものでも用いることが許されている。人民の福利が至上の法である。そして立法者は自らの権力の起源と範囲に関する問題によって、その法に従うことを妨げられてはならない。」本当にここに逃げ道があるだろうか？　この出口を閉ざすことができるだろうか？

ここで提起されている本質的な問題は、広く信じられているこの功利主義理論が真理か否かである。そして与えられるべき答は、それは広く信じられている形では真でない、というものだ。功利主義の道徳理論家の言明と、知ってか知らずか彼らに従っている政治家の行動がともに含意しているところでは、効用は直接的事実の単純な観察と蓋然的結果の推定とによって直ちに決せられるべきものだ。だが正しく理解された功利主義は、経験の分析が与える一般的な諸結論による導きを意味する。「善い結果と悪い結果は偶然的なものではありえず、事物の構造の必然的帰結でなければならない。」そして「生命の法則と存在の条件から、いかなる種類の行為が幸福を生み出す傾向を必然的に持っているか、またいかなる種類の行動が不幸を生み出すか、それを推論することが、道徳哲学の任務である。」[*32]現在の功利主義の思弁は、現在の政治の実際と同様、自然の因果法則を十分意識していないということを示している。何か明白な障害がなければ、物事はああいうふうにもこういうふうにもできる、と考えられていて、それが事物の通常の成り行きと調和するかそれとも衝突するかという問題は提起されない。

以上の議論が示したことは、私の思うに、効用の命令、また従って政府の適切な活動は、表面上の事実を見てその一見したところの意味を受け入れることによって決せられるべきではなく、基本的な事実に言及してそこから導き出されるべきものだ、ということだ。効用に関するあらゆる理性的な判断が遡るべき基本的な事実は次のことだ。――生命はある活動に存し、それによって維持されるが、社会の人々の間ではこれらの活動は必然的に相互に限定されることになり、各人がそこから生ずる境界の中で行われなければならず、それらの境界を超えてなされてはならない。その結果として、これらの境界の維持が社会統制を行う機関の機能になる――。もし各人が、他の人々の同じような自由によって画される境界の中で自分の能力を行使する自由を持っているので、自分のサーヴィスから、同胞が他の人々のサーヴィスと比較して同等だと評価するだけのものを得るならば――あるいは、画一的に執行される契約が、そのようにして決められた分け前を各人に与え、各人はその収益で自分の必要を満たすことができるようにその人身と財産を確保されているならば――そのとき個人の生についても社会の生についても同じように、不可欠の原理が維持されていることになる。さらに社会の進歩の不可欠の原理が維持されることになる。そのような条件の下では、最も価値ある諸個人はそれほどの価値のない諸個人よりも繁栄し増大するだろう。だから経験的に測定されるのではなしに理性的に決定されるところの効用は、個人権の維持を命じ、そして暗黙のうちに、個人権に反するいかなる方針をも拒否する。

するとここにおいて、われわれは干渉的立法に対する究極の禁止に至る。突きつめて言えば、市民間相互の境界を守ることを超えて市民の活動に介入しようとするあらゆる提案は、生活の基本的条件を破壊することによって生活を向上させようとする提案だ。誰かが酒に酔うことを妨げるために別の人がビールを買えなくなるようになるとき、その法律を作る人々は、少数の失敗例においても多数の成功例においても同じように、行動とその帰結との間の正常な関係への介入から、害悪よりも大きな善が生ずるだろうと想定している。本国で成功しなかった人々を植民地に送りだしたり、よりよい労働者住宅を建てたり、公共の図書館や博物館などを設立するといった目的のために多数の人々の収入の一部を取り立てる政府は、一般的幸福の本質的要請の侵害により、すぐにではないにせよ究極的には一般の幸福が増大する、という想定を当然視している――その本質的要請とは、各人は自分の行為が他の人々への侵害なしに自分にもたらすような幸福を追求する手段をすべて享受すべし、というものなのだが。われわれは他の場合には、このようにして短期的な事柄に目がくらんで遠いことを見落としたりしない。われわれは私人による侵害に対して財産の神聖さを主張するとき、パン屋からパンを盗む餓えた人にとっての利益がそのパン屋にとっての損害よりも大きいかどうかを問わない。われわれが考慮するのは個別的な効果ではなくて、財産権が不安定である場合の一般的な影響だ。ところが国家が市民からもっとたくさんの財産を取り上げたり、もっと大幅に彼らの自由を制限したりするとき、われわれは直接の短期的な影響しか考慮せず、間接的で長期的な影響を無視してしまう。個人の生であれ社会の生であれ、そのために欠かせない諸条件の小さな侵害の集積によって、その条件が不十分にしか満たされないようになり、生命は衰退に至るのだが、われわれはそのことに目を向けないのだ。

しかしそのように生ずる衰退は、政策が極端な程度に至ると明らかになる。テーヌ氏

〔Hippolyte Adolphe Taine. 一八二八―九三年。フランスの批評家・哲学者〕やトクヴィル氏の著作でフランス革命前の状態を学ぶ者は誰でも、生活自体が急速に困難になるほど行きすぎた、人々の行動のあらゆる細部に至る規制や、規制機関の維持のための人々の生産物の巨大な移転から、あの大惨事が生じたということがわかるだろう。そして昔も今も何がこの誤りを可能にしているかといえば、それは政府の力はいかなる制約にも服さないという政治的迷信だということがわかる。

「国王を守り」、その権力を相続する身体をおおう魔法を残す「神」〔『ハムレット』四幕五場クロディアスの台詞〕が死に絶えた時――人民が統治する国家において政府は管理運営委員会にすぎないということが明らかに理解されてくる時――この委員会が内在的な権威を何も持たないということもまたわかるだろう。避けることができない結論は、それが持っている権威はそれを任命する人々によって与えられたものであり、彼らが課すことを決めただけの制限しかできない、というものだろう。それとともに、さらに次の結論も生ずる。――政府が通過させる法律は、それ自体として神聖なのではない。それらの法律が何らかの神聖さを持っているならば、それは倫理の裁可を受けているからにほかならないが、その倫理の裁可は社会的条件の下で営まれる人間生活の法則から引き出されるということがわかっている――。この結論の帰結として、法律がこの倫理の裁可を受けていないとき、それは何の神聖さも持たず、それに反対することは正当だ、ということになろう。

過去におけるリベラリズムの機能は、国王の権力に制限を課するというものだった。未来における真のリベラリズムの機能は、議会の権力に制限を課するというものになるだろう。

後記

一

「このドクトリンがかなり受け入れられるだろうと私は期待しているだろうか？」イエスと言えればよいのだが、不幸なことにさまざまな理由から、孤立した市民がここやあそこで政治的信念を変えた可能性があるにすぎない、という結論を出さざるをえない。それらの理由の中の一つが、他のすべての理由の源泉になっている。

この本質的な理由は、政府の力をその限度内に制約することは産業型社会だけにふさわしいもので、軍事型社会とは全く調和しないが、現在発展した諸国の特徴である半軍事的・半産業的社会とは部分的にしか調和しない、というものだ。社会進化のあらゆる段階において、実践と信念――私は名目だけの信念ではなく本当の信念を意味している――との間にはかなりの一致があるに違いない。思考と行動との間に調和がなければ生活は不可能だ。状況が要求する行動が感情と思考を行動に適合するように変えるか、さもなければ、変化した感情と思考が最後は行動を変えるか、どちらかに違いない。

だからもし片方の条件下における社会生活の維持が支配者への極端な服従と崇拝を必然的なものとするならば、そのような服従と崇拝が適切だ、いや不可欠だ、という理論が形成されるだろう。その逆に、もし他の条件下で政府への市民の隷従が国民生活の保全にとってもはや必要でないならば――反対に市民が行動の自由を一層多く得るほど国民生活が質量ともに豊かになるならば――彼らの政治理論には進歩的な変革が起きて、政府の行動への信頼を弱め、政府の権威を疑う傾向を強め、もっと多くのケースにおいて政府の権力に抵抗するように導くという帰結が生ずる。最後には権力の制限のドクトリンが確立するのだ。

かくして、政府の権威に関する現在の世論が直ちに大きく変化しうるとは期待できない。だがこのケースの必然性をもっとよく見てみよう。

二

明らかに、軍隊が成功を収めるかどうかはその兵士たちが将軍に対して持つ信念にかかっているところが極めて大きい。将軍の能力を信頼していなければ兵士は戦闘において弱いだろうし、絶対の信頼を置いていれば勇敢かつ精力的にそれぞれの役割を果たすだろう。

もし、正常に発展した軍事的社会におけるように、戦時の指揮者と平時の支配者が同一人物ならば、彼への信頼は軍事型行動から政治的行動に拡張されて、社会はかなりの程度まで軍隊と同一だから、彼の判断を立法者のものとして進んで受け入れるだろう。国家の長が軍隊の長であることをやめて後者の職を代理人によって行っても、彼にはやはり伝統的な信頼が伴っている。

服従も信頼と同様だ。他の条件が等しければ、服従しない兵士からなる軍隊は服従する兵士からなる軍隊に負ける。指揮者に完全かつ即時に従う人々は、命令を無視する人々よりも、明らかに戦闘において成功しやすい。そして社会全体も軍隊と同様だ。戦争における成功はかなりの程度まで、必要なときに人々を動員して彼らの行動を自分の必要に従わせる、支配者の意志への恭順に依存している。

かくして最適者の生存によって、軍事型社会を特徴づけるものは、統治権力への深い信頼と、あらゆる事柄における服従を生み出す忠誠心だ、ということになる。そして軍事型社会の中で政治について思索をめぐらす人々の間では、必要とされる観念と感情に形を与える理論が確立する傾向があるに違いない。その理論には、立法者はたとえそれ自身が神でなくても神に導かれていて、彼への無制限の服従は神の命ずるところだ、という断定が伴っている。

このようにして軍事的組織形態の特徴となる観念と感情に変化が生じうるのは、産業的組織形態の発展をもたらす環境があるときに限られる。強制的な協力ではなく自発的な協力によって動かれるので、われわれの知っている産業生活は人々を独立した活動に慣れさせ、他の人々の権利を尊重すると同時に自分自身の権利を実行するように導き、個人権の意識を強め、政府の統制の行きすぎに抵抗するように促す。しかし戦争の発生を少なくする状況はゆっくりとしか生じないし、軍事型生活から産業型生活への移行がもたらす人間性の変化もゆっくりとしか進まないので、古い感情と観念が新しいものに道を譲るのは少しずつでしかない、ということになる。またこの移行が段階的だというだけでなく、そうあるべき理由がいくつかある。そのうちのいくつかは以下のものだ。

三

未開の人間やほとんど文明化していない人間の中では、広範な自発的協力のために必要とされる性質が存在しない。共通の利益のため意図的に他の人々の努力と協力することは、もしその計画が大きければ、彼らが持っていないような忍耐を必要とする。さらに、今日の人々が結合する目的の多くがそうであるように、達成の目標である利益が遠くてなじみがないときは建設的な想像の力が必要だが、それは文明化されていない人々の精神の中には見出せない。だがまた、大規模な生産や計画のための私人間の大きな協力のためには、結合した労働者たちの等級づけられた服従が必要だが、それは軍隊が作り出すような等級づけられた服従だ。別の言い方をすれば、われわれが現在知っているような発展した産業型タイプに到達するためには、軍事型タイプを通っていかなければならない。後者は長い時代にわたって訓練によって、根気と命令（それは今では強制的でなく、契約の下で合意されたものだが）への従順さと組織による大事業達成の習慣とを生み出してきた。

つまり、社会進化の長い期間を通じて、いくらかでも複雑なあらゆる事柄の管理のためには、強力で広範な政府の権力と、その権力への信仰と服従が必要だったということだ。そのために、初期の文明の記録が示すように、また現在でも東洋で見られるように、大事業は国家の活動によらずには不可能だったという事実が生じた。そしてまた、自発的な協力が強制的な協力にとって替わりそれに伴って政府の能力と権威への信仰が正当に弱まるという変化はごく段階的にしか進まない、という事実も生ずる。

しかしながら、この信仰の維持は、それが戦争にふさわしいから必要とされたものだ。これは攻撃あるいは防衛の際に社会の力のすべてを発揮させられるような、支配機関への信頼と服従の継続を含んでいる。またこの信仰と服従を正当化する政治理論の存続も必要だ。これらの感情や観念は永遠に平和を危うくするような種類のものだが、戦争の目的で十分な強制的権力をふるう政府の権威を人々が信じていることは必要だ――政府の権威へのこの信頼は、同時に他の目的のための強制的権力を政府に与えることにならざるをえないのだが。

四

かくして最初に述べたように、〔政府の権力の制限という〕上記のドクトリンの大幅な受容を期待すべきでない根本的な理由は、現在われわれがまだ部分的にしか軍事型体制を脱しておらず、このドクトリンにふさわしい産業型体制に部分的にしかはいっていない、ということにある。

敵意の宗教が友愛の宗教よりも優位に立っている限り、現在の政治的迷信はなくなることがないだろう。ヨーロッパを通じて、支配階級の初期の文化が、平日に古えの戦功を称賛し、剣を取るなという命令を日曜日しか繰り返さない間は――これらの支配階級が七分の六の異教の実例と七分の一のキリスト教の教えからなる道徳に従っている間は――そこには政府の権力の減少を実現可能にするような、そしてそれに対応する政治理論の変更を受容可能にするような、国際関係が生まれることはないだろう。われわれ自身の間でも、わが国の植民地行政が、現地の部族を傷つけてきた英国人に復讐する彼らを、「目には目を」という彼ら自身の野蛮な原理によってではなく、「一人の殺人には全体の虐殺を」という改善された文明的原理によって処罰するようなものである限り、非侵略的行動にしか調和しない政治的ドクトリンが実行に移される可能性はほとんどない。国内で宣教師の集会で演説する人々の一人が、海外では自分の従わせようとする隣人たちとの争いを生み出そうとして、その死後公の名誉を受けるということは普通だが、人々の公言する信条がそのような仕方で解釈される限り、われわれの社会と他の社会との関係が、政府の権限の限定というドクトリンに至ることはなさそうだ——このドクトリンは、平和な国家にふさわしい、限定された政府の権威に伴うものなのだが。人道的礼拝の儀式に関する教会のいさかいに関心を持つ一方で、自国の植民地における略奪行為を譴責するよりもむしろ称賛するほどその礼拝の本質に関心を持たず、その愛の宗教の司祭によってさえも非難されないこの国家は、内部的侵略——すべての個人の相互間の侵略でもあれば、国家による諸個人への侵略でもある——によって苦しみ続ける国家であるに違いない。国内における正義の祝福と海外における不正行為の実行とを結びつけることは不可能だ。

五

むろん次の疑問が生ずるだろう。——ではなぜわれわれの現状に適していない理論を提唱し、強調するのか?

あるドクトリンを重要な真理だと信ずる人なら誰でも、結果がどうなるにせよその普及のためにできることを行うのが義務だ、という一般的な回答以外にも、いくつかのもっと特定された回答があって、そのどの一つをとっても十分だ。

第一に、理想というものは現実からいくら先を行っているとしても、常に正しい指導のために必要だ。その時々の状況が必然化する、あるいは必然化すると思われる、すべての妥協に埋もれて、社会組織の中で善悪の真の観念が存在しなかったら――現在の必要を超えた何ものにも関心が向けられず、近似的な最善と究極的な最善とがいつも同一視されるならば――その時にはいかなる真の進歩もありえない。目標がいかに遠かろうが、そしていかにしばしば障害によって目標への道筋からの迂回が必要になるにしても、その目標のありかを知ることは明らかに必要だ。

そしてまた、国家に対する個人の現在程度の従属やそれに適合した現在の政治理論のようなものが、国際関係の現状では必要かもしれないにしても、この従属が拡大されるとかその政治理論が強化されるとかいうことは、決して必要ではない。この積極的慈善事業の時代、最短の方法と思われるものによって自分の不幸な隣人のためになりたいと願っている人々の多くは、より低いタイプの社会にふさわしい種類の行政的制度を発展させることに忙しい。彼らは進歩をめざしながら退歩をもたらしているのだ。進歩を阻む通常の困難はただでさえ大きいので、その困難が一層大きくなることは嘆かわしい。それだから、慈善家たちは多くの場合熱心に人々の現在の福利を追求している一方で人々の将来の不幸を確実なものにしつつあるのだ、ということが証明できれば、それはするだけの価値があることだ。

とはいえ、現在ほとんど認識されていない偉大な真理を強調することが重要だ。それは、ある社会の国内の政策と対外政策とは大変緊密に結びついているので、片方の本質的改善なしには他方の本質的改善もありえない、ということだ。われわれの国内制度において正義のより高い水準に従うことが可能であるためには、今よりも高い水準の国際正義が日常的に実現されなければならない。この種の依存関係が存在するという確信が、文明化された諸国民の間にもし広がるならば、それは相互の侵略的行動を大いに妨げることになるだろう。そしてそのことは、彼らの政治理論を適切な仕方で変えるとともに、彼らの統治システムの強制的性質を弱めるだろう。

（本書への批判のいくつかにおいて、社会問題に適用された進化論は慈善活動を排するという、これまでも何度かなされた誤った推論が再生してきた。私はこの推論がいかに誤りであるかを一八七五年二月に『フォートナイトリー・レビュー〔隔週評論〕』の中で示した。以下にその中の本質的な部分を再録する。）

私は主として、社会進化の道筋は自分たちが置かれた条件の下で行動する市民の性質によって決定されるから、「市民の私的活動」は無用であるか重要でない、という結論を論駁したい。それぞれの社会的変化がそのように決定されるという〔私の〕主張は、市民のすべての利己的活動と利他的活動がその変化の要因だという主張であり、またそれは、これらの活動——たとえば政治的な熱情や人類愛の動機――がなければ変化は同一のものでないだろう、と暗黙に主張していることにもなる。だからその説は、各人が自分の最善だと信ずることを達成しようという努力が重要でないなどとは決して言っていない。それどころか、諸個人のそれぞれの性格から別々に生ずるそのような努力こそが不可欠の要因だと考えている。私は『第一原理』［一八六二年］の第三十四節でそれに対応する義務を強調した。

彼がある原理への共感と別の原理への嫌悪を持つということは重要だ。特定の能力と理想と信念を備えた人は、偶然の出来事ではなく、時代の産物だ。彼は自分が過去の生み出した子孫であり、未来を生み出す祖先であり、自分の思想は気軽に死なせてならない自分の子どもなのだ、ということを忘れてはならない。他のあらゆる人と同じように、彼は自分が〈知られざる原因〉が用いる無数の代理人の一人だと考えることができる。そして〈知られざる原因〉が彼の中にある信念を生み出すとき、彼はそのことによって、その信念を公言し実行する権限を持つのだ。というのは、詩人の言葉の最高の意味において――

人工のわざそのものも自然によって作り出され、
おかげで自然はよりよくなる。だから、あなたの言う
自然に加えられた人工のわざも、実は自然が作り出す
わざなのだ。

［シェイクスピア『冬物語』第四幕第四場（松岡和子訳）。この台詞は『第一原理』だけでなく、『社会静学』末尾でも引用されていた］

ケアンズ教授［John Elliott Cairnes. 一八二三―七五年。アイルランドの経済学者で、J・S・ミルの死後はイギリス経済学の第一人者とみなされる］は『社会学研究』［一八七三年］の中にこの見解からの退却を見出して批判するが、そんな撤回は存在しないということは、その最後のパラグラフが示している。

かくして、狂信者にとっては常軌を逸した期待が刺激として必要であり、彼の独特の性質と活動に適合したこの幻想が有用だということを認めるにしても、より高次の性質の人ははるかに穏健な期待で満足しなければならない――たゆまぬ努力を続けながらも。彼は相対的にどれほど僅かのことしかできないかを知りながらも、その僅かのことは行うに値すると考えなければならない。そうして人類愛［慈善］のエネルギーと哲学の平静さとを結びつけるのだ。

ケアンズ教授は「スペンサー氏によると、人類の未来は私的で個人的な動機――富の生産と分配や言語の発展において働いている動機――の活動に安心して委ねてよい」と書いているが、彼がそれをこのような文章とどのように調和させるのか私にはわからない。彼の言明は私がより高次の「動機の活動」を無視しているという趣旨だが、そのような高次の動機は、私が動機全体の中に必然的に含めているものであるだけでなく、何よりも本質的だと繰り返し力説しているものに他ならない。私はケアンズ教授が言及している「専門行政」に関する論説（一八七一年十二月の『フォートナイトリー・レビュー』を見よ）の中で利他的感情とそこから生ずる社会活動についてかなり詳しく論じた――ハックスリー教授［T. H. Huxley. 一八二五―九五年。ダーウィニズムの提唱のために活動したことで知られる動物学者で、スペンサーの数少ない親しい友人の一人。なお「専門行政」論文は自説とハックスリーの見解の相違点を説明している」は十分に考慮していないが——だけに、この誤解には一層驚かさせられる。

ケアンズ教授が最初の論文の最後に述べているように、人間行動をある側面では自発的だと認め、別の側面では決定されたものだと認めることは難しい。私は別の所でこの点について言うべきことをすべて述べたから、ここではケアンズ教授が私の前提から引き出した結論は私自身が引き出した結論とは全く違うということだけを指摘しておきたい。この点に注意を促して、私はさらなる解明をしかるべき時に委ねなければならない。

訳者解説　なぜ今スペンサーを読むのか

（巻末にまとめた参照文献に言及する際は著者名、および必要な場合に発表年あるいはページ数をあげた）

ハーバート・スペンサーは歴史上もっとも不当な批判にさらされてきた人物であり、今日では冷酷な社会ダーウィニストで、他人のことなど眼中にないと見なされている。これは、とんでもない言いがかりと言わねばならない。スペンサーは生存競争に敗れた者たちに対する共感、思いやり、慈悲を説いたし、彼が競争を擁護したのはそれが社会全体の生活水準を上げるからであって、いちばんの成功を収めた人に都合がいいからではなかった。彼は深い思いやりを持つ、頭の切れる並外れた思想家だった。軍国主義、帝国主義、国教、独裁国家、その他あらゆる形態の抑圧に強く反対していたし、フェミニストにして組織労働の支持者でもあった。したがって、彼が「力は正義である」と考えていたという批判は見当違いもはなはだしい。……また、スペンサーは不遇な人々に対して冷酷になるべきだと考えたわけでもなかった。（リドレー 一八九九）

英国ヴィクトリア時代（一八三七―一九〇一年）の偉大な思想家・哲学者といえば、ジョン・スチュアート・ミル（一八〇六―七三年）、ハーバート・スペンサー（一八二〇―一九〇三年）、ヘンリー・シジウィック（一八三八―一九〇〇年）の三人がまず念頭に浮かぶ。三人とも倫理学や政治哲学や教育学をはじめとするいくつもの学問領域において理論的著作を多数書いた知的巨人で、その著作の一部は現代でも読み継がれ検討されるべき価値を持っているからだ。この三人に比べると、法理論のジョン・オースティン（一七九〇―一八五九年）、生物学のチャールズ・ダーウィン（一八〇九―八二年）、美術評論と社会思想のジョン・ラスキン（一八一九―一九〇〇年）、社会・文芸批評のマシュー・アーノルド（一八二二―八八年）、政治学のウォルター・バジョット（一八二六―七七年）、美術・文芸批評のウォルター・ペイター（一八三九―九四年）などの錚々たる人々は、それぞれ自分の得意分野では独自の鋭い考察を示した重要な思想家だが、ミル、スペンサー、シジウィックほど包括的な思考を展開しなかった。（なおイギリス哲学を軽蔑したニーチェは『善悪の彼岸』（一八八六年）二五三節で、「尊敬すべき、だが凡庸なイギリス人の精神」の代表者としてダーウィンとミルとスペンサーをあげた。当時の影響力から言えばそうなるのだろう。）

しかしこの三人の中でミルが飛びぬけた名声と関心を当時から今に至るまで享受し続けているのに比べると、スペンサーとシジウィックの著作は第一次大戦以後ほとんど読まれなくなり、一九七〇年代からようやく一部の専門家の間で再評価されるようになったにすぎない。ここではシジウィックには触れられないが、本書はスペンサーの政治思想の著作が現在不当に無視されており再評価に値するということを示すために編まれた。だが彼の思想を検討する前に、まずその一生を簡単に見てみよう。

スペンサーの一生

ハーバート・スペンサーは一八二〇年四月二十七日、イングランド中部のダービー市で、私立学校を経営する父ジョージ・スペンサー（一七九〇―一八六六年）と母ハリエット（一七九四―一八六七年）の九人きょうだいの長男として生まれた。ハーバートのきょうだいの中で成人したのは彼だけだった。彼の親戚は父方も母方も非国教徒の一族だったが、この事実はハーバートの生涯にわたる反順応主義と結びつけられることが多い。彼は最初ジョン・スチュアート・ミルと同様、父から家庭教育を受けた（その一方、母親の影は薄い）。その後ハーバートは、国教会の聖職者ながら独立不羈の政治的急進主義者で穀物法廃止や選挙法改正のための論陣を張った、父の弟トマス・スペンサー（一七九六―一八五三年。この人物は「迫りくる奴隷制」の中で尊敬をこめて言及されている）の経営する寄宿学校で学んだ。ハーバートが青少年期に父と叔父から当時の正統である人文主義的教育をほとんど受けず、自然科学や数学を主に学んだことは、聖書とシェイクスピアを例外とすると彼の著作に古典的著作への言及が乏しいことの原因になっている。

スペンサーはヴィクトリア女王即位直後の一八三七年に十七歳で鉄道会社に技師として就職し、その傍ら雑誌にさまざまの分野にわたる論文を発表し始めた。本書に訳出した『政府の適正領域』はこの時期に出版された彼の最初の書物だ。産業革命期のイギリスの思想家の大部分が産業の現場で働いたことがなかったのに対して、スペンサーが当時の先端産業だった鉄道で何年間もの経験を積んだことは、彼にとって大きな利点だったろう。

文筆の才能を見込まれたスペンサーは一八四八年に『エコノミスト』誌の副編集長の職を得てロンドンに落ち着いた。この職は彼に当時の新進気鋭の知識人と交流する機会を与えることにもなった。スペンサーは『エコノミスト』の仕事ばかりに専心したわけではなく、自由な時間を利用して執筆に努め、一八五一年には最初の大著『社会静学』を出版した。一八五三年にトマス叔父が死亡してその遺産五〇〇ポンドを相続すると、スペンサーは『エコノミスト』を去って文筆活動に専念するようになった。

それ以後のスペンサーの生涯には、当事者しか実態を知らない女流作家ジョージ・エリオットとの交際や、友人たちとの時たまの国内・海外旅行以外、外面的にはほとんど特筆すべき事件がない。彼は毎日規則正しい著述家の生活——午前中は執筆に専念、昼食からはアセニアム・クラブ（Athenaeum Club. 名声ある文人・学者のクラブ）で過ごす——を送り、多くが「総合哲学体系」を構成することになる著作を、しばしば分冊形式で、ほぼ隔年のペースで出版することになる。「総合哲学体系」を完成させねばならないという使命感を持っていたスペンサーは着実な著述家だったが、ワーカホリックではなかった。彼はアメリカに招かれてニューヨークで演説した際、従来「労働の福音」が強調されすぎてきたが今ではもっと娯楽や気晴らしを大切にすべきだと説いて、勤労を崇拝する聴衆を失望させた。スペンサーによれば――「生活が労働のためにあるのではなくて、労働が生活のためにあるのだ。労働が生活を浸食したり不当なほど取り込んだりするとき、極めて多く、労働は称賛よりも非難に値する」。(Francis 104; Mingardi 22)

すでに『社会静学』には、環境への適応による多様化・複雑化というスペンサー独自の進化論の萌芽が現われていたが、彼はその後出版されたダーウィンの『種の起源』(一八五九年)の自然選択の観念も取り入れて、一八六二年の『第一原理』以後、宇宙から生物を経て人間社会に至る包括的な進化論の体系を展開した。一八五〇年代から人々の進化論への関心が高まったこともあり、スペンサーの著作は次第に広く読まれて影響力を持った。(進化論に関する彼の著作の一番重要な部分は八杉の『ダーウィニズム論集』に訳出されている。)既成の教育方法をきびしく批判した一八六一年の『教育論』も広範な読者を得た。

スペンサーは正規の高等教育を受けたこともなければ大学や研究機関に所属したこともない全くの在野の研究者だったが、ダーウィンやT・H・ハックスリーやミルなどの高名な学者・知識人から敬意ある取り扱いを受けた。スペンサーの名声が一番高くなったのは一八七〇年代から八〇年代前半にかけてで、彼の著書は英米だけでなく、翻訳を通じて世界的に読まれるようになり、当代の代表的な思想家と目されていた。

しかし以後の時代の流れはスペンサーに味方しなかった。イギリス社会は一八八〇年代から急速にスペンサーが反対する集団主義——その中には保守的共同体主義から社会主義まで多様な形態があるが——への道を進み、フェビアン協会を組織したような若い知識人たちは、スペンサーの哲学をもはや過去の産物とみなすようになってきた。スペンサーは一八九六年に七十六歳で『社会学原理』第三巻の刊行によって「総合哲学体系」を完成させた後も著述を続けたが、その影響力は弱まっていった。帝国主義政策（これについては「立法者たちの罪」第六節を見よ）と政府機能の拡大に対する彼の反対は効果がなかった。

スペンサーは生涯を通じて原因不明の神経症に悩まされていたが、イーディス・シットウェルの『英国畸人伝』（青土社から邦訳あり）に面白おかしく取り上げられるほど人並みはずれて健康に留意していたこともあってか、八十三歳の長寿を保った。彼が一九〇三年十二月八日に世を去った時、遺産は一八、六三五ポンドにのぼった。遺族を持たない彼は遺産と印税収入を「記述社会学」のための財団に遺贈した。遺灰はハイゲイト墓地に埋葬された。彼の墓の近くにはジョージ・エリオットとカール・マルクスも眠っている。

スペンサーの社会・政治思想

生前の名声にもかかわらずスペンサーの著作が死後急に読まれなくなった原因はいくつか考えられる。

第一に、彼が自由市場経済の批判者たちから、弱肉強食を提唱する保守的な「社会的ダーウィニズム」の代表者として特徴づけられてきたことがあるだろう。多くの人々が今でもスペンサーの著作を読むことなしにそのようなレッテル貼りを続けているが、この訳者解説の冒頭に引用したマット・リドレーが言うように、また本書を読めばわかるように、そのような特徴づけは間違っている。スペンサーは（人間以外の）動物についても人間についても「適者生存」という言葉を使ったために「社会ダーウィニスト」と呼ばれてきたのだが、彼の言う人間社会における「適者」とは、軍事力や政治権力や物理的実力を有する強者のことではなく、他の人々との互恵的協力関係に適合した人々のことだった。弱肉強食は自由市場の産業型社会ではなく、むしろ軍事型社会――それはおおむね平和な前国家的社会よりもかえって野蛮だ――の特色だ。また『人間対国家』の「後記」が強調することだが、スペンサーは国家による強制的な福祉に批判的である一方、民間の私人による福祉活動を支持していた。それは国家による娯楽の援助や国教会制度に反対するからといって娯楽や宗教の活動に反対することにならないのと同様だ。

スペンサーの著作が閑却されるようになった別の原因として、現代は諸学の専門化が進み、彼のめざしたような学問の包括的体系化がおおむね放棄されたこと、社会有機体説とか歴史の進歩といった彼の思想の重要な構成要素が信頼されなくなったこと、彼の主張の多くが実証的な裏付けを欠いていたという事実なども考えられる。

実際スペンサーは体系化を愛する思想家だった。彼は一八五八年に「総合哲学体系」の計画を公表し、四十年近く経って一八九六年に『第一原理』、『生物学原理』、『心理学原理』、『社会学原理』、『倫理学原理』の五部作という形でこの「体系」を完結させた。体系書を書こうという計画を立てる思想家は歴史上少なくないが、コウルリッジを代表としてその大部分が構想だけで終わる中で、スペンサーは珍しい例外だ。この五部作にカリキュラムとしての『教育論』を加えれば、スペンサーの「ひとり総合大学」が完成する。

体系化への情熱自体は理論家として何ら批判されるべきことではないが、スペンサーの体系のすべてが今でも重要だというわけではない。彼は人間を含む生物の個体レベルでも社会レベルでも、目的論的発想に訴えかけることなく、環境への適応を通じて複雑多様化することで進化 evolution あるいは発展 development が生ずるという議論をダーウィン以前から提唱していた。だがスペンサーの考える進化は、ダーウィンの言う「ランダムな変異」という観念ではなく、ラマルク流の獲得形質の遺伝(ダーウィンはそれも認めていたが)という観念によるものだった。「伝統」とか「慣習」、もっと狭くは家庭内の「しつけ」や「教育」といった観念を考えればわかるように、「獲得形質の遺伝」という発想は社会や文化の分野ではごく自然なものだが、生物学ではその後否定されることになる。だが近年は進化心理学のめざましい発展にともない、道徳への進化論的アプローチが見直されてきて、そのためスペンサーとダーウィンはこのアプローチの先駆者として再評価されている（Ruse and Richards 所収の諸論文を参照）。

またスペンサーの心理学は思弁的すぎるので現代ではほとんど顧みられていない（ただし例外として本間を見よ）。さらに人間社会が軍事的タイプから産業的タイプに進化していくという、スペンサーが初め抱いていた楽観主義の歴史観は、早くも彼の活動期のうちに裏切られることになった。その苦い幻滅の念が後期の『人間対国家』の基調をなしている。

経験科学の領域と反対にスペンサーの思想がなお意義を持つ、いや今日ますます意義を持つのは、社会思想の領域だ。政府の領域と権限の拡大、「リベラリズム」という言葉の変質は、彼の政治哲学・倫理学を不思議なほど予言的なものとしている。本書に収録した文章の中には当時の英国の政治と社会を具体的に論じた部分も多いが、とてもこれらが百何十年も前に書かれたとは思えないほどだ。特にスペンサーの時代は積極的な社会政策や経済政策がまだ始まったばかりだったので、国家による介入の原理や理由づけを比較的明快な形で論ずることができたという長所がある。それに対して今日のように歴史的偶然の結果おびただしい行政制度・税制・社会保障制度が積み重ねられてくると、行政の細部に通じているわけでない思想家の原理的議論は「実態を知らない」として、政治家や実務家から不当に軽視される傾向がある。

またスペンサーは十七世紀末にジョン・ロックが『統治論』（一六八九年）で提唱した自然権に基づく古典的自由主義に「他の人々の同じような自由だけによって制限される平等な自由」という理論的な基礎を与え、二十世紀後半のリバタリアンであるロバート・ノージックやマレイ・ロスバードの先駆者にもなった。スペンサーの自由は、後にI・バーリンが「消極的自由」と呼んだものに属し、人身の自由と労働による所有権を中核とするものだ。スペンサーは『社会静学』では自然権の用語を使っていないが、そこで言う「平等な自由」の権利が、後に「巨大な政治的迷信」で擁護される自然権だということは明らかだ。ロスバードがその政治思想を体系化した『自由の倫理学』（一九八二年）の序文で「今よりもはるかにリバタリアンの政治哲学が力を持っていた十九世紀に遡っても、徹底的で体系的な自由の理論を提出したのはハーバート・スペンサーの名著『社会静学』だけだった」と書いたのは至当である。実際スペンサーは十九世紀の政治思想家の中で最も旗幟鮮明な自然権論者と言えよう。私自身、二十世紀末からノージックやロスバードの驥尾に附して自然権的リバタリアニズム理論の構築に努めてきたが、今世紀になってからようやくスペンサーの政治思想の著作に接して、その妥協しない首尾一貫性に打たれた。

スペンサーのこの平等な自由の原理は、具体的には自己の身体への権利によって画されるから、スペンサーの追随者だった自由主義の著述家オーベロン・ハーバート（一八三八―一九〇六年）はそれを「自己所有権 self-ownership」の原理とも呼んだが（Herbert essays 9, 10）、そのことを知ってか知らずか、現代のマルクス主義政治哲学者G・A・コーエンはノージックのロック的リバタリアニズムの基礎が「自己所有権テーゼ」だと指摘したし、ロスバードも自覚的に自己所有権の思想を説いた。つまりスペンサーは自己所有権論の無視されがちな中興の祖でもある。

スペンサーに比べると、しばしば古典的自由主義の代表者のように見なされるミルの自由主義ははるかに生ぬるいものだ。確かに『自由論』のミルは個人的自由の擁護者と言える。だがそこでのミルの議論は、彼の建前上の功利主義思想とあまり調和しないだけでなく、それ自体としてかなり道徳主義的なものだった。オーベロン・ハーバートが「国家による強制の正と不正」（一八八五年）というパンフレットの冒頭で二人を比較して、

「[ミルの『自由論』は]二大政党ともそれら自身の原理を踏みにじって一時的な便宜に仕えようと競っている現在、他の書物よりも明確な見方と高い信念と貴い熱情とを持つ記念碑として残っている。しかしスペンサー氏はこの問題にミル氏よりも包括的な観点からアプローチした。彼は、もし人々が相互に平和に共存して進歩の偉大な可能性を幸福裡にしっかりと実現させようとするならば社会構造全体の基にならねばなら

ない、その基礎を築いたのだ。われわれはスペンサー氏のおかげで、正義と道徳のあらゆる観念は、自由という基本となる観念――つまり、人が自分自身の能力とエネルギーを支配する権利――の中にまとめられているということにはっきりと気づいている。」(Herbert 124)

と特徴づけたのは正当だ。そしてミルは経済的自由への尊重の念が乏しく、『経済学原理』では社会主義に共感を示し、さらに代議制民主主義に信をおいていたため、スペンサーよりもはるかに政府の適正領域を広く想定してもいた。

スペンサーの政治思想は彼の二十代前半のパンフレット『政府の適正領域』から六十代の論文集『人間対国家』に至るまで基本的に大きな変化がない。ただし後期になると前期のキリスト教的・有神論的発想がなくなるという点に加えて、次の三点における変化を指摘しておくべきだろう。

第一に、『社会静学』初版で主張された「国家を無視する権利」は一八九二年の改訂版で説明なしに削除された。アメリカの個人主義的アナキストで雑誌『リバティ』を発行していたベンジャミン・タッカー(一八五四―一九三九年)はこのことに憤って、その章だけをパンフレットとして発行した。またタッカーはスペンサーが「迫りくる奴隷制」論文で「社会主義」的立法ばかりを批判して資本家に独占的特権を与える法律に注意を向けないと考えたためにも、スペンサーの思想から距離を置くようになった（Martin 240-1）。

第二に、初版の「土地を利用する権利」の章は、「万人の平等な自由」の発想から、ロック的土地開拓者専有論に反対して、土地共有論を説いていたが、その後スペンサーは改訂版では、土地公有化に付随する地主への補償の実際的困難さのゆえに、また土地の公的管理使用を提唱する社会主義との同一視を恐れることもあって、その章を削除した。この問題に関する彼の後期の主張は『倫理学原理』の「補論B　土地問題」で述べられている。だがアメリカの土地税単一論者ヘンリー・ジョージ（『人間対国家』の中で二回言及されている）はその議論を詭弁だと考え、『当惑する哲学者』（一八九三年）という本まで書いてスペンサーの転向を非難した。（この点でスペンサーが本当に転向したかどうかについてはWeinstein ch.7と挟本第六章三と第八章一が詳しい。ワインステインは肯定的に、挟本は否定的に解する。）今日の政治哲学の用語法を使えば、初期のスペンサーは（個人の能力と対照された）自然資源が有する価値の公平な分配を要求する左翼リバタリアンだったのだが、後期はそれを撤回したことになる。

最後に、これは上記の二点にも表われているが、晩年のスペンサーは理想的社会の制度よりもその実現方法に関心を移したせいか、初期よりも現行制度に妥協的になった。たとえば『社会静学』第十六章の「女性の権利」はミルの『女性の隷従』よりも十八年前に徹底した男女同権論を唱えていたが（本訳書でこの章を割愛したのは、その議論が現代のわれわれにとっては当たり前すぎると感じられるからにすぎない)、後の『倫理学原理』第四部の「女性の権利」の章では、男性と違って女性は徴兵されることがないという理由で女性の政治的権利の制限を正当化している。

これらの変化はあるものの、スペンサーは生涯を通じて徹底した個人主義的自由主義者だった。『人間対国家』に代表される晩年のスペンサーは「保守化」したとよく言われるが、実際には、ヴィクトリア時代の後半にイギリスの社会と世論が国家による干渉・介入に対して急速に寛容になったのに、彼が依然として『政府の適正領域』以来の自由主義を提唱し続けたにすぎない。穀物法が廃止された十九世紀中葉のイギリスにおいて主流とは言えないまでも有力な思想だった古典的自由主義は、世紀末には時代遅れと考えられるようになったのである。

スペンサーの社会有機体説と個人主義的政治思想が調和しないと考える人は多い。たとえば清水幾太郎は「自由なる諸個人の自由なる関係の全体は、有機物に似ることが最も少ない社会」(清水 四二)だと言っている。すでにスペンサーの数少ない友人の一人でダーウィン進化論の強力な普及者だったハックスリが、社会の有機体モデルは強力な中央政府の必要性を示唆すると言っていたし、当時の社会主義者も社会有機体説を利用した。

しかしこのような批判に対しては、山下重一の、

「彼の社会有機体説を、社会を価値的に個々人の上位に位置付ける実体概念ではなく、社会内部における個々人の自発的な協同関係を意味する関係概念として理解するならば、強制的協同に基づく軍事型社会よりも、自発的協同に基づく産業的社会の中により高度の社会有機体を認めようとするスペンサーの理論は、それなりに首尾一貫していたと言うことができる。……彼の理論において、社会有機体説と『社会静学』で主張された自由放任主義とは、むしろ相互補完の関係にあった……」（山下・一九八三年七八。山下・二〇〇九年も見よ）

という反論が妥当する。動物という有機体は統一された意識を持っているが、社会という有機体はそうでなく、別々の意識を持った諸個人の自由な協力関係からなっているのであって、政府の積極的な計画によって成立するのではない。スペンサーの社会有機体説は、社会を──ましてや国家を──個人に優先させるような保守的な思想ではない。

特にハイエクの反計画主義的自由主義を知っている現代のわれわれには、スペンサーの態度が矛盾をはらむものとは思えないだろう。それどころかスペンサーの社会思想の中にはハイエク流の「自生的秩序」という発想が見出される──もっともスペンサーはハイエクほど伝統尊重主義者ではないが。（なおハイエクはめったにスペンサーに言及しなかったし、管見の限り数少ない言及個所でもスペンサーの自生的秩序思想に触れていないようだが、それはハイエクが活動した時代がスペンサーの著作の一番読まれなかった時代と重なっていて、ハイエクが知識も関心も持たなかったからだろう。Mingardi 137-48は両者の興味深い比較を行っている。)

スペンサーが功利主義者か否かという問題も、スペンサー研究者の間で熱心に論じられてきた問題だ(現代の代表的な肯定的見解としてワインスティンがある。日本語の反対の研究として挟本がある)。スペンサーはベンサムとその追随者たちの思想を「便宜のドクトリン」として批判したが、「最大多数の最大幸福」が社会の最終的な目的だという主張には反対せず、自分を一種の功利主義者とみなしていた。スペンサーが終始信じていたところでは、ベンサムたちが間違っているのは「最大多数の最大幸福」が人々に行動の指針や道徳の原理を直接提供できると考えた点や、全能で永久の政府を不当に想定している点にある。むしろ平等な自由の原理に基づく各個人の自然権を守ることによってこそ、最大多数の最大幸福が一般的によりよく実現される。スペンサーのこの思想は現代の倫理学の用語を使えば「間接功利主義」かつ「規則功利主義」の一種に分類できよう。この点ではミルとスペンサーの功利主義は意外に似ている――もっとも前述のようにミルはスペンサーほど確固たる自由主義者ではなかったし、スペンサーはベンサムやシジウィックと同様、ミルのように快楽の質的区別に関心を持ったりもしなかったが。

このトピックに関係して次のエピソードを紹介しておきたい。ミルが一八六一年に「フレイザーズ・マガジン」に連載した功利主義論を書物にまとめようとしているということを知ったスペンサーは、ミルがその論文の最後の注でスペンサーを功利主義の批判者として紹介しているのは誤解だとする手紙をミルに送った。だがミルは『功利主義論』(一八六三年)の校正刷りのその注を書き直すことがもはや不可能になっていたので、注への補注を加筆し、そこでスペンサーの手紙の趣旨を詳しく紹介して、補注の校正刷りをスペンサーに送り校閲を乞うた。スペンサーはミルのこの措置に感謝する手紙を送った。(Weinstein 95-97)

最後に、スペンサーが『倫理学原理』第一巻第二章「行動の進化」において「善い」を「より進化した」と同一視することによって、自然的事実(「である」)から価値(「べし」)を導き出す「自然主義的誤謬 naturalistic fallacy」を犯したという、G・E・ムアが『倫理学原理』(日本語にすると題名が同じなのでまぎらわしいが、むろんスペンサーの本とは別。一九〇三年)第二章で行った批判に触れなければならない。この批判はスペンサーが二十世紀の倫理学者の間で軽視される一因にもなった。

ムアの「自然主義的誤謬」論の解釈自体が議論されていることもあり、はたしてスペンサーがこの誤謬に陥っていたのかはっきりしたことは言いにくいが、ともかくスペンサーはムアが切り開いたメタ倫理学の領域に属する問題について自覚的に考え抜いたわけではなかっただろう。ムア自身その批判に続けて指摘していることだが、スペンサーは善を快楽、すなわち快い感覚と同一視する快楽主義者でもある（スペンサー『倫理学原理』第一巻第三章「善い行動と悪い行動」および第六章「生物学的見解」など）。

そしてスペンサーは、事実の問題として、進化の道筋は一時的停滞や紆余曲折はあっても長い目で見れば最大多数の最大幸福の実現に向かっている――それは人々の道徳性によって一層促進されるが――と信じていたのだろう。彼の言う「進化」は、このような意味で価値的であるとともに事実的な概念でもある。もしスペンサーが人類の歴史が幸福の増大という傾向を持っていると信じていなかったら、彼はそれを「進歩」とか「発展」とは呼ばなかっただろう。結局のところ、スペンサーの表現は不注意なものだったが、彼は「より進化した」と「善い」とが事実上同じ対象に当てはまるとしても、両者の表現が分析的に同じ意味だとは考えていなかっただろう。

スペンサーと明治日本

このテーマについては、この解説を書くにあたって日本語文献の中で一番役に立った山下重一の『スペンサーと日本近代』が詳しい調査を行っているので、関心を持つ読者にはぜひ一読を勧めるが、そこで取り上げられているトピックから次の三点だけを紹介したい。

一　スペンサーの著作は著者の生前すでに日本で多数が訳されて広く読まれたが（明治十

五年から明治憲法が発布された明治二十二年までの間でも二十一点の邦訳が出た）、中でも本書に抄訳した『社会静学』は松島剛（一八五四―一九四〇年）によって『社会平権論』の題名で明治十四年から十六年（一八八一―八三年）にかけて全訳出版され、自由民権運動に巨大な影響を与え、板垣退助など本書を「民権の教科書」だと言ったそうだ（山下・一九八三年　Ⅱ章「自由民権運動とスペンサー」）。

私は一橋大学の図書館で全編八〇〇ページ近いこの訳書を見つけたが、訳者の熱意と理解の正確さに頭が下がる思いだった。そのため『社会静学』を訳するにあたっては松島訳を参考にした――と言いたいところだが、実際には私にとって松島の漢文訓読調の訳文はスペンサーの原文以上に読みにくいことがわかったので、原書の英文の難解な個所だけ参照するにとどまった。だが後に青山学院教授・理事となり英語・地理教育に大きな貢献を行った（山下・一九八三年　五七）松島の仕事を改めて顕彰するため、この機会に第六章「道義原理」の冒頭だけでも引用しておこう。なお原文は片仮名書きで濁点がついていないが、読みやすさのため平仮名に変え、濁点を補い、漢字を新字体に改め、合字を開いた。

夫れ斯くの如く、吾人は如何なる道路より論ずるも、等しく同一の断言に到着せり、詳に之を言へば、天意即ち最大幸福を達するに先つて、須らく遵奉すべき、一定の條目より論及するも、若しくは人の性格や官能に拠りて、吾人の断言を求むるも、若しくは道義上に於て、吾人の嚮導するの職任を荷へるが如き、性情の諫言に耳を傾つるも、皆な等しく、各人他人の同等自由を害せずんば、其好む所の万事を為すの自由有りと云ふ法則を以て、正当なる社会の法則なりと吾人に教へざるものなく、而して設ひ他の制限を立つること、必要なるにもせよ、此くの如き制限を立つるときは、社会の権衡を紊るが故に、此くの如き制限は、決して之を社会上に適用すること能はずして、只々一人一個の場合に限らざる可からずことを看出せり。

なお『社会平権論』は『日本近代思想大系15　翻訳の思想』（岩波書店、一九九一年）に、序文と第六章と第十四章が抄録されている。

二　日本人で最初にスペンサーに会ったのは、大日本帝国憲法発布の日に襲われて翌日死亡した文部大臣であり、一橋大学の前身商法講習所の設立者でもある森有礼（一八四七―八九年）だったらしい。森は駐米代理公使を解任されて帰国する途中にイギリスを訪れた一八七三年の四、五月に初めてスペンサーに会ったが、その後一八七九年十一月から八四年初めまで特命全権公使としてロンドンに赴任中、スペンサーが会員だったアセニアム・クラブの会員に選出され、そこで彼との親交を深めた。この期間中、板垣退助や伊藤博文も森の紹介によってスペンサーと会談する機会を持った。スペンサーは日本の憲法草案を示した森に対して、『社会静学』の自由放任主義とはほど遠い保守的な忠告を与えたそうだ。その後スペンサーが金子堅太郎（伊藤博文の下で明治憲法の起草にあたったことで有名）に対して対談と手紙において再三示した見解も、同じように保守的なものだった。

その原因は、後期のスペンサーに顕著な漸進主義から来るもので、彼はまだ社会進化の程度が遅れている日本では急激な自由化が有害だと考えたのかもしれない。あるいは森の方が、スペンサーにそのような意見を述べさせるように意識的に誘導したのかもしれない——何しろ当時の日本に関してスペンサーが持っている情報は森から得たものにほとんど限られていたのだから。

三

明治の啓蒙思想家加藤弘之は東京大学の総理となってから、初期の『国体新論』（一八七五年）などで唱えた天賦人権論を自己批判して、『人権新説』（一八八二年）において天賦人権論を「妄説」として批判したが、加藤自身の回想によれば、それはダーウィンとスペンサーの進化論の書物を読んだ結果だということだった。しかし山下の詳細な調査によると、加藤がそのころ実際に読んだスペンサーの著作は、『社会学原理』第五部「政治制度」のうち、未開社会からの進化の一過程において集団間の闘争・生存競争が決定的な役割を果たしたことを述べた前半部分だけで、それ以後の軍事型社会から個人主義的な産業型社会への進化の部分までは読んでいなかったという。

自然権論（天賦人権論）に対する反論をスペンサーの中に読み込むのは、社会主義に対する反論をマルクスの中に見出すようなものだ。しかしともかく加藤は、スペンサーの著作をほんの一部とはいえ実際に読んで、自分なりに創造的な解釈（誤解にせよ）をした。「社会ダーウィニズム」の元凶としてスペンサーの名前をあげる現代の著作者の大部分が彼の著作を読んでもいないのとはわけが違う。

収録作品および『倫理学原理』について

『政府の適正領域』

スペンサーは『ザ・ノンコンフォーミスト〔不服従主義者・非国教徒〕』という雑誌に一八四二年から翌年にわたって十二通の書簡体評論を寄稿し、一八四三年にそれが散逸することを恐れてこの題名の下にまとめて出版した。現代の読者は「手紙」という形式にとまどうかもしれないが、公共的な問題について不特定多数の読者に向けた（多くの場合一連の）「手紙」を雑誌に発表して世に問うという慣行は近代の英米に広く見られたもので、その例としてはジョン・トレンチャードとトマス・ゴードンの『ケイトーの手紙』（一七二〇―二三年）、ジョナサン・スウィフトの『ドレイピアの手紙』（一七二四年）、著者不明の『ジュニアスの手紙』（一七六九―七二年）、アメリカ独立戦争期から憲法制定期の多数の政治的「手紙」などがある。スペンサーもこの例にならったのだろう。

『社会静学』がスペンサー最初の著書と言われることが多いが、それは〈本格的な書物として〉という但し書きつきでのみ言えることで、正確にはこちらの方が彼の最初の書物だ。形の上では、本書は弱冠二十二歳の無名の青年が自費出版したパンフレットにすぎないが、スペンサーの社会思想に関する最近の出色の研究であるミンガルディの書物が「われわれが『古典的リベラリズム』と呼ぶものの基本的原理と観念に関する、すばらしく統一的な記述」(Mingardi 25)として詳しく紹介しているくらい、スペンサーの政治思想の理解に役立つ書物である。ただし本書では政府の領域の拡大に伴う弊害が具体的に述べられているとはいえ、その制限政府論の基礎となる原理は明らかでない。その記述は次の『社会静学』で与えられる。

『社会静学』

スペンサーが一八四八年から五〇年にかけて執筆した、原書で本文四七七ページにわたるこの大著は、前記のロスバードが言うように、十九世紀における唯一の「徹底的で体系的な自由の理論」である。

しかしこの本についてはスペンサー研究者の中でも評価が分かれる。スペンサーを社会学の創始者として再検討・再評価しようとしたJ・D・Y・ピールは、この本を「今日われわれが大きな喜びとともに読める書物ではない。……それは魅力的に書かれていないし、事実に関してルースな個所や論理的な欠陥をあまりに多く含んでいる」(Peel 82)と評する。ピールによれば『社会静学』はスペンサーがその後社会学者に進化していく前の段階の未熟な著書である。

それに対して、この本を『社会平権論』として全訳した松島剛は、「その立論の正々堂々として引証の該博なる、文章の潑剌として明快なる、私をして思はず快哉を叫ばしめ、遂に筆を執つて之れが訳述に当らんと決心せしむるに至れるなり」（山下・一九八三年　五七―五八に引用）と語ったし、山下重一も「或る意味において、彼の最も魅力的かつ独創的な書物であると共に、彼の思想形成上最大の問題作」（同上　三四）と評している。私は松島と山下の評価に同感するが、読者の感想はいかがだろうか。

『社会静学』はある意味では『政府の適正領域』の大幅な拡張版だが、さらに野心的な書物でもある。スペンサーはこの本で「最大多数の最大幸福」という道徳の抽象的な目的を想定するだけでなく、第二部において「他の人々の同様な自由だけによって制限される平等な自由」という古典的自由主義の原理を初めて明確に提唱し、それを用いてさまざまの問題への回答を与えるからだ。

この本の章立ては本文の最後に掲げておいたが、その内容をここでごく簡単に紹介しよう（深田　八四―九〇と山下・二〇〇八年には各章のもっと詳しい説明がある）。

この訳書に訳出しなかった「序論」と第一部は、まとめて〈予備的考察〉とでも特徴づけることができる。「序論」ではベンサム流の「便宜のドクトリン」が厳しく批判される一方、「道徳感覚のドクトリン」が好意的に検討される。道徳感覚の方がよほど正しく道徳法則の指針になるというのだ。ただスペンサーは後者のドクトリンの提唱者としてシャフツベリー伯やフランシス・ハチスンの名をあげるが、それ以上に彼らの議論を検討するわけではないし、スペンサー自身のいう「道徳感覚」の中身も漠然としている。スペンサーは次に第一部で、道徳というものは理想的な社会における行動の指針であり、不完全な現実の社会のためのものではないが、人間は環境への適合を通じて完全な社会に近づきつつあると主張する。

だが以上の部分はまだ著者自身の道徳理論を積極的に述べていないので、雲をつかむような茫漠とした印象を与える。（松島剛も訳者の「諸言」で「開巻数葉の如きは議論唐突に起こるを以て泰西の理論に慣れざる者は其意の在る所を知るに苦しむと聞けり」と書いている。）スペンサーの見解が明確に述べられるのは、以上の準備段階を経た第二部になってからだ。

第二部の前半が『社会静学』の総論部分である。スペンサーは第四章から第六章で「平等な自由」という道徳の第一原理をさまざまな仕方で論証する。この部分は本書の白眉と言えるが、その政治哲学的な意義についてはすでに述べた。

それに続く第二部の後半と第三部全体では、この第一原理からどのような個人の権利と国家の機能が正当に導き出されるか、また導き出されないかが、多岐にわたって非妥協的一貫性をもって明晰に検討される。本訳書では紙幅の制約上、これらの各論的部分の大部分は『政府の適正領域』のもっと簡潔な議論に委ねて、本書の特徴がよく現われた章だけを訳出した。

最後の第四部は「一般的考察 General Considerations」、「要約」、「結論」の三章からなっている。第四部の大部分の分量を占める「一般的考察」には、どの章にも属さない雑多な「考察」がまとめられているが、その中には以後「総合哲学体系」において展開されるような進化の一般理論の萌芽的論述がある。しかし本訳書はスペンサーの社会進化論を主たる対象にするものではないからこの章は割愛し、全体を鳥瞰する「要約」と、便宜主義に反対するスペンサーの理想主義が調子の高い文章で述べられている「結論」を訳出した。

以上の抄訳個所に、『人間対国家』の「立法者たちの罪」に引用されている第二十五章と第二十八章の一部も合わせると、『社会静学』全体の約四分の一が本訳書で読めることになる。

題名の「社会静学」という言葉はすでにコントが使っていたが、スペンサーはそれとは無関係に、社会の変化に関する「社会動学」に対して、理想的な社会の正義のルールを探求する学問というくらいの意味で使っている。

スペンサーの研究者の中には、『社会静学』の中で名前は挙げられていないがこの本に大きな影響を与えた人物として、スペンサーが『エコノミスト』で働いている時代に親しく交際した急進的ジャーナリストであるトマス・ホジスキン（一七八七―一八六九年）を重視する人がいるが（たとえばMingardi 14-16）、私にはこの判断を評価する能力がない。全体として『社会静学』には他の思想家への好意的な言及がごく少ない（また脚注や巻末注もついていない）。これは「他人の思想から得た恩恵を無視して自己の独創性を誇示する彼の一般的傾向」（山下・一九八三年　二三）によるところもあるだろうが、そのためにスペンサーの思想が直截に表現されているという見方もできる。

『人間対国家』

本書はその序文に書かれているように、晩年のスペンサーが一八八四年に雑誌に続けざまに発表した四編の評論をまとめた論文集である（本訳書は一八九二年の再刊による）。これは「総合哲学体系」のような体系書と異なり、スペンサーが社会進化への反流と考えたものに対する辛辣で雄弁な論争的著作であり、多くの批評を誘発した。（そのうちの代表的なものは、後記のリッチーによる書評も含めOffer vol. IVに収録されている。）政治思想の書物としても、議論が『政府の適正領域』、『社会静学』よりもはるかに具体的であるために読みやすく、そのせいかスペンサーの書物の中で今でも一番広く読まれている。だから次の点だけ付言しておけば十分だろう。

「新しいトーリー主義」や「立法者たちの罪」、さらにこの訳書に収録できなかったが初期の「過剰な立法」（一八五三年）という有名な論文を読むと、スペンサーは議会の立法一般を批判しているように見えるかもしれないが、彼が実際に非難している法律は人々の自由に介入するものに限られる。十九世紀の英国の立法に関する古典的著作であるダイシーの『法律と世論』はこの世紀を「1　旧トーリー主義すなわち立法の休止時代（一八〇〇—三〇年）」と、「個人的活動に対する制限を一掃した」「2　ベンサム主義すなわち個人主義の時代（一八二五—七〇年）」と、「国民大衆に利益をもたらすためには、個人の自由をいくらか犠牲にしても、国家の干渉を歓迎する」「3　団体主義 Collectivism の時代（一八六五—一九〇〇年）」に大きく三分したが（ダイシー　一〇六—一〇七）、その分類を使って言えば、スペンサーの議論はもっぱら第三の団体主義的立法に関わるものだ。

次に「巨大な政治的迷信」はベンサム主義者に反対して強力で明快な自然権擁護論を展開しているのだが、スペンサーの思想を「リベラル功利主義」として理解しようとするワインステインは、彼を個人主義的自然権論者として見る一般の理解に反対する。ワインステインによれば、スペンサーの自然権は「伝統的」な自然権ではなく、効用によって正当化される人為の産物だというのだ。かくしてワインステインは、スペンサーの自然権論を執拗に批判したイギリス観念論に属する社会国家主義の哲学者D・G・リッチー（一八五三—一九〇三年）とスペンサー（とミル、さらにベンサム！）の距離は一見したところほど遠くないと主張する（Weinstein ch. 3）。

だがワインステインのいう「伝統的」自然権とは、「非時間的な形而上学的原理」（Ibid.

75）という、彼独自のまさに形而上学的な観念だ。そんなことを言ったら、「伝統的」自然権を提唱した人など歴史上多くないだろう。スペンサーは「平等な自由」という第一原理をその他の実践的考慮に抗して固持することが人類の最大幸福のためになると考え、この権利はどんな時代のどんな社会でも——国家による認定の有無にかかわらず——認められるべきだというだけでなく、たとえ漠然とした形ではあっても多くの社会の慣習や道徳感覚によって広く認められてきたと信じていた。「伝統的」自然権かどうかはともかく、これは立派な自然権思想であって、リッチーが決して認めなかったものだ。従来の人権思想史のほとんどにおいてスペンサーは巨大な盲点になっている。

なお本書は序文・後記・注を省略した形で、永井久満次訳『個人対国家論』として明治二十七年（一八九四年）に邦訳されている。

『倫理学原理』

最後に「総合哲学体系」の一部として刊行された晩年の『倫理学原理』にも触れておかねばならない。この書物は倫理学におけるスペンサーの最大の著書だが、まさにその膨大さのために本書では割愛せざるをえなかった。たとえば彼は一節をあげてチップの習慣を批判している（第四〇九節）。この訳書ではより冗長でない著作を優先させたわけである。

『倫理学原理』は、議論の順序と出版の順序が少々異なるが、

第一部　倫理学のデータ（一八七九年）
第二部　倫理の導出（一八九二年）
第三部　個人生活の倫理（一八九二年）
第四部　社会生活の倫理：正義（一八九一年）
第五部　社会生活の倫理：消極的善行（一八九三年）
第六部　社会生活の倫理：積極的善行（一八九三年）
補論（一八九三年）

という構成になっている（かっこ内は最初に出版された年）。第四部以下は『社会静学』の内容をさらに詳細に述べたものと言えるだろうが、第一部と第二部は倫理学全体の総論であり、第三部は、スペンサーの他の書物で語られることの少ない個人的な倫理を論じている。

第一部の自然主義的な価値論が後にムアの批判を受けたことはすでに述べた。第一部は利己主義と利他主義の関係に関する議論も含んでいる。スペンサーによれば、誰しも自分自身の幸福を追求しなければ幸福を達成できないし、自分が壮健でなければ他人の役にも立てないのだから、利己主義は不可欠だが、過度の利己主義は社会生活を困難にするから——そもそも家族の生活自体、純粋な利己主義からは不可能なのだから——、両者の調整が必要とされる。スペンサーはその際共感が果たす役割に大きな信頼を寄せている。そして彼が理想と考えるのは、現実の社会よりも利己主義的でない社会である。

「理性的な利己主義は、一層利己的な人間性を含意するのではなく、一層利己的でない人間性と一致する。……これらの場合［仲間のための利他主義の強制がよそ者への残酷や不正行為と結びつく場合］に、理論における超越的な利他主義が実践における粗野な利己主義と共存するのとちょうど反対に、制限された利他主義は、大いに和らげられた利己主義を伴いうる。」（第十一章「利己主義対利他主義」第七十四節）

利己主義と利他主義をいかに調和させることができるかは多くの倫理学者を悩ませてきた問題だが、ニーチェは『悦ばしき知識（愉しい学問）』第二版（一八八七年）の中で、スペンサーによるこのような和解を「吐気をもよおさせる」と評し、このような見方を身につけた人類など「軽蔑すべきもの絶滅すべきもの」だ、と怪気炎を上げている（第五巻三七三）。だが『倫理学原理』のこの個所をどう評価するにせよ、それはスペンサーが利己主義を支持したという通俗的な理解への反証である。

スペンサーを敬愛する編訳者として当然のことだろうが、私は読者に本書を隅から隅まで読んでいただきたいと希望するが、内容を簡単に知りたいと願う方々のために、僭越ながら本書の中の読みどころをあげさせてもらうと、それは次の通りである。――『政府の適正領域』の最初の二つの手紙（総論と国教会批判）、『社会静学』の第四―六章（第一原理の確立）と第九章と第十九章（ともに改訂版で削除された論争的部分）、「新しいトーリー主義」の第一節と第四節（「リベラリズム」の意味の変化とその真義）、「迫りくる奴隷制」の第四節（奴隷制のさまざまな形態とそれらに共通する性質）、「立法者たちの罪」の第四節と第七節（自生的秩序）、「巨大な政治的迷信」の第五節（自然権論批判への反論）。これらの個所はヴィクトリア時代のイングランドという歴史的文脈を越えて、社会・政治思想、特に自由主義に関心を持つ者ならば誰でも読むべき価値があると私は信ずる。

* *

スペンサーの政治哲学の論文集を訳さないかという提案は、一昨年筑摩書房の増田健史さんから頂いた。そのとき私はヴィクトリア時代について専門的知識を持っていないので躊躇したが、スペンサーのリバタリアン政治哲学に積極的な関心を持ち、しかもその著作の中から選んで邦訳する時間と能力を兼ね備えた人は、今日の日本では鉦や太鼓で探しまわっても私しかいないだろうと思い（もしどこかにいたらご免なさい）、あえて引き受けた。実際に編集にあたって下さったのは平野洋子さんである。スペンサーの名誉を回復させたいという使命感に支えられた二年余りの孤独な翻訳作業の結果、この訳書を世に送り出せることになったのはとてもうれしいが、それもこのお二方のおかげと感謝している。

二〇一七年立冬の日

森村進

and Other Essays, Indianapolis: Liberty Fund, 1978.

Machan, Tibor R., "Herbert Spencer: A Century Later", in Herbert Spencer, *The Principles of Ethics*, 2 vols., Indianapolis: Liberty Fund, 1978.

Martin, James J., *Men against the State: The Exposition of Individualist Anarchism in America, 1827–1908*, Colorado Springs: Ralph Myles Publishers, 1970 (orig. 1953).

Mingardi, Alberto, *Herbert Spencer*, New York: Continuum, 2011.

Offer, John (ed.), *Herbert Spencer: Critical Assessment*, 4 vols., London: Routledge.

Peel, J. D. Y., *Herbert Spencer: the evolution of a sociologist*, New York: Basic Books, 1971.

Ruse, Michael and Robert J. Richards (eds.), *The Cambridge Handbook of Evolutionary Ethics*, Cambridge: Cambridge U. P., 2017.

Small, Robin, "Spencer, Herbert", in *The International Encyclopedia of Ethics*, Oxford: Wiley-Blackwell, 2013.

Taylor, Michael W., *Herbert Spencer and the Limits of the State*, Bristol: Thoemmes Press, 1996.

Taylor, Michael W., *The Philosophy of Herbert Spencer*, New York: Continuum, 2007.

Weinstein, David, *Equal Freedom and Utility: Herbert Spencer's Liberal Utilitarianism*, Cambridge: Cambridge U. P., 2006.

参照文献

赤塚徳郎『スペンサー教育学の研究』(東洋館出版社、1993 年)
清水幾太郎 (編)『世界の名著　コント　スペンサー』(中央公論社、1970 年)
A. V. ダイシー『法律と世論』(清水金二郎訳、法律文化社、1972 年)(原書 1914 年)
挾本佳代『社会システム論と自然　スペンサー社会学の現代性』(法政大学出版局、2000 年)
深田三徳「スペンサーの『社会静学』と自然権論」(八木鉄男・深田三徳編著『法をめぐる人と思想』ミネルヴァ書房、1991 年)
本間栄男「ハーバート・スペンサーの感情論」『桃山学院大学社会学論集』48 巻 2 号 (2015 年)
G. E. ムア『倫理学原理』(泉谷周三郎・寺中平治・星野勉訳、三和書籍、2010 年)
八杉龍一 (編訳)『ダーウィニズム論集』(岩波文庫、1994 年)
山下重一『スペンサーと日本近代』(御茶の水書房、1983 年)
山下重一「ハーバート・スペンサーの『社会静学』」『國學院法學』46 巻 3 号 (2008 年)
山下重一「ハーバート・スペンサーの社会有機体説」『國學院法學』46 巻 4 号 (2009 年)
マット・リドレー『進化は万能である』(大田直子ほか訳、早川書房、2016 年)(原書 2015 年)
Francis, Mark, *Herbert Spencer and the Invention of Modern Life*, Stockfield, UK: Acumen.
Harris, Jose, "Herbert Spencer", in *Oxford Dictionary of National Biography*, Vol. 51, Oxford: Oxford U. P., 2004.
Herbert, Auberon, *The Right and Wrong of Compulsion by the State*

1861年	『教育論』を公刊。
1862年	『第一原理』を公刊。
1863年	ミル『功利主義論』（巻末注にスペンサーへの言及あり）の公刊。
1864-67年	『生物学原理』（全2巻）を公刊。
1870-72年	『心理学原理・改訂版』（全2巻）を公刊。
1876-96年	『社会学原理』（全3巻）を公刊。
1879-93年	『倫理学原理』（全2巻）を公刊。
1881-83年	松島剛による『社会静学』の全訳『社会平権論』公刊。
1882年	生涯ただ一度のアメリカ旅行。
1883年	知人の駐英公使・森有礼の紹介により、憲法調査旅行中の伊藤博文と会談。
1884年	『人間対国家』を公刊。
1891年	『科学と政治と思弁に関する論文集』（全3巻）を公刊。
1892年	『社会静学・簡約改訂版』を『人間対国家』の再刊と合冊で公刊。
1902年	生前最後の著書『事実とコメント』を公刊。
1903年12月8日	ブライトンにおいて83歳で死亡。
1904年	生前の計画通り『自伝』（全2巻）が公刊される。
1908年	生前スペンサーから認可を受けた元秘書のDavid Duncanが『ハーバート・スペンサーの生涯と手紙』を公刊する。

スペンサー年譜

1820 年 4 月 27 日	ダービー市に父母とも非国教徒の家系に生まれる。
1832 年	第一回選挙法改正。
1833-36 年	叔父トマス・スペンサーがヒントンで経営する私立学校に学ぶ。
1834 年	救貧法の改定（院外救済が廃止され、救済対象の貧民は救貧院に強制的に収容されることになる。また救貧行政が中央政府の管轄下に置かれるようになる）。
1837-41 年	「ロンドン・バーミンガム鉄道」、その後「バーミンガム・グロスター鉄道」の鉄道技師として働く。
1843 年	最初の著作『政府の適正領域』を公刊。
1845-46 年	実業家 W. B. プリチャードの鉄道事業に参加。
1848 年	穀物法廃止される。
1848 年	ロンドンに移り、自由放任主義の雑誌『エコノミスト』の副編集長となる。『社会静学』を書き始める。
1851 年	『社会静学』を公刊。女流作家ジョージ・エリオット（本名マリアン・エヴァンズ）との煮え切らない恋愛（？）関係始まる（1853 年まで）。
1853 年	トマス叔父が死亡し、その遺産を得たため『エコノミスト』副編集長の職を辞して活発な著作活動を始める。このころから療養のため、国内・海外の各地を転々とする。
1855 年	『心理学原理』を公刊。
1856 年	ロンドンに落ち着く。
1858 年	「総合哲学体系」の構想を立てる。
1859 年	ダーウィン『種の起源』の公刊。

＊25　J. Bonwick, *Daily Life and Origin of the Tasmanians*, p. 83.
＊26　*Nineteen Years in Polynesia*, p. 86.
＊27　*Voyages of the Adventure and Beagle*, ii, p. 167.
＊28　A. R. Wallace, *Travels on the Amazon and Rio Negro*, p. 499.
＊29　H. R. Schoolcraft, *Expedition to the Sources of the Mississippi River*, v. p. 177.
＊30　B. F. Hartshorne in *Fortnightly Review*, March 1876. また H. C. Sirr, *Ceylon and Ceylonese*, ii, p. 219 も見よ。
＊31　Address of C. B. Vignoles, Esq., F.R.S., on his election as President of the Institution of Civil Engineers, Session 1869–70, p. 53.
＊32　*Data of Ethics*〔『倫理学原理』第一部〕, § 21. また §§ 56–62 も見よ。

＊1　Hobbes, *Collected Works*, vol. iii, pp. 112–3.
＊2　ibid., p. 159.
＊3　ibid., pp. 130–1.
＊4　*The Province of Jurisprudence Determined*. Second Edition, p. 241.
＊5　*Fortnightly Review*, 1880, vol. xxvii, p. 322.
＊6　Bentham's Works（Bowring's edition）, vol. i, p. 301.
＊7　W. H. Prescott, *Conquest of Peru*, bk. i, ch. i.
＊8　J. Harris, *Highlands of Aethiopia*, ii, 94.
＊9　R. F. Burton, *Mission to Gelele, King of Dahome*, i, p. 226.
＊10　Bentham's Works, vol. ix, p. 97.
＊11　W. J. Burchell, *Travels into the Interior of Southern Africa*, vol. i, p. 544.
＊12　Abrousset and Daumas, *Voyage of Exploration*, p. 27.
＊13　G. Thompson, *Travels and Adventures in Southern Africa*, vol. ii, p. 30.
＊14　G. A. Thompson, *Alcedo's Geographical and Historical Dictionary of America*, vol. i, p. 405.
＊15　Alex. Michie, *Siberian Overland Route*, p. 248.
＊16　C. Brooke, *Ten Years in Sarawak*, vol. i, p. 129.
＊17　W. Ellis, *History of Madagascar*, vol. i, p. 377.
＊18　Sir T. S. Raffles, *History of Java*, i, 274.
＊19　W. Marsden, *History of Sumatra*, p. 217.
＊20　J. Beecham, *Ashantee and the Gold Coast*, p. 90.
＊21　H. R. Schoolcraft, *Expedition to the Sources of the Mississippi River*, v, 177.
＊22　G. W. Earl's *Kolff's Vovage to the Dourga*, p. 161.
＊23　"The Methods of Jurisprudence: an Introductory Lecture at University College, London," 31 October 1882.
＊24　Sir J. E. Tennant, *Ceylon: an Account of the Island, etc.*, ii, p. 440.

の前にある覚書は、私が観察したそのような結果について25年前にまとめたものだ。最近これを確証する事実をSir Richard Crossが *Nineteenth Century* for January 1884, p. 155の中で与えている。

*22 Sir G. Nicholl's *History of the English Poor Law*, ii, p. 252.

*23 1873年3月31日の『タイムズ』を見よ。

*24 以上のパラグラフに含まれているのはいくつかの付加的な実例だけだ。私が以前著書や論文の中であげた数字は以下で見られる。——*Social Statics* (1851); "Over-Legislation" (1853); "Representative Government" (1857); *Study of Sociology* (1873), and Postscript to ditto (1880). 他にもっと小さな諸論文。

*25 *On the Value of Political Economy to Mankind*, by A. N. Cumming, pp. 47, 48.

*26 ほとんどの人は原理の光が事実に落ちるときにしかその原理を理解しないというエマーソンの言葉からして、私はここに上記の原理を実感させるかもしれない事実をあげる気になった。抽象的な形ではその原理が何の影響も与えられない人々のためだ。役立たずの悪しき人々を養うことがどれほどの害悪を生むかはめったに測定できない。しかしアメリカで1874年12月18日に開かれた〈合衆国チャリティ援助協会〉で、ハリス博士が驚くべき実例をあげている。それは人口に対する犯罪と貧困の割合が顕著に高い、ハドソン川上流のある郡のものだ。三世代前に「マーガレット」と呼ばれる、そこで言う「浮浪児」がいたが、彼女は多産な一族を生み出す母親になった。多数の低能者、酒飲み、精神障害者、貧民、売春婦に加えて、「郡の記録は彼女の子孫である200人の犯罪者を記録している。」彼らが社会への災いを増大させることを何世代にもわたって可能にすることは、親切なことだろうか、それとも残酷なことだろうか？（詳細は *The Jukes: a Study in Crime, Pauperism, Disease and Heredity*, by R. L. Dugdale. New York: Putnamsを見よ。）

*27 Mr. Chamberlain in *Fortnightly Review*, December 1883, p. 772.

*6 De Tocqueville, *The State of Society in France before the Revolution*, p. 421. ［トクヴィル『旧体制と大革命』小島勉訳、ちくま学芸文庫、1998年］

*7 Young's *Travels in France*, i, pp. 128–9.

*8 G. L. Craik's *History of British Commerce*, i, p. 134.

*9 Craik, loc. cit., i, pp. 136–7.

*10 ibid., i, p. 317.

*11 ［スペンサーは1892年版で追加したこの長大な注の中で、1891年までのグラスゴーにおける住宅供給政策の同様の失敗について詳細に述べているが、その趣旨は本文と変わらないので本訳書では省略する。］

*12 *Mensch*, iii, p. 225.

*13 *The Nineteenth Century*, February 1883.

*14 "The Statics of Legislation" by F. H. Janson, Esq., F.L.S., Vice-president of the Incorporated Law Society.（〈統計学会〉で読まれ、1873年5月公刊。）

*15 *Fire Surveys; or, a Summary of the Principles to be observed in Estimating the Risk of Buildings.*

*16 1874年10月6日の『タイムズ』を見よ。そこには他の実例もあげられている。

*17 Sir Thomas Farr, *The State in the Relation to Trade*, p. 147.

*18 ibid., p. 149.

*19 Hansard, vol. clvi, p. 718, and vol. clviii, p. 4464.

*20 1876年1月17日の『タイムズ』に掲載されたエジンバラの医学博士の投書は、他の複数の証言の正しさを確証している。そのような証言の一つで私が以前引用したことがあるものは、ウィンザーに関するものだ。そこでもエジンバラと同じように、灌漑されていない地域には全く腸チフスが発生しなかった一方で、灌漑された地域では腸チフスが多くの死をもたらした。——*Study of Sociology*, chap. i, notes.

*21 私はこのことを部分的には個人的知識から言っている。今私の目

う当局に申請することを決めた。すぐに「貧しい（indigent）」の定義が拡張され、ますます多くの子どもが含まれ、ますます多くの基金が求められることだろう。

＊8 *Fortnightly Review*, January 1884, p. 21.

＊9 *Russia*, 422.

＊10 *Socialism made Plain*, Reeves, 185 Fleet Street.

＊11 そのような恐れが杞憂だと考える人は、1867-68年から1880-81年の間に連合王国の年間地方支出が3613万2834ポンドから6327万6283ポンドに増大し、この13年間にイングランドとウェールズにおける自治体の支出が年間1300万ポンドから3000万ポンドに増大したことを考えるべきだ。公的負担の増加が他の原因と一緒になっていかにして公的所有をもたらすかは、国会議員W. ラスボーン氏の言に示されている。私がこれに気づいたのは上記の文章が印刷されてからだった。彼は言う。「私自身の経験では、ニューヨークの地方税は市民の資本に対して、100ポンド当たり12シリング6ペンスから2ポンド12シリング6ペンスに上がった。この税率はイングランドの平均的地主の全収入を飲み込む以上だろう。」*Nineteenth Century*, February 1883.

＊12 *Fortnightly Review*, November 1883, pp. 619-20.

＊13 Lactant, *De M. Persecut*, cc. 7, 23.

＊14 Taine, *L'Ancien Régime*, pp. 337-8（英訳）.

＊15 *Report of Commissioners for Inquiry into the Administration and Practical Operation of the Poor Laws*, p. 37, 20 February 1834.

立法者たちの罪

＊1 *Political Institutions*, §§ 437, 573.［『社会学原理』第五部］

＊2 ibid., §§ 471-3.［同上］

＊3 Landfrey. また *Study of Sociology*, p. 42, and Appendix も見よ。

＊4 *Constitutional History of England*, ii, p. 617.

＊5 W. E. H. Lecky, *History of Rationalism*, ii, pp. 293-4.

な、**検閲された**通信を見よ。

*9　本論文の最初の出版以後、大陸における政府教育が産み出したと誇称される知的啓蒙はそれに伴う道徳的低下によって全く帳消しにされているという大量の証拠を含む著作、これらの国家教育を受けている諸国民はわが国の人々よりも真の男らしさではるかに劣るということを示す著作が現われてきた。プロシアのシステムを愛する人々はLaingの“Notes of a Traveller”を読むとよい。

*10　そのような予言が実現するということは、Sir James Graham［1792-1861. ウィッグからトーリーに転じた政治家。1843年に義務教育法案を提案し成立させた］の最近の教育法案から推測できる。これは本論文が最初に公刊された後で短期間に成立した。

人間対国家

迫りくる奴隷制

*1　Hansard's *Parliamentary History*, 32, p. 710.

*2　本稿執筆後、1890年に総額は1000万ポンドに達した。

*3　*Fortnightly Review*, January 1884, p. 17.

*4　Factories and Workshops Act, 41 and 42 Vic., cap. 16.

*5　本稿執筆後この悪習が認識されるようになって、このシステムは放棄の過程をたどっている。しかし国家がこの20年間何百万人もの子どもに加えた巨大な害悪については何も言われていない。

*6　『タイムズ』1884年1月2日に掲載された、地方委員会への手紙を見よ。

*7　この推測は私が予期していたよりも早く立証された。本稿は［1884年］1月30日には印刷されていたが、その後（本論文が出版された4月1日よりも前）3月13日に、ロンドン学校委員会は地方の福祉事業基金を貧しい子どもへの食糧と衣服の無料供給にあてるよ

注

政府の適正領域

*1 「われわれは、神の善を促進するために設立されたと法律の中で宣言した宗教的社会を覚えている。無神論に反対する法律が、神の存在を促進するための手段として制定されたことさえある。」*Sidney Smith's Phrenology*, p. 8.［シドニー・スミスはスコットランドの骨相学者］

*2 法令集はいまだにこれらの点に関する法律を収めていると言われる。

*3 これは前の手紙について本誌に現われた批評に言及している。

*4 これは自発的な善行についての評言と解されてはならない。貧しい人々の苦境をある程度改善するために〈万能者〉が彼らの同胞の中に共感を植え付け、そのために彼らが憐れんで援助するに至るならば、そのような共感の行使は一般的幸福に至るという結論がすぐ出るに違いない。しかしこのことを認めるからといって、〈全能者〉が個々人にふさわしい仕事としたものを、誤りやすい人間が全体として行うための組織的制度を是認することには全然ならない。その一方、慈善を行う人がその贈り物の分配においてもっと賢明な区別をして、自業自得の悪人よりも勤勉だが不運な人々の方に援助を差し伸べることが望まれる。

*5 『国富論』vol. iii, p. 237 を見よ。

*6 東インドと西インドは、植民地に関する限り適切な例とは考えられない。そこのヨーロッパ人の住民の多くは短期的居住者にすぎず、長期居住者の大部分も貴族階級かその代理人で、これらの人々は通常の移民として立法の対象になったわけでない。

*7 McCulloch 執筆の東インド会社の項目を見よ。

*8 Sir A. Burnes［1805–41. イギリスのインド行政官・旅行家］の、私的

鉄 道　11, 14–5, 41, 142, 161, 183, 266, 285, 287–8, 290, 298, 307, 313, 333, 376, 405–6
ドイツ　63, 296, 334, 385, 389
道徳感情（道徳感覚）　82, 120–36, 138–9, 148, 181–2, 208, 217–8, 220–1, 242
『独立宣言』（アメリカ）　52–3, 121
土地所有（権）　150–74, 267, 297–8, 305, 383, 388, 391
トーリー党・トーリー主義　70, 250–6, 273–6, 314, 369–70
奴隷制　132, 164, 194, 221, 252, 301–2, 311–2, 317–8, 342, 401–2

ナ 行

日本　313

ハ 行

東インド会社　48, 51, 254
非国教徒　21, 25–7, 29, 67, 71, 74, 82, 214–6, 254–5
平等な自由の法則　103–48, 118, 134, 137–9, 146, 151, 159, 163, 169–73, 177–8, 188–9, 203–4, 207, 209–10, 219, 222–5, 355, 413
フランス　44, 138, 258, 288–9, 294–5, 300, 305, 308, 312, 322, 389, 405–6, 414
プロシア　63
文明化　37–8, 42, 45, 48, 56, 111, 165, 219, 223, 226, 372, 391, 401, 418, 423
便宜の原理　35–40, 87, 109–10, 194, 221, 226–7
ペンシルヴァニア　55–6, 93

マ 行

民主主義連盟　298, 304–5, 307, 311, 313

ラ 行

利己的活動と利他的活動　423
利他的感情　425
立法府　10, 13, 19, 27, 53, 56, 83–4, 87, 92, 95, 165, 190, 194, 196–7, 202, 205–7, 209, 218, 339–41, 369, 405
リベラル党（自由党）・リベラル派・リベラリズム　250–6, 259–62, 266–7, 269–70, 272–6, 295, 415
レッセフェール（自由放任）　298, 334, 352
ロシア　132, 192, 294, 301
ローマ共和政　258–9

210-1, 216, 221, 230-2, 278, 353-5, 366, 410-1, 413
衡平　122, 124, 137, 145, 150-1, 153, 162, 165-6, 173, 209-11, 218, 227, 297, 313, 355, 408
功利主義　410-1
穀物法　17-8, 23-4, 41, 51, 194, 318
個人権の本能　123, 125, 130, 133-4
国教会（制度）　18-9, 21, 26-7, 59, 69-70, 74-5, 82, 90-2

サ　行

最大幸福　104, 111, 113, 116-7, 119, 123, 125, 135-6, 203, 219-20, 230, 235, 386
産業型社会　250, 254, 275, 415, 417-9
自生的活動・自生的協力　346-7
自然権　15, 17-9, 34, 198, 385-98, 401, 408-9
自然選択　356
自然法　205, 396
自発的協力　250, 253, 255, 275, 289, 403, 418-9
社会（有機体としての）　364
社会契約　195-203, 380
社会主義　34, 173-5, 298-302, 304, 308, 310, 312-5, 324
社会進化　251, 272, 415, 419, 423
『社会静学』　315, 327-30, 353-6
私有財産（私的所有）　35-40, 152-3, 157, 160, 162, 165, 176, 179, 194, 386-7, 391, 393, 396, 401, 408-9, 412-3
自由貿易　17-8, 24, 40, 91, 352, 361
主権（者）　252, 371-5, 380, 386, 388-9
植民地　47-56, 92-3, 222, 413, 420-1
スペイン　132, 285
生存競争（「生命の戦闘」）　358-60
選挙権（参政権）　29, 87-90, 121, 233, 297, 312
戦争　40-7, 55, 57, 90, 92, 131, 149, 164, 251, 286, 311, 314, 316-20, 342, 353, 367, 372, 382, 395, 403, 417-9
占有　35, 37-8, 151-4, 157, 163, 165, 168, 172, 298, 363, 383, 391

タ　行

『第一原理』　424
チャリティ　14-5, 23-30, 39, 57, 92
徴兵　250, 317
適応　123, 149, 193, 195, 213, 219, 223, 309, 344-5, 354
適者生存　356, 417

209

ヤ 行

ヤング，アーサー　322

ラ 行

ライエル，チャールズ　370
ラッセル，ジョン　264
ラッフルズ，トマス・スタムフォード　390
リトルトン卿　339
ルイ 14 世　369
ルイ 15 世　322
ルソー，ジャン＝ジャック　195, 380
ロック，ジョン　121-2, 167, 170, 176

ワ 行

ワクリー，トマス　76-8

事項索引

ア 行

アフガニスタン　44, 55
アメリカ（合衆国）　24, 45, 53, 250, 291, 344
インド　48, 55, 164
王権神授説　140, 193-4, 369, 417
オーストラリア　53-4, 377

カ 行

カナダ　48, 53, 331
救貧法　19-31, 33-4, 38-9, 82, 90, 92, 279-83, 291, 306, 339, 359-60
教育（国家による）　14-5, 57-64, 67-73, 82, 93, 265, 268-9, 286
共感　28, 99, 128-30, 133-4, 136, 139, 190, 192, 220, 276, 351, 355, 357
ギリシア（古代）　289, 311, 343, 395
軍事型社会　250, 254, 275, 294, 415, 417-8
公衆衛生（公衆の健康）　11, 73-83, 93, 291, 338-9
幸福　12, 36-7, 80-1, 100-2, 107, 110-2, 116-7, 121, 125, 128-9, 134, 155, 184, 193, 199-200, 203,

タ 行

ダーウィン，チャールズ 356, 370, 400
チャールズ1世 131
チャールズ2世 252
ティエール，ルイ・アドルフ 406
テーヌ，イポリト・アドルフ 413-4
トクヴィル，アレクシス・ド 414
ド・モーパス，シャルルマーニュ 313

ナ 行

ナポレオン・ボナパルト 143, 318
ニュートン，アイザック 143

ハ 行

バーク，エドマンド 129
パーマストン卿 262
ハインドマン，ヘンリー・マイヤーズ 298, 315, 363
バスティアン，アドルフ 334
ハックスリー，トマス・ヘンリー 425-6
ビスマルク公爵 310
ピット，ウィリアム 286
ファラー，トマス 288
ファラデー，マイケル 143
フィッツロイ，ロバート 400
フィルマー，ロバート 121, 139
フーリエ，シャルル 162
フェアマン，フランク 315
フッカー，リチャード 121
ブラックストン，ウィリアム 121, 205, 211, 213
ブラン，ジャン・ジョゼフ・ルイ 162
ブルースター，デイヴィド 268
ブルック，ジェイムズ 390
プルードン，ピエール・ジョゼフ 176
ペイリー，ウィリアム 35-6, 226
ベーコン，フランシス 143
ペン，ウィリアム 131
ベンサム，ジェレミー 124, 374, 386-9, 391-2
ヘンリー8世 261
ボシュエ，ジャック・ベニニェ 369
ホッブズ，トマス 371-5, 380, 386
ボーリングブルック子爵 252-3
ポロック，フレデリック 396

マ 行

マカロク，ジョン・ラムゼイ 50
マルサス，トマス・ロバート

人名索引

ア 行

アーチ，ジョゼフ　305
アーノルド，マシュー　385, 387
アリストテレス　137
アルケラオス　189
アン女王　253
ウェリントン公爵　143
ウォーレス，ドナルド・マッケンジー　294
エドワード1世　120
エドワード2世　323
エドワード3世　261-2
エドワード6世　260
オーウェン，リチャード　143
オーウェン，ロバート　162
オースティン，ジョン　374-5, 380, 388

カ 行

カーライル，トマス　191, 342, 370
ギゾー，フランソワ　234, 237
ギベール修道院長　137
クフ王　318
グラッドストン，ウィリアム・エワート　264, 339
グリーン，ジョン・リチャード　253-4
グレイ卿　303
ケアンズ，ジョン・エリオット　425-6
コウルリッジ，サミュエル・テイラー　220

サ 行

シェイクスピア，ウィリアム（「詩人」）　143, 197, 243, 354, 363, 424
ジェヴォンズ，ウィリアム・スタンレイ　384
シャープ，グランヴィル　121
ジュリアーノ枢機卿　137
ジョージ，ヘンリー　298, 363
ジョンソン，サミュエル　143
スクールクラフト，ヘンリー・ロウ　400-1
スペンサー，トマス　280-1
スミス，アダム　128-30, 136, 220, 223

風水
エルネスト・アイテル
中野美代子／中島健訳

中国の伝統的思惟では自然はどのように捉えられているのか。陰陽五行論・理気二元論から説き起こし、風水の世界を整理し体系づける。（三浦國雄）

コンヴィヴィアリティのための道具
イヴァン・イリイチ
渡辺京二／渡辺梨佐訳

破滅に向かう現代文明の大転換はまだ可能だ！　人間本来の自由と創造性が最大限活かされる社会をどう作るか。イリイチが遺した不朽のマニフェスト。

メディアの文明史
ハロルド・アダムズ・イニス
久保秀幹訳

粘土板から出版・ラジオまで。メディアの深奥部に潜むバイアス＝傾向性が、社会の特性を生み出す。大柄な文明史観を提示する必読古典。（水越伸）

重力と恩寵
シモーヌ・ヴェイユ
田辺保訳

「重力」に似たものから、どのようにして免れればよいのか……ただ「恩寵」によって。苛烈な自己無化への意志に貫れた、独自の思索の断想集。ティボン編。

工場日記
シモーヌ・ヴェイユ
田辺保訳

人間のありのままの姿を知り、愛し、そこで生きたい——女工となった哲学者が、極限の状況で自己犠牲と献身について考え抜き、克明に綴った、魂の記録。

青色本
L・ウィトゲンシュタイン
大森荘蔵訳

「語の意味とは何か」。端的な問いかけで始まるこのコンパクトな書は、初めて読むウィトゲンシュタインとして最適な一冊。（野矢茂樹）

法の概念〔第3版〕
H・L・A・ハート
長谷部恭男訳

法とは何か。ルールの秩序という観念でこの難問に立ち向かい、法哲学の新たな地平を拓いた名著。批判に応える「後記」を含め、平明な新訳でおくる。

生き方について哲学は何が言えるか
バーナド・ウィリアムズ
森際康友／下川潔訳

倫理学の中心的な諸問題を深い学識と鋭い眼差しで再検討した現代における古典的名著。倫理学はいかに変貌すべきか、新たな方向づけを試みる。

思考の技法
グレアム・ウォーラス
松本剛史訳

知的創造を四段階に分け、危機の時代を打破する真の思考のあり方を究明する。『アイデアのつくり方』の源となった先駆的名著、本邦初訳。（平石耕）

精神現象学（上）　G・W・F・ヘーゲル　熊野純彦訳

人間精神が、感覚的経験という低次の段階から「絶対知」へと至るまでの壮大な遍歴を描いた不朽の名著。平明かつ流麗な文体による決定版新訳。

精神現象学（下）　G・W・F・ヘーゲル　熊野純彦訳

人類知の全貌を綴った哲学史上の一大傑作。四つの原典との頁対応を付し、著名な格言を採録した索引を巻末に収録。従来の解釈の遥か先へ読者を導く。

道徳および立法の諸原理序説（上）　ジェレミー・ベンサム　中山元訳

快と苦痛のみに基礎づけられた功利性の原理から、個人および共同体のありようを分析する。近代功利主義の嚆矢をなす記念碑的名著をついに完訳。

道徳および立法の諸原理序説（下）　ジェレミー・ベンサム　中山元訳

法とは何のためにあるのか？　科学に立脚して立法と道徳を問いなおし、真に普遍的な法体系を打ち立てんとするベンサムの代表作を清新な訳文で送る。

象徴交換と死　J・ボードリヤール　今村仁司／塚原史訳

すべてがシミュレーションと化した高度資本主義像を鮮やかに提示し、〈死の象徴交換〉による、その内部からの〈反乱〉を説く、ポストモダンの代表作。

経済の文明史　カール・ポランニー　玉野井芳郎ほか訳

市場経済社会は人類史上極めて特殊な制度的所産である——非市場社会の考察を通じて経済人類学に大転換をもたらした古典的名著。（佐藤光）

暗黙知の次元　マイケル・ポランニー　高橋勇夫訳

非言語的で包括的なもうひとつの知。創造的な科学活動にとって重要な〈暗黙知〉の構造を明らかにしつつ、人間と科学の本質に迫る。新訳。

現代という時代の気質　エリック・ホッファー　柄谷行人訳

群れず、熱狂に翻弄されることなく、しかし自分自身の内にこもることなしに、人々と歩み、権力と向きあっていく姿勢を、省察の人・ホッファーに学ぶ。

知恵の樹　H・マトゥラーナ／F・バレーラ　管啓次郎訳

生命を制御対象ではなく自律主体とし、自己創出を良き環と捉え直した新しい生物学。現代思想に影響を与えたオートポイエーシス理論の入門書。

ちくま学芸文庫

ハーバート・スペンサー コレクション

二〇一七年十二月十日 第一刷発行
二〇二二年 十 月十日 第二刷発行

著 者 ハーバート・スペンサー
編訳者 森村進（もりむら・すすむ）
発行者 喜入冬子
発行所 株式会社 筑摩書房
東京都台東区蔵前二―五―三 〒一一一―八七五五
電話番号 〇三―五六八七―二六〇一（代表）
装幀者 安野光雅
印刷所 株式会社精興社
製本所 株式会社積信堂

ISBN978-4-480-09834-4 C0110